人文体育研究文库
国家社科基金重大项目成果(23&ZD193)
江苏高校"青蓝工程"资助项目

竞技体育学概论

◎ 彭国强　编著

南京大学出版社

图书在版编目(CIP)数据

竞技体育学概论/彭国强编著. —南京：南京大学出版社，2023.12
（人文体育研究文库）
ISBN 978-7-305-27434-3

Ⅰ.①竞… Ⅱ.①彭… Ⅲ.①竞技体育－教材 Ⅳ.①G8

中国国家版本馆 CIP 数据核字(2023)第 233362 号

出版发行	南京大学出版社	
社　　址	南京市汉口路 22 号　　邮　编　210093	
丛 书 名	人文体育研究文库	
书　　名	**竞技体育学概论**	
	JINGJI TIYUXUE GAILUN	
著　　者	彭国强	
责任编辑	苗庆松　　　　编辑热线　025-83592655	
照　　排	南京开卷文化传媒有限公司	
印　　刷	丹阳兴华印务有限公司	
开　　本	718 mm×1000 mm　1/16　印张 15　字数 280 千	
版　　次	2023 年 12 月第 1 版　2023 年 12 月第 1 次印刷	
ISBN 978-7-305-27434-3		
定　　价	59.80 元	

网　　址：http://www.njupco.com
官方微博：http://weibo.com/njupco
微信服务号：njuyuexue
销售咨询热线：(025)83594756

* 版权所有，侵权必究
* 凡购买南大版图书，如有印装质量问题，请与所购图书销售部门联系调换

前　言

　　竞技体育是人类社会生产力发展与人类文明进步的产物。千百年来，竞技体育随着社会变迁并沿循自身规律而演化，犹如一颗璀璨的明珠，闪耀在历史文化长河中，在促进经济社会发展和人类文明进步中发挥了重要作用。竞技体育是以攀登运动技术高峰、创造优异成绩、夺取比赛优胜为主要目标的社会体育活动，其主要目标是为了战胜对手，典型特征体现在充分调动和发挥运动员的体力、智力、心理等方面的潜力。竞技体育涵盖的项目众多，组织方式多样，参与主体多元。作为一种高度社会性的实践活动，竞技体育主要由运动员选材、运动训练、运动竞赛和竞技体育管理构成。历经千百年发展，竞技选手们在赛场上大展技艺、奋勇拼搏、追求卓越的精彩展现，彰显出竞技体育独一无二的文化魅力，使其成为现代社会生活中异常活跃的元素，吸引着全球亿万民众的注目。

　　竞技体育作为体育事业中最活跃的组成部分，不仅具有政治、经济、文化、教育等多元功能，而且在人才、科技、赛事、精神等领域集聚了丰富资源。竞技体育在体育事业发展中显示出举足轻重的引领作用，在国民经济社会发展中具有不可或缺的特殊价值。进入新时代，以习近平同志为核心的党中央高度重视体育事业发展，对推动竞技体育高质量发展做出专门部署，竞技体育事业迎来新一轮发展机遇。《体育强国建设纲要》要求全面提升竞技体育的综合实力和为国争光能力，制定了竞技体育更好、更快、更高、更强发展的宏伟目标。新的时期，经济社会发展赋予竞技体育新的内涵，需要我们去重新认识竞技体育在促进社会文明、推动经济发展、增强国家凝聚力等方面的综合作用。

　　面对新时代新要求，竞技体育在国家经济社会发展和人的全面发展中的角色必然发生转变，我们不能局限于从竞技体育自身的要素来看待它，而是要跳出体育，站在国家发展、社会进步，乃至国际交往和人类和平发展的角度来认识竞技体育。这就需要我们去重新梳理竞技体育的理论体系和功能价值，重新搭建能够适应新时代社会发展和现代化建设形势的教材体系，重新打造能够满足新时代大学生课堂学习和广大读者需要的竞技体育结构内容。在这样的背景下，我们组织编写了《竞技体育学概论》。本教材突出以下特点：

　　一是编写宗旨。作为首部在新时代背景下系统介绍竞技体育的研究性教材，主要立足于引导读者突破对竞技体育的传统认知，结合国际国内社会背景及竞技体育面临的新机遇新挑战，全新建构竞技体育的知识体系。本教材在系统介绍竞技体育的特征、竞技体育的组成、竞技体育的功能、运动训练等内容基础上，将竞技体育置于国家政治、经济、社会、文化发展的高度，阐释"两个大局""五位一体"总体布局以及国内国际"双循环"、国家治理现代化等与竞技体育的关系，系统呈现了竞技体育与体育强国、全民健身以及现代化强国建设的联系，并选取大量奥运会备战、奥运冠军精英人才、优秀运动员退役转型等典型案例进行分析，从而加深读者对竞技体育的新认识。

二是编写原则。突出战略性、时代性、科学性、实用性、规范性、创新性、系统性、教育性等原则，不仅把竞技体育与新时代国家政治、经济、文化、社会发展的大环境联系起来，而且将竞技体育融入多个国家战略，引导学生科学认识竞技体育的结构要素、组织管理、功能价值。本教材章节的安排注重反映竞技体育的理论与实践问题，囊括竞技体育选材、训练、竞赛、管理、保障、服务等多领域的理论内容，涉及奥运备战、运动训练、科技助力、运动员转型等实践内容。同时创造性地提出"大竞技观""大人才观""大教育观"等新理念，激发学生和广大读者的阅读积极性，并通过奥运冠军精神文化等实践案例，丰富体育课程思政的内容要素，强化学生家国情怀、奋斗精神、坚韧意志等思政教育。

三是编写内容。本教材按照新时代竞技体育"自身发展和促进发展相结合"的新理念设计框架。全书共分为9章内容，包括竞技体育的基本理论、竞技体育的多元功能、竞技体育的改革发展、竞技体育的人才培养、竞技体育的训练参赛、竞技体育的国际发展、竞技体育与全民健身、竞技体育与体育强国、竞技体育与现代化建设。其中，前6章主要从"竞技体育自身发展"的角度介绍竞技体育的要素体系，后3章主要从"竞技体育促进发展"的角度介绍竞技体育与全民健身、体育强国以及现代化建设的关系。本教材内容既有多层面、多角度、多领域的理论性探讨，也有深入竞技体育发展实践的大量案例，还包含竞技体育发展的国际前沿和最新思路。并且，各章附有课后复习题，以启迪学生主动思维，帮助读者更好地理解竞技体育的基本理论并能灵活运用。

本教材在编写过程中得到了教育部体卫艺司、国家体育总局竞体司、全国高等学校体育教学指导委员会、中国体育科学学会体育社会科学分会、中国体育科学学会青年工作委员会、江苏省高校体育教学指导委员会以及江苏省体育科学学会的大力支持和指导。本教材还参阅借鉴了国内外相关学者的研究成果，在此表示由衷的感谢！

本教材可作为体育院系本专科生、研究生以及广大体育爱好者的学习参考用书，也可作为业内学者进行学术研究的理论素材，还可以作为体育管理人员、教练员、运动员和体育教师等的参考读物。同时，对教材的疏漏和不妥之处，敬祈读者谅解并提出宝贵建议。

彭国强

2023年6月15日

目　　录

第一章　竞技体育的基本理论 …………………………………… 001
　　第一节　竞技体育的基本原理 …………………………………… 001
　　第二节　竞技体育的发展概况 …………………………………… 015
　　第三节　竞技体育的组织管理 …………………………………… 032

第二章　竞技体育的多元功能 …………………………………… 044
　　第一节　竞技体育的政治功能 …………………………………… 044
　　第二节　竞技体育的经济功能 …………………………………… 047
　　第三节　竞技体育的文化功能 …………………………………… 051

第三章　竞技体育的改革发展 …………………………………… 057
　　第一节　我国竞技体育改革发展的特征 ………………………… 057
　　第二节　我国竞技体育改革发展的问题 ………………………… 062
　　第三节　我国竞技体育改革发展的路径 ………………………… 067

第四章　竞技体育的人才培养 …………………………………… 074
　　第一节　竞技体育后备人才培养 ………………………………… 074
　　第二节　退役运动员的转型与保障 ……………………………… 080
　　第三节　奥运冠军精英人才培养 ………………………………… 087
　　第四节　竞技体育复合型人才培养 ……………………………… 103

第五章　竞技体育的训练参赛 …………………………………… 113
　　第一节　备战奥运会的训练参赛形势 …………………………… 113

第二节　备战奥运会的训练参赛优势 ………………………………… 121
　　第三节　备战奥运会的训练参赛政策 ………………………………… 130
　　第四节　备战奥运会的训练参赛举措 ………………………………… 138

第六章　竞技体育的国际发展 ……………………………………………… 148
　　第一节　竞技体育的国际发展趋势 …………………………………… 148
　　第二节　世界发达国家的竞技体育 …………………………………… 156
　　第三节　国外运动训练团队建设 ……………………………………… 171

第七章　竞技体育与全民健身 ……………………………………………… 176
　　第一节　竞技体育助力全民健身发展的价值 ………………………… 176
　　第二节　竞技体育助力全民健身发展的问题 ………………………… 181
　　第三节　竞技体育助力全民健身发展的路径 ………………………… 185

第八章　竞技体育与体育强国 ……………………………………………… 192
　　第一节　体育强国进程中竞技体育的发展机遇 ……………………… 192
　　第二节　体育强国进程中竞技体育的发展规划 ……………………… 197
　　第三节　体育强国进程中竞技体育的发展路径 ……………………… 203

第九章　竞技体育与现代化建设 …………………………………………… 210
　　第一节　竞技体育助力现代化建设的形势 …………………………… 210
　　第二节　竞技体育助力现代化建设的问题 …………………………… 216
　　第三节　竞技体育助力现代化建设的路径 …………………………… 221

参考文献 ……………………………………………………………………… 230

第一章　竞技体育的基本理论

竞技体育是体育的重要组成部分,是以体育竞赛为主要特征,以创造理想运动成绩、夺取比赛优胜为主要目标的体育活动。竞技运动的产生是人类社会生产力发展与人类文明进步的产物。竞技体育能够充分调动运动员的体力、智力、心理等方面的最大潜力,具有激烈的对抗性和竞赛性。竞技体育涵盖专业竞技体育、职业体育以及社会体育和学校体育中的竞技活动,不仅具有健身、文化、娱乐、教育等多元价值,而且在科技、设施、人才、精神等领域集聚了丰富资源。本章内容主要介绍竞技体育的概念、起源和特征,梳理竞技体育的要素和分类,分析竞技体育的管理体制、训练体制和竞赛体制,总结中国竞技体育的发展历程、发展成就和发展经验。

第一节　竞技体育的基本原理

一、竞技体育的概念与本质

(一) 竞技体育的概念

竞技体育是人类社会进程中一种独特的文化活动。《学校体育大辞典》中将竞技体育定义为:"为了战胜对手,取得优异成绩,最大限度地发挥和提高个人、集体在体格、体能、心理及运动技能等方面的潜力所进行的科学的、系统的训练和竞赛。"[1]

美国学者阿伦·古特曼在《从仪式到记录:现代体育的本质》一书中把竞

---

[1] 李庶鸿.竞技运动的内涵及学校竞技运动教学模式的探讨[J].体育与科学,2002(5):10-12.

技体育定义为:"有组织、有目的、有成绩记录的体育比赛。"[1]

鲍冠文主编的《体育概论》将竞技体育定义为:"为了最大限度地发挥和提高人体在体格、体能、心理、运动能力等方面的潜力,取得优异运动成绩而进行的科学的、系统的训练和竞赛活动。"[2]

周西宽在《体育基本理论教程》中将竞技体育定义为:"在全面发展身体,最大限度地挖掘和发挥人在体力、心理、智力等方面的潜力基础上,以提高运动技术水平和创造优异运动成绩为主要目的的一种体育活动。"[3]

于文谦在《竞技体育学》中将竞技体育定义为:"运动员通过长期艰苦的训练,发挥其身体、心理以及运动能力等方面的最大潜力,为取得优异运动成绩而进行的训练和竞赛。"[4]

田麦久、刘大庆在《运动训练学》中将竞技体育定义为:"竞技体育是体育的重要组成部分,是以体育竞赛为主要特征,以创造优异运动成绩、夺取比赛优胜为主要目的的社会体育活动。"[5]

可见,竞技体育的概念众说纷纭,内涵丰富。综合上述概念,竞技体育是指通过训练和竞赛全面发展人的身体能力,最大限度地挖掘和发挥个人或群体在体力、技能、心理、智力等方面潜力的基础上,以攀登运动技术高峰和创造优异运动成绩为主要目的的社会文化活动。竞技体育中的"竞"是指比赛和竞争;"技"是指运动技艺,统指运动员参加比赛的能力,即竞技能力。竞技体育的范畴属于体育活动,追求运动成绩最大化,最大限度地发挥人体能力,不断突破和创造优异成绩,其表现形式主要是在运动竞赛中分出胜负。

(二)竞技体育的本质

竞技体育的本质是创造优异的运动成绩和取得比赛优胜,激烈的竞争性是竞技体育区别于其他体育运动的最本质特点。通过竞赛活动区分出优劣、胜负和好坏,相对于运动而言,这只是一种结果。但这种分层的结果"一旦被某个社会团体或者组织所利用,便被赋予了新的意义:胜利演变成荣誉的象征,既象征着个体的荣誉,又象征着组织或团体甚至国家的荣誉;胜利同时意味着更高的商业利润,观众、商业集体、企业等总是将金钱投向胜利者"[6]。竞

---

[1] [美]阿伦·古特曼.从仪式到记录:现代体育的本质[M].北京:北京体育大学出版社,2021.2.
[2] 鲍冠文.体育概论[M].北京:高等教育出版社,1995.1.
[3] 周西宽.体育基本理论教程[M].北京:人民体育出版社,2003.95.
[4] 于文谦.竞技体育学[M].北京:人民体育出版社,2010.30.
[5] 田麦久,刘大庆.运动训练学[M].北京:人民体育出版社,2012.2.
[6] 李林,席翼,冯永丽,等.体育、运动、竞技运动辨析[J].体育与科学,2002(4):39-42.

争性是竞技体育不断发展的杠杆,它既增加了比赛胜负的不确定性,也使得竞技运动更具魅力。但是,竞技体育的功能远不止争金夺银和参赛获胜,竞技体育是集规则性、竞争性、挑战性、娱乐性和不确定性等多种属性于一体的身体活动。

为了更好地理解竞技体育的本质,有必要对竞技体育与学校体育、群众体育之间的关系进行辨析。竞技体育与学校体育、群众体育既有区别也有联系,正确认识三者之间的关系,有利于科学判断竞技体育在我国体育事业中的地位,有助于促进竞技体育、学校体育和群众体育协调发展,推动体育强国建设。

首先,竞技体育与学校体育、群众体育有所区别。一是内涵不同。竞技体育是为了最大限度地发挥和提高人体在体能、心理和运动能力等方面的潜力,取得优异成绩而进行的科学、系统的训练和比赛活动。学校体育是促进学生身心全面发展、增强学生体质、掌握运动基本技能与技巧、培养道德品质的一种有目的、有计划、有组织的教育活动。随着现代学校体育内涵和外延的日渐丰富,学校体育不仅包括通过身体活动进行的教育,还包括能够增强学生体质、锤炼意志和培养学生乐趣的竞技性运动。群众体育泛指有益于身心健康发展的一切运动形式,它是一个国家国民身体素质提高的基本条件。可见,三者的内涵有不同的指向性。二是目的不同。竞技体育的主要目的是通过训练培养运动员不断提高运动成绩,在比赛中获取胜利,竞技体育更多的是面向少数运动精英。学校体育的主要目的是增强学生体质,促使学生身心健康并全面发展,学校体育更多的是面向全体学生。而群众体育主要是以健身、健美和休闲娱乐为目的,丰富广大人民群众的业余文化生活,提升国民健康素养。

其次,竞技体育与学校体育、群众体育有所联系。竞技体育、学校体育、群众体育是一个国家体育事业的重要组成部分,它们各有自己的发展规律和工作重点,三者之间相互渗透、相互依赖、相互支援、相互促进,是"普及与提高"的关系。学校体育可以为竞技体育和群众体育打好基础,通过学校体育能够选拔具有运动天赋的学生开展运动训练,为国家培养优秀竞技体育后备人才;同时,学校体育还可以通过发挥自身的教育功能,通过教会青少年基本运动能力,培养终身体育意识,从而为群众体育运动奠定广泛的基础。竞技体育通过优异的运动成绩和优秀的高水平运动员,对学校体育和群众体育产生强大的带动作用,能够产生广泛的榜样效应,推动学校体育与群众体育发展。运动员的精彩表现和先进事迹都会成为榜样和范例,吸引更多的青少年参加体育运动,也推动群众体育活动的广泛开展。并且,竞技运动还能够培养规则意识、竞争意识,引导参与者潜移默化地形成胜不骄、败不馁的良好品格。比如,竞技体育通过丰富多彩的体育赛事塑造良好的运动参与氛围,可以带动学校中的青少年儿童和社会上的人民群众广泛参与体育运动,从而提升国民竞技运动水平和健康素质,不断满足人民群众日益增长的体育文化生活需要。而群众体育可以为学校体育与竞技体育打下良好的基础,群众体育通过培育广大的体育爱好者,不断为竞技体育发展和体育强国建设筑牢根基。竞技体育与群众体育的基本形式见表1-1。

表1-1 竞技体育与群众体育的基本形式[①]

比较维度	竞技体育	群众体育
活动地点	集中	分散
参加对象	高度同质	高度异质
活动时间	工作时间	业余时间
体育组织	规范统一	松散多元
参与动机	单一	多样
技能要求	高	低
组织设计	规范	不规范
精神状态	紧张	放松
体力消耗	大	低
基本属性	竞争性	休闲性
规范与规定	复杂	简单

二、竞技体育的要素与分类

(一) 竞技体育的要素

竞技体育是以攀登运动技术高峰、创造优异成绩、夺取比赛优胜为目标的专业体育,竞技体育的主要目标是为了战胜对手,取得优异运动成绩。竞技体育主要由运动员选材、运动训练、运动竞赛、运动成绩和竞技体育管理等要素构成。

运动员选材是竞技体育的首要工作,是挑选具有运动天赋的青少年儿童

---

① 任海."竞技运动"还是"精英运动"?——对我国"竞技运动"概念的质疑[J].南京体育学院学报(社科版),2011,25(6):1-6.

或后备力量参加运动训练的起始性工作。只有挑选到具有从事某项运动的优质苗子，教练员才能开始对其进行专业训练，进而完成参加系列竞赛的任务，实现既定的运动训练目标。因此，运动员选材被视为运动训练的起始点。在选材中，要根据不同运动项目的特点和要求，通过科学、先进的手段和方法，利用客观指标的综合评价，挑选出先天条件优越、适合某项运动的优秀人才。选材时，应注意考虑不同项目的特点，力求使用科学的预测方法，不断提高选材的成功率。

运动训练是竞技体育的重要组成部分，是在教练员的指导和运动员实施自我计划的条件下，为全面提高运动员的竞技能力和专项运动成绩而进行的有组织、有计划的教育过程。运动训练是实现竞技体育目标的最重要途径，运动训练质量是决定运动成绩的关键因素。理想的运动选材是为运动训练提供优质素材，运动竞赛规则是对训练成效的检验。运动训练主要分为职业训练、专业训练、业余训练等形式。其中，职业训练由专业的体育俱乐部管理；专业训练由体育行政部门下属的事业单位体育运动技术学校、体育运动学校或体育工作队管理；业余训练主要是业余选手在本职工作或学校之外参加的训练和比赛。

运动竞赛是在裁判员支持下，按照统一的规则要求，组织与实施的运动员个体或运动队之间的竞技比拼，是竞技体育与社会发生关联，并作用于社会的媒介。运动员通过运动训练不断提高的竞技能力，只有通过运动竞赛表现出来，才能得到社会的承认、满足社会成员的需要。竞技体育中的竞争是在高度公平的条件下进行的，也就是说，竞技运动比赛应该给所有的参加者以平等的竞逐机会，不偏袒任何参赛者。所以，运动竞赛中所创造的运动成绩，是衡量竞技体育发展水平的最客观、最主要的标志。运动竞赛包括运动会、单项比赛、对抗赛、友谊赛、邀请赛、通讯赛、表演赛、选拔赛、达标赛、联赛等多种形式，4年一届的奥运会是世界最高级别的运动竞赛。

运动成绩是运动员参加比赛的结果，是根据特定的评定行为对运动员及其对手的竞技能力在比赛中的发挥状况的综合评定。这一评定既包括运动员在比赛中表现出来的竞技水平，也包括竞赛的胜负或名次。任何一个竞技项目比赛的运动成绩都是运动员在比赛中的表现、对手在比赛中的表现以及竞赛结果的评定行为三个方面因素所决定的。其中，比赛名次是运动成绩的另一个重要组成部分，运动员在比赛中所取得的名次，不仅取决于运动员的竞技水平，还受到对手在比赛中竞技水平的影响。

竞技体育管理是指管理者遵循运动训练及客观规律和现代管理的基本原

理,运用有效的手段和方法,对运动训练进行计划、组织、控制和协调,以不断提高训练参赛效率,实现最终训练目标的过程。竞技体育管理是竞技体育的重要组成部分,无论是运动员选材、运动训练还是运动竞赛,每个环节都需要在良好的组织管理下才能得以实施并得到理想的效果。我国现行的竞技体育管理体制是在"思想一盘棋、组织一条龙、训练一贯制"的方针指导下,以专业训练为主的"金字塔"式的三级训练网,包括国家队、业余体校、省区市优秀运动队三级体系。

(二) 竞技体育的分类

长期以来,我国体育理论界一般把竞技体育解释为"为了最大限度地发挥和提高人体在体格、身体能力、心理和运动能力等方面的潜力,以取得优异成绩而进行的科学、系统的训练和比赛"。这种观点引导下,竞技体育多被认为是以"夺标""争冠"为目的的高水平竞技运动。然而,这种对竞技体育的解释是不全面的,如果把竞技体育只规定成争金夺银的高水平竞技运动,那么,"大众竞技运动""学校竞技运动"等也就失去了社会地位和生存空间。

竞技体育涵盖的项目众多,组织方式多样,参与主体多元,形成了丰富多元的分类体系。按照参与目的分类,竞技体育可划分为娱乐竞技体育、健身竞技体育、康复竞技体育、夺标竞技体育;按照工作性质分类,竞技体育可以分为职业竞技体育、业余竞技体育;按照参与者的年龄分类,竞技体育可以分为幼儿竞技体育、青少年儿童竞技体育、青年人竞技体育、中老年人竞技体育;按照项目分类,竞技体育可以分为击剑、摔跤、柔道、游泳、竞走、速度滑冰、举重、篮球、足球、跳高等各种具体的运动项目及其训练、竞赛、管理等综合活动。

随着经济社会发展对竞技体育需求的不断提升,以及竞技体育自身内涵的不断丰富,我们要从"大竞技"的视角来认识竞技体育(图 1-1)。所谓"大竞技",是所有体育活动中涉及的竞技成分的统称,它涵盖专业竞技体育、职业体育以及社会体育和学校体育中的竞技活动,不仅具有健身、娱乐、文化、教育等多元价值,而且在科技、设施、人才、精神等领域集聚了丰富资源,例如,竞技体育领域的丰富科技成果、先进场馆设施、专业指导人员、多元赛事体系、积极精神文化等特有资源。也就是说,"大竞技"不仅包括为国争光的精英竞技体育以及服务社会民众体育消费需要的职业竞技体育,还包括面向社会民众和校园中青少年群体的业余竞技体育,主要包括以运动竞赛为参与形式,以竞技运动为主要内容,以增强体质、舒缓心境、增进交流和休闲娱乐为目的的社会体育活动。新中国成立以来,国家主导的专业竞技体育在助力国家崛起中发挥了重要作用,但其主动融入促进经济社会和人的健康发展的效能不高,支持国家经济社会发展的资源转化不够、功能发挥不足。进入新时代,国家经济社会发展新常态要求竞技体育全面融入"四个全面"战略布局和"五位一体"总体布局,更好地助力人的全面发展和经济社会的全面进步。这就要求打破对传统竞技体育的单一认识,全面拓宽竞技体育的发展内涵,引导竞技体育优势资源服务国家战略、赋能城市发展、融入经济社会发展新格局。

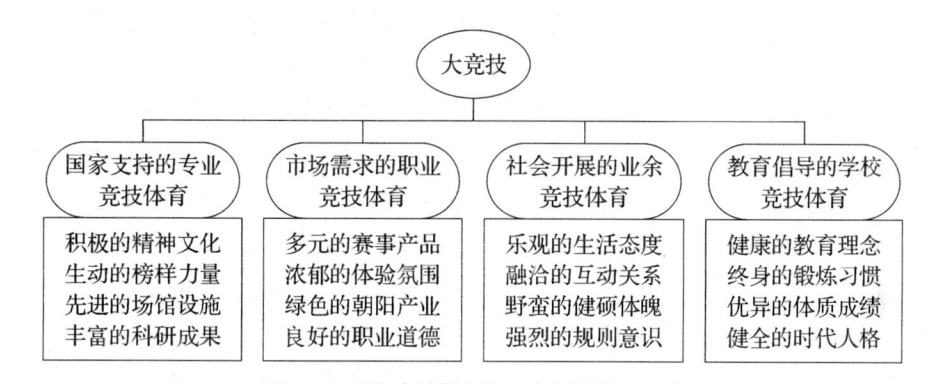

```
                        大竞技
    ┌──────────┬──────────┼──────────┬──────────┐
国家支持的专业  市场需求的职业  社会开展的业余  教育倡导的学校
  竞技体育      竞技体育      竞技体育      竞技体育
积极的精神文化  多元的赛事产品  乐观的生活态度  健康的教育理念
生动的榜样力量  浓郁的体验氛围  融洽的互动关系  终身的锻炼习惯
先进的场馆设施  绿色的朝阳产业  野蛮的健硕体魄  优异的体质成绩
丰富的科研成果  良好的职业道德  强烈的规则意识  健全的时代人格
```

图 1-1 "大竞技"视域下的竞技体育分类

三、竞技体育的起源与演化

(一)竞技体育的起源

竞技体育的产生是人类社会生产力发展与人类社会文明进步的产物,生产劳动、游戏娱乐、部落战争、祭祀礼仪等直接影响竞技体育的起源,其中,"生产劳动是竞技体育起源的内在条件,游戏娱乐是竞技体育起源的人性需要,部落战争是竞技体育起源的外在动力,祭祀礼仪是竞技体育起源的精神土壤"[1]。

(1)起源于生产劳动。人在劳动中的活动,可以说是最初的体育形态。远古时代,人类基于生存的需要学会了多种劳动技能,加之思维和语言能力的迅速发展,原始教育与生产劳动开始分化。人类基于生活的需要学会了制造多种狩猎工具,加之原始农业和畜牧纺织能力的快速提高,各种身体动作逐渐需要分类练习,身体游戏与生产劳动开始分离。这种最初的身体练习就是竞技运动的雏形。随着工具制造水平的提高,人类生存能力大大增强,生产劳动所需的知识、技巧、组织等方面日趋复杂,人类开始有意识地发展跑、跳、投、

---

[1] 胡亦海.竞技运动起源辨识、历程断想、功能启迪[J].武汉体育学院学报,2009,43(5):5-8+13.

游、斗的运动能力,使劳动教育的身体活动逐渐成为具有独立形态的运动形式。至此,人类从生产劳动中创造了身体活动,从身体教育中创造了竞技体育的原始活动形式。例如,反映原始人类生活的沧源岩画中有狩猎图、人与野牛搏斗图,只有通过身体锻炼才能有如此的力量和本领,这也是原始的竞技体育雏形。

(2) 起源于游戏娱乐。随着人类社会的发展,人们的价值需求逐渐由满足生存、生活需要转向休闲、娱乐、观赏等游戏娱乐需要。游戏娱乐是动物世界各种动物活动的天性特征之一。作为灵长类高级动物的人类,天然性地对此生而具之,这种特性在人生的幼儿和少儿阶段表现得尤为明显。人在少儿阶段,对游戏的酷爱缘于人类具有争强好胜的天性和生存技能学习的需要。尽管人类的游戏形式随着人类远古时代、采集时代、农耕时代、工业时代的进化进程大有不同,但是游戏中所要达到的掌握技能、强身健体、协同作战、增进感情、释放情怀、凝聚内部、熟悉环境、强化信仰的目的始终不变。人类在生产力极其低下的远古时代,通过游戏传承着生存的基本技能;人类在生产力初步提高的采集时代,通过游戏提高了生存的运动体能;人类在生产力显著提高的农耕时代,通过游戏拓展了发展的运动空间……时至今日,人类以文化形态将其中的部分游戏提炼成竞技运动,使其成为娱乐游戏的高级形态。因此,竞技运动项目在游戏娱乐和文化的土壤中产生,这是竞技体育的另一个重要起源。

(3) 起源于部落战争。采集时代直至农耕时代,原始部落之间的冲突和械斗是竞技体育产生的重要根源之一。在原始社会末期,由于部落间频繁发生各种武装冲突,为了增强部落成员的作战能力,逐渐在宗教活动中加入了竞技运动的内容。利益的冲突、资源的争夺,促使当时的人类深刻意识到强健体魄和精湛武艺的重要性。为了争夺自然和人口资源,部落间频繁发生武装冲突,为了增强部落成员的作战能力,逐步在备战活动中加入了竞技体育的元素[①]。各个部落有目的地将日常生产活动与跑、跳、投、射、斗等基本技能紧密联系,使基本技能的训练逐渐成为原始身体教育的重要内容,于是出现了跑、跳、投、射、斗等基本技能和侦察、偷袭、伏击、追击等作战能力的专门训练。与此同时,原始部落对部落将领的选拔、人员的职务分工,往往采用定期举行格斗、作战、器械操作等技能比试的方式进行。因此,可以说,竞技体育在部落战争和技能训练的土壤中萌发。

(4) 起源于祭祀礼仪。早在远古时代,人类对恶劣生存环境的应对、各种

---

① 田麦久,刘大庆.运动训练学[M].北京:人民体育出版社,2012:8-13.

自然现象的无知和出于精神世界的需要,产生了原始信仰与崇拜,并逐渐形成了以各种巫术仪式为主体的原始宗教。由于原始人类对自然环境的奥妙知之甚少,所以在对大自然中的现象无法解释时更多的是崇拜,比如,通过求雨活动祈求风调雨顺,通过祭祀天地神祇向神明表达部落的虔诚遵从,总之一切祭神和娱神的活动,都寄托着平安和福祉的美好愿望。在这种祭祀礼仪活动中,夹杂着原始形式的竞技体育元素。祭祀时娱神活动中的乐舞和各种技巧表演,图腾祭祖时的龙舟竞渡,逆水迎神时的游泳弄潮,以及原始的求雨、祭祀、娱神等活动行为是竞技体育产生的重要因素。而产生于祭祀欢庆活动中的舞蹈、龙舟、游泳等逐渐保留下来,成为古代竞技体育文化的宝贵遗产。因此,在祭祀礼仪及其传承的土壤中,竞技体育得以生成、传递和发展。

(二) 竞技体育的演化

竞技体育的诞生与发展,是由游戏而至竞赛的组织发端的。竞技体育形成后,形式逐渐丰富、内容日渐多样,犹如一颗璀璨的明珠闪耀在人类的历史长河中。从古代到近现代,竞技体育随着社会变迁和自身规律逐步进行演化发展。

原始、古朴的竞技体育活动出现后,又经古代的长期发展,内容更加丰富多彩,不少运动项目已略具雏形,为近代竞技运动打下了基础。在整个近代体育领域中,比赛活动获得了越来越大的独立性,并被定名为"竞技运动"。竞技运动的发展史可以追溯到古代。在古希腊,奥林匹克运动会是一个重要的竞技体育活动。在这个活动中,运动员们竞赛各种运动项目,包括跑步、跳高、投掷等,这些竞技活动被认为是现代奥运会的起源。角斗作为古代竞技赛场的主要项目,是古希腊盛行的一种拳击和摔跤相结合的项目,也成为当时最为激烈和残酷的比赛项目,为了竞技所带来的荣誉,竞技者们伤残甚至丢掉性命也是常有之事,如角斗赛事等。到了1560年前后,竞技项目开始发生变化,出现了非暴力的项目。在中世纪欧洲,骑士比赛成为一种流行的竞技体育活动,活动形式涉及骑马和武器使用的技巧(图1-2),这类项目只要求竞技者按照规则和动作要求完成即可,开始重视竞技者的武艺和技巧。到了17世纪,竞技者们利用熟巧和精湛的技艺或技能将竞技体育从暴力之中脱离出来,竞技活动中的艺术性得到越来越充分的展

图1-2 中世纪欧洲的骑士比赛

现,随着人们思想的解放,那些暴力、野蛮、残酷的比赛项目彻底退出历史舞台,取而代之的则是一些更具欣赏性的竞技项目。

18世纪末,随着学校体育的发展,欧洲教育界人士开始注意新型运动项目的推广以及相应运动场地的建设。进入19世纪,现代竞技体育开始发展。英国人发明了足球、板球、网球等运动项目,比如,1794年,拉格比公学购买了一块空地为学生修建大型运动场,以开展板球和足球运动,这些运动很快传到了其他国家,奥林匹克运动会也在这个时候被重新创办。到20世纪,竞技体育的发展进入了一个新阶段,越来越多的新兴运动项目被发明,如篮球、排球、滑雪、滑冰等相继出现。竞技体育的商业化也开始萌芽,进而加速了竞技体育的职业化发展。

随着时代进步,现代竞技体育已经成为全球最受欢迎的活动之一。每年都会有很多重要的赛事,如世界杯足球赛、奥运会、世界锦标赛等,这些赛事吸引了数亿观众观看,也成为体育明星展示高超技能的舞台。竞技体育经过不断发展演进,不仅在理论原则和实践方法上日臻成熟,而且影响不断扩大,成为一个遍及社会各阶层、波及世界五大洲的特殊社会文化现象。人们常说竞技体育是一种艺术,因为竞技体育能够超越语言和其他社会因素的障碍,依靠大众的传播媒介,而不需要借助其他形式和附加条件(如翻译等)而直接为人们所接受。艺术是审美意识物化了的集中表现,它能强烈地引起人们的美感。竞技体育则通过各种规则来阻止不公平,是一种艺术创造,能够给人一种既激烈、精彩又和谐、优美的品味。

四、竞技体育的特征与意义

(一) 竞技体育的特征

竞技体育作为人类社会中一种特殊的文化活动,具有竞争性、观赏性、娱乐性、系统性、规范性、公平性、公开性、不确定性等典型特征。

一是竞争性。竞技体育是"比赛性的体育活动"(图1-3),通过竞争获取优胜是竞技体育的灵魂,这就要求最大限度地发挥和提高人体在体格、体能、心理和运动能力等方面的潜力,以创造优异成绩、夺取比赛优胜为主要目标,创造优异成绩的只能是天赋超群、能力出众的少数运动精英,这体现出激烈的竞争性是竞技体育区别于其他体育形式的本质特征。竞争性增加了比赛胜负的不确定性,使得竞技体育更具魅力。现代竞技体育的极限性主要表现在竞技能力挖掘和培养的极限性上。面对高水准的竞技能力水平,运动员们要想在奥运会中获得奖牌，必须付出常人难以想象的代价，在训练时间、运动负荷量和强度等方面的付出都是常人难以想象的。它需要超人的体力和娴熟的技艺，直达人体极限，这是任何体育运动不可比拟的。

图 1-3　竞技体育比赛

二是观赏性。竞技体育本来就是从以娱乐为主要目的的游戏活动发展而来的，现代竞技体育日益激烈的竞争性，更是大大加强了其观赏性。竞技体育强烈的竞争性增加了比赛的观赏性，运动员们在比赛过程中表现出为了胜利最大限度地发挥个人的人体潜能、团队的协作配合的作用，从而使得运动过程呈现出紧张、刺激、优美的画面，具有强烈的视觉冲击甚至艺术观感，因而观赏性赋予了竞技体育的独特魅力。例如，花样滑冰运动员在冰场上的翩翩起舞展现的优雅，举重运动员在赛场上竭力举起最大重量体现出的力量，篮球运动员在球场上精妙的传切配合上篮将球打进，无不给人沉浸式的视觉享受，能够让观众获得极大的心理满足。

三是娱乐性。竞技体育具有强烈的竞争性特征，不仅仅是参与其中享受过程的运动员，普通大众同样可以在参与或观赛过程中获得丰富的身心愉悦，从而使得竞技体育蕴含着丰富的娱乐性特征。早在公元前 700 多年的古希腊时代，就出现了赛跑、投掷、角力等项目，发展至今已有数百种之多。随着人类社会变迁，田径、体操、篮球、排球、足球、乒乓球、羽毛球、举重、游泳、自行车等成为人们普遍喜爱的运动项目。世界各国、各地区还有自己特殊的民族传统项目，如中华武术、东南亚地区的藤球、卡巴迪、巴西的桑巴足球等。各个地区、各个民族的运动项目成为普通大众利用业余时间锻炼身体、愉悦心灵、丰富业余文化生活的重要手段。

四是系统性。竞技体育是涵盖运动员选材、运动训练、运动竞赛、保障管理等多个方面的复杂体系。其中,运动员选材是竞技体育的开始,是挑选具有良好运动天赋及竞技潜力的青少年儿童参与运动训练的起始性工作。运动训练是为提高运动员的竞技能力和运动成绩,在教练员指导下,专门组织的有计划、系统化、专业化的体育活动。运动竞赛是在裁判员主持下,按照统一规则要求,组织与实施的运动员个体或运动队之间的竞技较量,是竞技体育与社会发生关联并作用于社会的媒介。竞技保障管理包括科技攻关、运动队服务、后勤保障等多个方面,无论是运动员选材、运动训练还是运动竞赛,都必须在专门的管理体制组织管理下才能取得理想的效果。

五是规范性。运动竞赛不仅提供了一种展现激烈对抗"模拟社会"的过程,具有完整的组织体系和严格的规章制度,而且提供了一个培养社会意识"实践教育"的平台。选手、裁判、观众等各方参与者都可由此得到道德检验。竞技体育为了保障运动员最佳发挥技战术,制定了大量规则以维护比赛正常进行。同时,运动员的技战术训练也建立在特定规则的要求之上。可以说,竞技体育构建了周详的规则体系,以文明社会的人文关怀和法治精神取代了弱肉强食的丛林法则,以身体对抗这一自然性手段,去实现人的培养这一社会性的目标。因此,通过普及和推广竞技运动,能够有效培养公民社会意识,强化民族文化自觉,提高社会和谐质量,使整个社会行为得到自觉规范,以及和谐社会环境得以有效构建。

六是公平性。竞技运动中的竞争是在高度公平的条件下进行的,它给所有参加者公平竞技机会,不偏袒任何参赛者。竞技体育从公平的角度诠释了竞争的含义,提出"公平竞争(fair play)"的观念。这一重要观念激活了竞争的正向价值,使之成为个体解放和社会进步的动力,同时遏制了传统社会不公平竞争的负面影响。竞技运动对比赛的项目、时间、地点、场地器材、参赛资格等方面都制定了严格标准,并要求比赛相关主体遵守共同的行为规范。没有公平竞争,就没有竞技体育。但是竞技体育中绝对的公平竞争是不存在的,为了获胜有的参与者会运用不正当的竞争手段,甚至是合法参赛,也会由于种种主、客观原因造成不公平现象,特别是有利于主办方运动员参赛和取胜的因素。

七是公开性。竞技体育面向的受众是开放的,特别是随着现代信息技术的发展,将竞技体育过程越来越多地曝光于普通大众面前,尤其是重大的体育竞赛能够吸引数以亿计的群众关注,比如,足球已经成为全球第一大运动,足球世界杯比赛期间全球的足球爱好者都会"为之疯狂"。同时,竞技体育在训练方面也具有开放性特征,随着竞技体育国际交流越来越频繁,现代科学技术的应用、运动训练和运动员赛场表现等已经不再是秘密,公开性使竞技体育具有更强的传播能力和更大的影响力,促进了运动技战术交流和赛事公平的提升。

八是不确定性。竞技体育运动员、运动队往往具有高超的运动技术水平,高水平运动员、运动队的比赛棋逢对手,任何一方都可能获胜,比赛过程往往跌宕起伏,不到最后一刻结果难以预料,始终吸引着竞赛者为了最后的获胜拼尽全力。另外,由于竞技体育是一种竞争性身体活动,其发展受选材、训练、竞赛、科技、保障等多个因素影响,因此,比赛中突发和不可预料的情况经常发生,这也大大增加了竞赛结果的不确定性。正是由于竞技体育比赛过程和结果的不确定性增进了比赛的观赏性,吸引广大观赛者投入热情,甚至持久的喜爱和参与。

(二)竞技体育的意义

竞技体育作为体育事业中最活跃的组成部分,在运动训练场馆设施、人才科技、文化产业等层面集聚了丰富资源,具有展示国家精神风貌、促进人类社会和平、推动社会经济发展、激发爱国主义情操等重要意义。竞技体育活动的直接产品是运动成绩,在竞技体育的诸多社会功能中,创造运动成绩是其本源性的基本功能,而竞技体育激励人类奋斗精神、满足民众观赏需求、推动经济发展、适应政治需要等都是其派生功能。所有竞技体育的价值都是通过比赛结果和大众对结果的高度赞同来体现的。如果没有奖牌榜,没有比赛成绩,那么比赛就失去了意义。所以,竞技体育是不以成败论英雄,英雄永远争第一。奥运会金牌获得者的荣耀得到世界各国认同,成为世界人民的英雄。参加奥运会和在奥运会上获得优异成绩,成为全世界运动健儿为之奋斗的梦想。

一是展示国家精神风貌。传统竞技体育被赋予强烈的政治任务,以取得优异成绩为主要目标,以"争光体育"为基本形式,强调塑造国家形象、彰显精神风貌、振兴中华的国家使命,担负国家层面的"工具"角色,把金牌作为重要指标。竞技体育的主要目标是为国家创造优异运动成绩,进而通过竞技运动成绩和赛事活动,发挥其巨大的政治、经济、文化、教育等多元功能。通过优秀运动员在世界竞技舞台上积极进取、顽强拼搏,展现国家良好形象和社会精神风貌。

二是带动体育事业发展。竞技体育在体育事业中具有重要的带动引领作用,通过竞技体育在世界舞台取得优异运动成绩,对群众体育、体育产业、学校体育等产生强大的促进作用。例如,1984—2021年,我国共参加了10届夏季奥运会,获得金牌262枚、银牌194枚、铜牌172枚,奖牌合计628枚,很好地实现了振兴中华、为国争光的目的(表1-2)。同时,竞技体育为群众体育和学校体育活动提供了科学的锻炼方法和大量的专业指导人员,提升了社会参与体育的氛围,间接促进了体育人口不断增长。并且,竞技体育的科学训练方式可以规范群众体育的参与途径,能够在运动项目规则、竞赛标准、活动内容、组织形式等方面为群众体育提供样板。

表1-2 我国夏季奥运会成绩(1984—2021年)

序 号	年 份	金 牌	银 牌	铜 牌	奖 牌	金牌名次
1	1984	15	8	9	32	4
2	1988	5	11	12	28	11
3	1992	16	22	16	54	4
4	1996	16	22	12	50	4
5	2000	28	16	15	59	3
6	2004	32	17	14	63	2
7	2008	48	21	28	97	1
8	2012	38	27	23	88	2
9	2016	26	18	26	70	3
10	2021	38	32	18	88	2
合计		262	194	172	628	—

资料来源:中国奥委会网站。

三是推动人类社会文明进步。通过开展多层次竞技体育文化交流和赛事活动,在缓冲国际关系、消弭政治摩擦、加深国际沟通、促进民心相通等方面具有特殊作用。竞技体育通过丰富的运动项目、精彩的赛事,将运动员紧密联系在一起,相互交流、加深了解、促进友谊,以奥林匹克运动会为代表的全球最大的综合性体育赛事,更是吸引了数量众多的运动员参与其中,奥林匹克运动会倡导的和平理念深入人心。奥林匹克运动会不仅为各国体育健儿提供了展示自我的竞技场所,而且为促进世界和平、增进相互了解、实现文化交融、传递文明友谊搭建了最好的学习交流平台。

四是促进社会经济发展。竞技体育蕴含着丰富的经济元素,是助力社会经济快速发展的重要力量。运动项目产业是现代体育产业集群的重要组成部分,以运动项目为载体的职业赛事具有强大的经济价值。举办大型体育赛事不仅可以直接获得门票、纪念品收入等经济效益,而且可以促进城市建设、旅游业、交通运输、体育产业等领域的发展。据统计,北京奥运会期间接待境外游客超过50万人,吸引了大量游客前往观看比赛和参观相关场馆,对当地旅游业发展产生了重要推动作用。

五是激发爱国主义情操。竞技体育比赛是爱国主义教育的载体,例如,在备战东京奥运会过程中,中国射击队以"祖国在我心中"主题教育为主线,坚持党建与训练备战工作相互融合、相互促进,引领奥运备战全面推进。在夺得东京奥运会首金后,射击运动员杨倩动情地表示:"这枚金牌是献给建党百年最好的礼物,在我顶不住的时候,明显能感觉到是信念支撑着我,那是为了在东京奥运会上升国旗、奏国歌的信念。"[1]这种至高无上的家国情怀对广大青少年学生具有很好的教育意义。

第二节 竞技体育的发展概况

一、我国竞技体育的发展历程

我国从建设体育大国到迈向体育强国经历了一个漫长的过程,体育事业在国家崛起的大潮中搏击奋进、砥砺前行,随着国家发展走过了一段从小到大、从弱到强的成长历程,开辟了一条中国特色的现代化体育发展道路。回顾我国竞技体育的发展脉络,从"东亚病夫"到体育大国,从体育大国迈向体育强国,竞技体育成为中华民族伟大复兴的一个标志性事业。新中国成立以来,我国经济社会发展经历了历史性变革,竞技体育在国家改革发展的大潮中实现了大发展、大跨越。竞技体育与国家经济社会发展的目标紧密相连,竞技体育的发展历程与中华民族"站起来""富起来""强起来"的发展进程同向,竞技体育的优异成绩彰显了社会主义现代化建设的伟大成就,映射了中国特色体育发展道路。根据不同历史时期的社会背景、体育发展特征以及相关政策,将新中国成立以来竞技体育的发展历程分为四个阶段。

一是初步发展阶段(1949—1978年)。1949年新中国成立后,面对国内外形势,如何快速提高竞技运动水平、适应国际交流需要,成为一项重要任务。

---

[1] 国家体育总局官方网站.打造能征善战作风优良的国家队 让爱国主义旗帜在赛场高高飘扬[EB/OL].[2021-09-07].https://www.sport.gov.cn/n4/n23367510/n23367715/c23588672/content.html.

结合当时国情,我国体育事业确立了"普及与提高相结合"战略。受新中国成立初期体育资源匮乏的影响,这一阶段的竞技体育发展缓慢,整体处于"从属"地位,在国际舞台崭露头角的目标还不明确,竞技体育主要服从于新中国成立初期恢复国民生产建设和国防事业需要,服务于民众的运动普及化和提升国民身体素质的重要任务,助力国民体育发展,提升劳动者生产力和军队战斗力。从1952年参加第15届赫尔辛基奥运会开始,我国竞技体育逐渐崭露头角。1959年,第一届全国运动会为竞技体育带来了新的发展机遇,竞技体育在国内外大赛成绩、优秀运动员培养等方面都取得了巨大进步。然而,"文化大革命"给我国体育事业发展带来了严重阻碍,特殊时期在"缩短战线与保证重点"战略方针的引导下,通过把有限社会资源运用到重点领域,确保了竞技体育的局部赶超。总体而言,新中国成立之初,为了摘掉"东亚病夫"的帽子,树立国家形象,党和国家非常重视竞技体育工作,构建了"思想一盘棋、组织一条龙、训练一贯制"的竞技体育保障体系,初步形成了系统化、科学化的竞技体育发展模式。竞技体育以为国争光为主要目标,在国家推动下各类运动项目水平得到快速提升。

二是稳步发展阶段(1979—1992年)。从1979年我国国际奥委会合法席位恢复到2008年北京奥运会,我国成为世界金牌榜第一名。在"优先发展战略""奥运战略"引导下,竞技体育被赋予了为国争光、振兴中华的政治使命。"奥运战略"驱动下,我国体育事业发展不平衡,呈现出竞技体育"优先发展"的趋势。自1979年我国恢复在国际奥委会的合法席位以来,竞技体育的主要任务是"勇攀高峰,为国争光"。在"优先发展战略"推动下,我国的优秀运动员在国际比赛中取得了优异成绩,并为国家培养了一大批优秀运动员。在党的十一届三中全会精神指引下,我国竞技体育进行了体制机制改革的积极探索,竞技体育管理体制、竞赛训练体制、人才培养体制等方面的改革全面启动,在举国体制的保障下,竞技体育综合实力不断提升。总体而言,这一阶段我国竞技体育发展的基本思路仍然是坚持"全国一盘棋",积极落实"奥运战略",并在20世纪80年代制定了一系列侧重于发展竞技体育的方针政策。从1979年开始,历经了三次全国体育工作会议后,进一步明确了以竞技体育为工作中心,形成了以"举国体制"为保障的发展方式。

三是快速突破阶段(1993—2008年)。自1992年我国竞技体育走职业化道路以来,市场经济为竞技体育注入了新的活力,以足球项目改革为突破口,竞技体育不断顺应经济社会改革步伐,积极推进结构性改革,在体制结构、组织结构、目标结构、价值结构等方面不断深化改革。同时,这一阶段竞技体育的主要任务是吸收职业化改革成果,大力提升科学化和国际化水平,实施奥运争光计划纲要,在"奥运战略"助推下获取国际大赛成绩,竞技体育的综合竞争力不断提升,1993—2008年,我国竞技体育创造世界纪录590次,获得世界冠军1 382个。从1996年第26届奥运会中国代表团获得第4名开始,其后的4届奥运会上,我国竞技体育成绩持续攀升,2008年北京奥运会上,我们实现了金牌、奖牌榜世界第一的目标(表1-3),提升了竞技体育综合实力,塑造了良好的国际形象,竞技体育的国际竞争力取得了历史性飞跃。总体而言,这一阶段是我国竞技体育勇攀高峰、运动项目成绩快速提升的重要时期,我国在奥运会、亚运会、世锦赛等多个国际大赛中取得了一系列辉煌成绩,实现了竞技体育为国争光的目标。

四是转型升级和全面发展阶段(2009年至今)。北京奥运会后,我国确立了由体育大国向体育强国迈进的战略目标,随着竞技体育综合实力不断提升,竞技体育发展方式不断转变,更加强调发挥竞技体育对群众体育和经济社会的多元价值,通过竞技体育优势资源带动群众体育发展。在全民健身战略和健康中国战略的引导下,竞技体育不再只是少数人提高运动技能、为国争光的舞台,竞技赛事也不再只是少数人的专利,而是不断走向社会,更多民众可以广泛参与。例如,中国田协改革创新,实施以"马拉松领跑健康中国"的专项行动,推动从少数人体育向全民体育转变;2017年天津全运会和2021年陕西全运会都强调"全运惠民,健康中国"的主题,在全运会舞台新增群众性项目,打破专业和业余界限,实现了从"精英竞技"不断向"全民竞技"转变;2021年东京奥运会有来自30所不同院校的208名大学生参赛,占参赛总人数的48.3%,涌现了大量高校"体教融合"型奥运冠军,展现了良好国际形象。此外,进入新时代以来,竞技体育积极探索可持续发展方式,大力推进竞技体育体制机制改革,创新奥运备战模式和实施全运会制度改革,稳步推进奥运项目协会实体化改革,逐步实现了从单一管理到"多元治理"的体制机制转变、从"争光体育"向全面体育转变、从"金牌至上"向展示综合实力的复合型目标转变,竞技体育集聚了新的发展活力,综合实力和国际竞争力不断提升。

表1-3 2008年北京奥运会奖牌榜(前10名)

排 名	国家/地区	金 牌	银 牌	铜 牌	总 数
1	中国	48	21	28	97
2	美国	36	38	36	110
3	俄罗斯	23	21	28	72

(续表)

排 名	国家/地区	金 牌	银 牌	铜 牌	总 数
4	英国	19	13	15	47
5	德国	16	10	15	41
6	澳大利亚	14	15	17	46
7	韩国	13	10	8	31
8	日本	9	6	10	25
9	意大利	8	10	10	28
10	法国	7	16	17	40

二、我国竞技体育的发展成就

（一）竞技体育为国争光、成绩斐然

新中国成立以来，中国竞技体育在国家改革发展的大潮中搏击奋进、砥砺前行，收获累累硕果。在世界舞台上，竞技体育创造了中国速度、展现了中国力量、拼出了中国精神、奏响了中国旋律，为建设社会主义现代化强国新征程凝聚了澎湃的精神动力，为中华民族伟大复兴中国梦提供了凝心聚气的强大力量。

1979年10月25日，国际奥委会执委会在日本名古屋召开会议，做出恢复中华人民共和国在国际奥委会合法席位的决议，中国重返奥运大家庭。在"冲出亚洲，走向世界"、建设体育强国目标的驱动下，我国竞技体育以在国际大赛上取得优异成绩、"为国争光"为主要任务，在奥运会等国际赛场取得了优异成绩。尤其是进入21世纪以来，在悉尼奥运会、雅典奥运会、北京奥运会、伦敦奥运会、里约奥运会和东京奥运会上，中国代表团在金牌榜上分别排在第3名、第2名、第1名、第2名、第3名和第2名，稳居世界前三强。从1952年参加第15届赫尔辛基奥运会开始，中国代表团不断在奥运舞台上崭露头角，尤其是重返奥运赛场后，中国在历届奥运会上取得了优异成绩。1984年重返奥运赛场的中国体育代表团，展示出新兴世界体育强国的风采，许海峰获得奥运会第一块金牌，实现了炎黄子孙在奥运会上金牌及奖牌"零的突破"。从参加1984年洛杉矶奥运会到2016年里约奥运会，我国共参加了9届夏季奥运会，共获得224枚金牌、167枚银牌、155枚铜牌。2008年北京奥运会上，中国体育代表团最终狂揽48枚金牌，首次登顶金牌榜，实现了历史突破，让无数中华儿女为之骄傲。2012年伦敦奥运会上,中国体育代表团创造了境外最好成绩。2016年的里约奥运会上,中国体育代表团获得了26枚金牌,稳居金牌榜前3位。2021年东京奥运会上,中国体育代表团获得38金32银18铜共88枚奖牌,金牌数、奖牌数仅次于美国,位居第二,追平在伦敦奥运会上取得的境外参赛最好成绩。从1980年参加第13届冬季奥运会开始,我国共参加了11届冬奥会,从1992年实现冬奥会奖牌零的突破,到2002年实现金牌零的突破,尤其是2010年温哥华冬奥会上,中国首次进入冬奥会奖牌榜前8位。截止到2023年,中国共获得冬奥会金牌22枚、银牌32枚、铜牌23枚。从1984年洛杉矶奥运会重返奥林匹克大家庭,实现奥运金牌"零"的突破,到2000年悉尼奥运会首次进入奥运金牌榜第一集团,再到2008年北京奥运会首次位列金牌榜榜首,仅用了24年的时间,创造了世界竞技体育史上的奇迹,实现了竞技体育的跨越式发展,向世界展现出了一种均衡协调、整体提升的良好形象。

(二)运动项目亮点纷呈、全面突破

在竞技体育综合实力保持世界前列的同时,我国多个运动项目在世界大赛中呈现出多点开花的强势局面,充分展示了我国竞技体育的整体发展水平。随着新中国体育事业的发展,中华儿女们开始多次站上世界之巅。从1952年参加第15届赫尔辛基奥运会开始,中国运动员们不断为国争光、勇攀高峰,取得了一次次历史飞跃。尤其是改革开放以来,竞技体育世界冠军数量攀升,从1978年中国运动员在世界大赛上获得4项冠军开始,我国运动员共获得奥运冠军252个;获得世界冠军3 319个,占新中国成立以来总数的99%以上;创超世界纪录1 125次,占新中国成立以来总数的86.4%。其中,1978—2000年,中国运动员获世界冠军1 392项,23年时间内年平均获得世界冠军60.5个,远远超过同期世界其他国家的增长速度。2001年北京奥运会申办成功后,竞技体育整体保持了较高的水平,从2001年到2017年的16年时间内,中国获得世界冠军的数量达到1 844项,年均获得世界冠军数量达到115.25个,特别是2008年北京奥运会上,中国运动员获得142项世界冠军,再次刷新了世界冠军数量新纪录。2004年雅典奥运会上,刘翔以12.91秒的成绩追平了世界纪录,夺得冠军;2006年,他在瑞士洛桑田径超级大奖赛中,以12秒88打破了保持13年的世界纪录夺冠。刘翔的职业生涯共参加48次世界大赛,拿下36枚金牌,一次打破世界纪录,5次打破亚洲纪录,成为中国体育界的传奇(图1-4)。2016年里约奥运会上,中国女排时隔12年再夺奥运冠军,女排精神再次引起社会热议。2021年东京奥运会上,苏炳添以9秒83的成绩改写亚洲纪录,历史性地闯入男子100米决赛,他还帮助中国男子4×100米接力队获得东京奥运会铜牌;张雨霏以打破奥运会纪录的成绩夺得女子 200 米蝶泳和女子 4×200 米自由泳接力冠军。

图 1-4 奥运会赛场上的刘翔

从新中国成立到 2021 年东京奥运会结束,据不完全统计,中国体育健儿共夺得 3 458 项世界冠军,打破世界纪录 1 310 余次,其中,北京奥运会之前创超世界纪录 1 001 次。从 1984 年洛杉矶奥运会到 2021 年东京奥运会,我国不仅取得了一系列辉煌的成绩,而且确立了由奥运榜首的"体育大国"向全面发展的"体育强国"迈进的伟大战略目标。竞技体育发展的突出成就集中彰显了中国特色社会主义制度的优越性,映射了中国经济社会快速转型的伟大飞跃。

(三)冰雪运动历史跨越、成就卓越

新时代是中国人追梦的时代,冬奥会是中国冰雪健儿追梦与圆梦的舞台。在冬奥会赛场,冰雪健儿们拼字当头,用奋斗书写青春。我国冬季运动项目取得了明显进步,中国代表团自 1980 年在美国普莱西德湖首次参加冬奥会,到 1992 年阿尔贝维尔冬奥会首次获得奖牌,到 2002 年盐湖城冬奥会首次拿到金牌,再到 2022 年北京冬奥会,中国代表团在多个项目上实现突破,一举得到 9 金 4 银 2 铜共 15 枚奖牌,金牌数、奖牌数以及总排名都刷新了历史。其中,2010 年温哥华冬奥会上,我国奖牌分布面由 2 个大项 8 个小项扩展到 3 个大项 9 个小项,进入前 8 名的运动员人数由 3 个大项 14 个小项 49 人次增加到 4 个大项 17 个小项 66 人次,我国短道速滑队成为冬奥会历史上首支包揽女子项目金牌的队伍。2014 年索契冬奥会上,速度滑冰项目取得历史性突破,速度滑冰女子 1 000 米决赛创造历史,张虹以 1 分 14 秒 02 夺得中国冬奥会历史上首枚速滑金牌。2018年平昌冬奥会上,中国代表团获得1金6银2铜共9枚奖牌,参赛项目数量实现新突破,武大靖在男子500米短道速滑比赛中两次刷新世界纪录,展现了良好风貌。举世瞩目的2022年北京冬奥会上,我国首次实现7个大项、15个分项"全项目参赛",冰雪健儿在冬奥赛场敢打敢拼、超越自我,勇夺9金4银2铜共15枚奖牌,创造了我国参加冬奥会历史最好成绩,并引领拿下"带动三亿人参与冰雪运动"这枚沉甸甸的金牌,实现了运动成绩和精神文明双丰收,北京冬奥会成为中国冰雪健儿追梦与圆梦的舞台。与此同时,奖牌和成绩铭刻了中国冰雪运动的众多"第一次"——第一枚女子雪上项目金牌、第一枚男子速度滑冰金牌、第一枚单板滑雪金牌……在令人激动的新突破中,共同创造了胸怀大局、自信开放、迎难而上、追求卓越、共创未来的北京冬奥精神。北京冬奥梦和中国梦的精彩交织,不仅成功改变了我国竞技体育"夏强冬弱、冰强雪弱"的局面,也在奋斗中收获了丰厚的精神财富,在建设体育强国、实现中华民族伟大复兴的征程上竖起了一座里程碑。

(四)形成了稳定的竞技体育优势项目群

中国体育健儿在奥运舞台、世界赛场上继续勇攀高峰、为国争光,以体育的力量凝聚爱国情怀、振奋民族精神,创造了一次次优异成绩,登上了一次次世界之巅。新中国成立以来,我国不断打造适合中国国情的重点项目,经过多年的不断实践,我国竞技体育形成了一个比较稳定的重点项目群,打造了跳水、乒乓球、羽毛球、体操、举重、射击、柔道七大优势项目,摔跤、击剑、射箭、自行车、跆拳道等众多潜优势项目,我国竞技体育成为国际体育舞台上一支重要力量。从改革开放之初的1个运动大项发展到2017年的24个运动大项的世界冠军,且稳定在每年20多个大项,尤其是2009年一度达到36个大项的世界冠军。中国运动员获得奥运会项目世界冠军的范围也在不断扩大,2008年获得冠军的运动大项数量达到19个,几乎囊括了大部分奥运会项目。此外,我国还涌现了一大批优秀运动项目代表队,如获得"五连冠"的中国女排、长盛不衰的中国乒乓球队、勇攀高峰的中国登山队、被誉为"梦之队"的中国跳水队等。尤其是改革开放以来,中国运动员获世界冠军的运动大项在1978—2000年呈现不断上升的趋势,2002—2017年保持在相当高的水平上平稳发展,形成了在世界重大比赛中夺取优异成绩的项目基础。此外,在田径、游泳等反映国民身体素质的大项上,中国运动员通过不断努力,在世界大赛中逐步打破欧美选手对冠军的垄断,展现了中国速度、中国力量(表1-4)。在冬季运动方面,以申办2022年北京冬奥会为契机,冰雪健儿们奋力拼搏,实现了冬季项目强项更强、恶补短板的目标。

表 1-4　第 24~32 届夏季奥运会我国重点夺金项目分布

年　份	夺金项目	数　量
1988	跳水、乒乓球、体操	3
1992	体操、乒乓球、射击、柔道、田径、游泳(跳水)	6
1996	体操、举重、乒乓球、羽毛球、射击、柔道、田径、游泳(跳水)	8
2000	体操、举重、跳水、乒乓球、羽毛球、射击、柔道、田径、跆拳道	9
2004	体操、举重、乒乓球、羽毛球、射击、柔道、田径、跆拳道、皮划艇、排球、网球、摔跤、游泳(跳水)	13
2008	体操(蹦床)、举重、乒乓球、羽毛球、射击、射箭、柔道、跆拳道、赛艇、皮划艇、帆船(帆板)、游泳(跳水)、摔跤、击剑、拳击	15
2012	体操(蹦床)、举重、乒乓球、羽毛球、射击、跆拳道、游泳(跳水)、田径、击剑、拳击、帆船	11
2016	田径、羽毛球、场地自行车、游泳(跳水)、射击、跆拳道、乒乓球、举重、排球	9
2021	射击、举重、击剑、游泳(跳水)、乒乓球、体操(蹦床)、羽毛球、帆船帆板、场地自行车、田径、赛艇	11

(五)"三大球"振兴持续推进、改革发展全面深化

"大球"之谓不仅是物理尺寸上的大,更是普及程度高、民众喜爱、社会和市场影响力大,深受广大人民群众喜爱,是体育强国建设的重要内容。党的十八大以来,我国以足球为突破口大力推进"三大球"竞赛体制改革,进一步提升了职业化水平。2015 年 3 月,国务院发布《中国足球改革发展总体方案》,为中国足球描绘了诗和远方的未来。《全国足球场地设施建设规划(2016—2020 年)》《全国青少年校园足球八大体系建设行动计划》等一系列配套措施的推出,成为足改落地的利器。2019 年,我国足球运动员再次走出国门,武磊登陆西甲,攻破了"宇宙队"巴塞罗那的球门,成为西班牙球迷心目中的"东方偶像"。2022 年 2 月,中国女足在亚洲杯决赛以 3 比 2 的比分打败韩国女足,第 9 次亚洲登顶,时隔 16 年再次捧起亚洲杯冠军奖杯,捍卫了"亚洲大姐大"的殊荣。排球联赛改革全面深化,联赛俱乐部准入模式深入实施,各项联赛不断进发改革活力。2016 年里约奥运会上,惠若琪一记重扣让中国女排拿下赛点,时隔 12 年中国女排再夺奥运冠军。2019 年女排世界杯赛,中国女排以十一连胜的骄人战绩夺冠,成就世界大赛"十冠王"。中国篮协积极创新管理模式,CBA 联赛完成管办分离改革,2017 年 2 月,姚明当选篮协主席,实施重组国家队,成

立"红""蓝"两支队伍,双国家队制度培养了大批优秀后备力量。2020年,中国女篮以三战全胜的战绩获东京奥运会资格赛,并击败世界排名第三的西班牙队,中国女篮连续第5次、历史第9次打进奥运会,展现了良好形象。当前,在深化改革的东风下,我国的"三大球"改革正快马加鞭,为体育事业改革创新发挥出重要作用。

（六）成功申办和承办国际重大体育比赛

申办国际重大体育赛事是中国竞技体育实施"奥运战略"的重要组成部分,举办奥运会、亚运会、世锦赛等大型赛事,不仅具有重要的政治意义,也同样具有重要的经济价值和社会意义。通过举办各类重大国际赛事,很好地发扬我国优秀传统体育文化,为国内外运动员搭建良好的交流平台,塑造良好的国际形象和社会精神风貌。尤其是2008年北京奥运会和2022年北京冬奥会的成功举办,使北京成为世界上唯一一个举办过夏季、冬季奥运会的城市,我国将以举办冬奥会为契机,大力推动冰雪运动的开展,加快我国冬季项目全面发展和竞技水平的进一步提高。新中国成立以来,我们成功举办了1990年北京亚运会、2008年北京奥运会、2010年广州亚运会、2011年上海世界游泳锦标赛、2012年海阳第三届亚沙会、2013年南京第二届亚青会、2013年天津第六届东亚运动会、2014年南京第二届青奥会、2015年北京世界田径锦标赛、2019年男子篮球世界杯赛等多项综合性国际赛事,举办了2022年北京第24届冬奥会、2023年世界大学生运动会,以及2023年杭州第19届亚运会等各类重大国际赛事。每一届赛事的成功举办都对城市的现代化和国际化进程产生巨大推动作用,不仅提高了市民整体素质,推动了城市精神文明建设,而且对主办城市居民的精神产生了积极影响。通过积极承办各类世界重大赛事,很好地展示了我国现代化建设的伟大成就,扩大了与国际社会的交流与合作,增强了我国的文化软实力和国际影响力。

（七）培养了一支规模庞大的优秀竞技人才队伍

竞技体育人才包括优秀运动员、教练员、管理人员、科研人员、医务人员等多个群体,是实施体育强国战略的根基。竞技体育人才培养关系体育事业的全面、协调、可持续发展。新中国成立以来,我们充分发挥社会主义制度优越性,不断完善优秀体育人才培养体系,我国体育精英人才的选拔、培养和保障工作从无到有,从国家单一投入不断向国家和社会多途径、多渠道齐抓共管转变,在"科教兴体""人才强体"方面取得了明显的成效。新中国成立以来,我们充分发挥举国体制优势,在体育领域大力实施"人才强体"战略,逐步建立了运动员、教练员、体育管理、科研人员、医务人员等各类优秀人才培养制度,造就了一支数量充足、结构合理、素质优良的人才队伍。新中国成立以来,我国竞技体育人才数量稳步增长,人才队伍规模不断壮大,人才结构不断优化。截至2007年,全国各类优秀运动员总计17 937人,其中,国际级健将489人,国家级健将4 230人,一级运动员5 635人,二级及以下运动员7 583人;2008—2016年,我国累计培养国际运动健将2 725人,国际级运动健将21 020人。从2008年到2017年,国家级健将运动员每年都超过5 000人,国际健将运动员每年都超过700人,2014年达到了854人。截至2017年,我国共有教练员24 354人,发展教练员人数为1 659人。到2016年,全国裁判员数量总计95 472人,其中,国际裁判员485人,国家级裁判1 819人,分布在72个运动项目中。此外,我国不断完善竞技体育后备人才培养体系,不断提高青少年体育训练质量和效益,推动竞技体育后备人才培养工作深入开展,在后备人才培养体制、人才选拔机制以及新型国家队建设等方面不断创新,日益形成了多元化体育后备人才培养模式。

(八) 竞技体育职业化和社会化改革成效显著

我国竞技体育职业化始于20世纪90年代初,在长期改革实践中,围绕运动项目的职业化发展、运动员的职业化、职业联赛的打造以及职业俱乐部的发展等多个方面取得了一定成果,积累了丰富的经验。随着我国经济社会发展水平的不断提高,竞技体育职业化发展速度不断加快,足球、篮球、排球、乒乓球等多个竞技运动项目不断尝试走职业化道路,在长期实践中逐步形成了一条具有中国特色的职业化发展路径。新中国成立以来,我国在竞技体育领域不断推进运动项目协会实体化改革,尤其是1992年足球实施职业化改革以来,我国竞技体育项目职业化、实体化进程不断推进,到2005年,共成立了23个运动项目管理中心,成为我国竞技体育实体化改革的显著标志。2008年北京奥运会后,我们积极探索社会主义市场经济条件下的职业体育发展方式,继续推动具备条件的运动项目走职业化道路,提升了足球、篮球、网球等多个运动项目的职业化水平,利用社会市场助力竞技体育发展,形成了一定规模的职业联赛市场。2015年以来,以足球改革为突破口,不断提升足、篮、排"三大球"等项目的职业化发展水平,不断扩大职业体育的社会参与。另外,运动项目实体化改革不断深入,以单项体育协会为突破口,大量运动项目陆续实行了实体化改革,截至2017年年底,28家脱钩试点改革协会已有10家完成脱钩任务,3家脱钩实施方案得到批复,7家完成脱钩方案报送。2019年6月,国家发改委官方网站发布了《关于全面推开行业协会商会与行政机关脱钩改革的实施意见》,有68个业务主管单位为国家体育总局的协会状态为"拟脱钩",其中包括中国篮球协会、中国排球协会、中国滑冰协会等奥运项目协会,以及中国围棋协会、中国象棋协会等非奥项目协会。

(九)中华体育精神在实践中得到弘扬

伟大的事业孕育伟大的精神,伟大的精神推进伟大的事业。中国体育健儿在国际赛场上的优异表现,向世人展示了新中国的崭新形象和我国社会主义建设取得的巨大成就,为祖国赢得了巨大的荣誉,成为中华民族凝心聚气的强大力量。其间涌现了一大批全国人民耳熟能详的英雄集体,如长盛不衰的中国乒乓球队、"五连冠"的中国女排、勇攀高峰的中国登山队、被誉为"梦之队"的中国跳水队、赢得中日围棋擂台赛的中国围棋队等,优秀运动员更是数不胜数。体育健儿们创造的以"为国争光、无私奉献、科学求实、遵纪守法、团结协作、顽强拼搏"为主要内容的中华体育精神,极大地丰富了社会主义精神文明建设的内涵,激发了全国人民积极投身社会主义现代化建设的热情。

新中国成立以来,竞技体育领域产生的不仅仅是优异的运动成绩,还有具有中国特色的竞技体育夺冠之路和中华体育精神,为社会创造了极为宝贵的精神财富。在长期实践中,我们逐渐形成了以"为国争光、团结协作、无私奉献、顽强拼搏"等为内涵的中华体育精神,中华体育精神继承了中华民族历久弥新的民族精神,凝聚着体育战线一代又一代人的心血,在实践中不断被弘扬。通过优秀运动员的形象展现国家形象和民族精神,运动员在赛场上取得的成绩和表现出的拼搏精神成为鼓舞全国人民前进的号角,中国女排不畏强手、顽强拼搏,创造了"五连冠"的辉煌,"女排精神"极大地鼓舞了全国人民的改革激情,成为整个民族锐意进取的强大精神动力。2022年北京冬奥会集中体现了胸怀大局、自信开放、迎难而上、追求卓越、共创未来的北京冬奥精神。北京冬奥精神不仅为成功举办北京冬奥会、冬残奥会提供了重要保障,也为中华民族伟大复兴凝聚起强大力量。此外,我们注重在实践中不断发展丰富中华体育精神内涵,从为国争光到塑造体育文化软实力,"人生能有几回搏""胸怀祖国,放眼世界""冲出亚洲,走向世界"等远远超过了体育的范畴,成为激励全国人民自强不息、奋发图强的强大精神力量。

(十)竞技体育在强国建设中彰显新形象、发挥新作为

中国竞技体育的竞争力、影响力,远不止赛场上的中国故事、中国声音,竞技体育不断拓宽功能价值、优化发展定位,正在社会主义现代化强国建设进程中不断塑造新形象、践行新担当。站上竞技场就要争金夺银,这是由体育的本

质决定的,同时,即使没有摘金得银,只要勇于突破自我、挑战极限,一样是竞技场上的英雄。例如,2016年里约奥运会上,与中国女排惊天夺冠同样令人印象深刻的是傅园慧的妙语迭出、自信阳光。2021年东京奥运赛场上,我们也像冠军一样追捧没有站上领奖台的苏炳添,我们也能给予在低谷中的中国女排、中国男足以最大鼓励。只要在国际赛场弘扬顽强拼搏、勇攀高峰的体育精神,塑造良好国家形象和精神风貌,同样是为国争光,这是新时代中国竞技体育的全新形象。在体育领域,竞技体育从来都应该是引领者,如今,这份责任和使命正被越来越多的体育人所接受和理解。竞技体育不仅是一种赛场博弈的方式,而且是一种教育手段、一种精神载体、一种生活方式,竞技体育正不断发挥对全民健身、学校体育、体育产业的带动引领作用,越来越多的竞技体育成果逐步向全民共享,竞技体育与人民美好生活需要的联系更加紧密,在培养青少年健康素养、促进经济社会发展等方面正发挥出综合价值和多元功能。

三、我国竞技体育的发展经验

(一) 坚持和完善举国体制,不断完善中国特色竞技体育发展模式

举国体制是中国特色社会主义制度,是实现竞技体育勇攀高峰的重要保障。经过几代体育工作者的实践检验,举国体制适应我国基本国情的发展需要,成为推动竞技体育搏击奋进、勇攀高峰的制胜法宝,成为中国特色社会主义制度优越性的最好体现。新中国成立以来,为适应社会主义市场经济体制需要,我们不断完善竞技体育举国体制,坚持国家计划与面向市场相结合以及政府主体、社会参与的改革思路,积极探索竞技体育发展新模式,举国体制不断向政府、社会与市场协同的管理体制转变,举国体制优势逐步向社会化、协会化、市场化、个体化、立体化发展模式转型。我国竞技体育取得的伟大成就,可以看作不断坚持和完善举国体制的必然结果,坚持举国体制和实施"奥运战略"是社会主义初级阶段的中国参与国际体育竞争的必然选择,是一种高效提高运动员竞技运动水平的制度设计,也是我国竞技体育全面参与国际竞争的重要战略举措。

早在1979年,全国体育工作会议要求省级以上体委在普及与提高相结合的前提下,要侧重抓提高,集中力量解决运动技术水平落后的问题,同时完善运动员、教练员等级制度,进一步明确了竞技体育"思想一盘棋、组织一条龙、训练一贯制"的指导思想,我国竞技体育举国体制开始形成并得以逐步完善。1988年,为了充分发挥单项体育协会在竞技体育事业发展中的作用,原国家体

委对足球、武术、登山、棋类等运动项目管理体制开始进行协会化试点改革,竞技体育举国体制由过去的单一行政管理主体向社会广泛参与的多元化管理主体方向发展,迈出了竞技体育社会化的步子。在国家体育部门的大力支持下,竞技体育管理体制改革不断深入,1993年,《国家体委关于深化体育改革的意见》提出转变政府职能,实现政事分开,将大量事务性工作交给事业单位和社会团体,举国体制开始以运动项目管理改革为重点,全面推进运动项目协会实体化改革。2002年,《中共中央国务院关于进一步加强和改进新时期体育工作的意见》对如何完善举国体制提出了更加明确的指导,强调合理运用计划和市场两种手段,从宏观和微观两个层面调动社会资源发展竞技体育。2008年北京奥运会后,围绕建设体育强国的要求,进一步转变政府职能,推出了以足球为突破口的项目实体化改革,举国体制不断深化与社会市场相结合,获得了新的发展活力。中国竞技体育的伟大成就得益于我们不断探索具有中国特色的竞技体育发展模式,竞技体育的改革进程与国家经济社会的伟大历程同向、同步,不断坚持和完善举国体制的过程也是我国社会改革不断深入的过程。

(二) 坚持实施奥运战略,不断提升竞技体育为国争光能力

"奥运战略"在成就我国竞技体育快速崛起的同时,也推动了我国竞技体育从优先发展、赶超发展向协调发展、全面发展转变,竞技体育不断完善发展战略,战略思路整体呈现出从效率优先向注重公平、协调发展转变。1978年,改革开放为竞技体育发展战略的调整提供了新动力,改革开放后,国家制定了"在本世纪成为世界体育最发达国家之一"的战略目标,在集中优势、突出重点、优化结构、分类管理的指导思想下,按照有利于奥运会上取得好成绩的原则,对重点运动项目布局做出了调整,确立了以奥运会上争金夺银为重心的"优先发展"战略,提高竞技体育优先发展效率。1979年"奥运模式"创立后,我国选择了竞技体育适度赶超发展战略,加强对竞技体育的领导成为国家体委的首要任务和亟待考虑的首要问题。决策层把奥运会上取得优异成绩上升到了政治高度,看作关系国家、民族荣誉的政治问题。1982年,国家体委对内设机构做出了较大调整,尤其加强了竞技体育的管理力度,国家体委规定把重大的国内和国际比赛作为各级体育部门的中心任务。1988年,增设负责管理全国优秀运动队的"训练竞赛综合司",细化了对运动项目的科学管理,通过竞技体育管理体制的强化,逐渐形成了以奥运会为核心的优先发展模式。1995年,原国家体委颁布了《奥运争光计划纲要》和《全民健身计划纲要》,竞技体育经历了"两个战略协调发展"的战略转变。2001年北京奥运会成功申办后,国家体育总局制定了《2001—2010年奥运争光计划纲要》,更加注重竞技体育发展

与北京奥运备战同行,优化了运动项目布局,促进了不同项目间的协调发展。2008年北京奥运会后,国家体育总局颁布了《2011—2020年奥运争光计划纲要》,从战略目标上专门提出以优化结构为重点,强调均衡发展、统筹兼顾、协调发展、全面提升,"奥运战略"得到了很好的继承与完善。在"奥运战略"助推下,我国在国际大赛中获取了优异成绩,快速实现了为国争光的目标,提升了竞技体育综合实力,塑造了良好的国际形象,竞技体育国际竞争力取得了历史性飞跃。

(三)坚持全面深化改革,不断提升竞技体育治理能力现代化水平

随着经济社会的不断改革,我国体育相关部门通过大力推进竞技体育体制和运行机制改革,适时调整运动项目结构科学布局,不断完善竞技体育举国体制,优化竞技体育发展方式,大力推进竞技体育社会化改革,加快推进国家队和后备人才选拔方式改革,竞技体育体制机制改革不断向纵深推进。我国竞技体育管理体制和运行机制逐步完善,竞技体育管理体制改革更为突出"开放","放管服"改革取得实效,竞技体育治理能力现代化水平不断提升。

一是不断推进实施竞技体育事业的"扁平化"管理。我们不断推进竞技体育的社会化、市场化改革,在市场经济体制的新环境中拓宽了竞技体育发展方式,推动了竞技体育有限资源的优化配置,逐步改革了依靠国家"独家管办"竞技体育的发展方式。尤其是改革开放以来,通过不断转变竞技体育发展方式,深入推进各领域的"放管服"改革,将原有竞技体育事业中各自分管几个部门、单位的块状管理方式,调整为条块结合的"扁平化"管理方式。我国竞技体育逐步从管办分离、简政放权中获得了可持续发展的动能和全方位拓展的空间,逐渐形成了计划与市场并行、国家体育总局集中领导下的"集中双轨制"运行机制,不断打造更加开放、更具活力的竞技体育管理体制和运行机制,提高了竞技体育的发展质量和效益。更多的社会力量开始介入竞技体育发展的多个领域,初步形成了市场化的竞技体育运行机制,个人、社会组织、企业团体共同参与开展运动训练,组织、承办运动竞赛,将传统依靠行政驱动"自上而下"的竞技体育管理方式,转变为通过利益驱动来调节竞技体育参与主体的行为,以市场为主要手段调节竞技体育资源配置,以及以法律手段维护竞技体育发展秩序。

二是不断推进竞技体育有限资源的优化配置。新中国成立以来,围绕我国社会主义初级阶段的基本国情,在通盘考虑社会经济发展水平和现有竞技体育发展基础上,围绕我国不同运动项目的竞技实力和布局不断进行有限资源的优化配置。结合我国实际情况,集中优势、凝聚力量,优化资源配置,在社

会资源极其匮乏的条件下,选择了"缩短战线,保证重点"的发展策略。按照有所为、有所不为原则,调整了我国体育工作重点,在侧重竞技体育发展的同时,将运动项目区分为重点项目与非重点项目,确定了优先发展重点项目的工作方针。20世纪80年代以来,我国确定的"竞技体育适度超前"发展战略、以"奥运争光计划"为龙头的发展战略,以及奥运项目与非奥项目区别对待的项目发展战略等,在体育投入总量不足的情况下,确保竞技体育实现了高速赶超、跨越式发展目标。进入20世纪90年代,我国按照项群理论将现已开展的运动项目分为优势项目、潜优势项目与一般项目,基础项目与集体项目等。其中,优势项目是指我国运动员在重大国际竞技体育比赛中,特别是在奥运会比赛中,运动成绩表现出比较稳定的特点,经常在国际竞技体育比赛中取得优异运动成绩的体育项目,包括射击、跳水、乒乓球、羽毛球、举重、体操、女子柔道等七大传统竞技体育优势项目(表1-5),围绕这些项目主要采取"专项划拨、重点支持、确保优势"等措施,使之在以奥运会为最高层次的国际竞技体育大赛中屡建奇功。

表1-5 我国传统优势项目夺金趋势

项 目	1984年	1988年	1992年	1996年	2000年	2004年	2008年	2012年	2016年	2021年	合 计
乒乓球	0	2	3	4	4	3	4	4	4	4	32
羽毛球	0	0	0	1	4	3	3	5	2	2	20
体操	5	1	2	1	3	1	9	4	0	4	30
跳水	1	2	3	3	5	6	7	6	7	7	47
举重	4	0	0	2	5	5	5	5	5	7	38
射击	3	0	2	2	3	4	5	2	1	4	26
合计	13	5	10	13	24	22	33	26	19	28	193
金牌数	15	5	16	16	28	32	48	38	26	38	262
总金牌占比/%	86.7	100.0	62.5	81.3	85.7	68.8	70.6	68.4	73.1	73.7	73.7

三是不断推动运动项目协会实体化改革。改革开放以来,体育相关部门通过转变政府职能,取消、下放和清理若干行政审批事项,推进了全国性单项体育协会试点改革和赛事审批制度改革。把体育内部的一些工作逐步放开给社会,由体育部门办体育逐步转变为全社会共同参与办体育,不断打破行政、事业、社团和企业"四位一体"格局,初步建立了与社会主义市场经济相适应、国家办与社会办相结合的竞技体育管理体制。自1988年国家体委推进足球、

网球等12个项目协会改革以来,我国运动项目发展的活力不断提升,初步形成了运动项目协会实体化改革的趋向。1992年,红山口会议确立了足球职业化改革方向,开启了我国运动项目职业化改革的进程。1994年,国家体育总局成立"运动项目管理中心",成为独立的事业单位和协会办事机构,随着项目协会改革的深入,到2005年,国家体育总局成立了23个运动项目管理中心。2008年北京奥运会后,运动项目协会实体化改革不断深入,2016年2月,国家体育总局足球运动管理中心正式撤销,以单项体育协会为突破口,大量运动项目陆续实施了实体化改革。不断实现了运动项目管理体制从国家体委统一管理到运动项目中心双轨制管理,从运动项目中心管理功能弱化不断向协会实权化转型,进一步提高了我国竞技体育的发展质量和效益。

(四) 坚持科学化训练,不断推进竞赛体制和训练体制创新

新中国成立后,我国竞技体育举国体制逐步发展,形成了适合我国国情的运动训练、体育竞赛和国家队管理体制。

一是全面推进竞赛体制改革。新中国成立以来,我国体育相关部门注重国家队建设,围绕我国各类运动项目成立了多支高水平国家队。在国家队内部管理体制上走出了一条与时俱进的改革创新之路。新中国成立以来,我们紧抓全运会体制改革,带动和不断深化我国竞赛体制的全面改革。1983年,以全运会为龙头的竞赛体制改革拉开序幕。1986年,《全国体委关于体育体制改革的决议》提出"竞赛要向社会化、制度化方向发展,国内比赛与国际比赛衔接,业余比赛与专业比赛衔接",贯彻"全运会为奥运战略服务"的思想,为后期竞赛改革指明了方向。从第七届全运会开始,为更好地激发各地区备战奥运会的积极性,我们对竞赛体制做了进一步改革,将参加奥运会取得的成绩与全运会成绩联系起来,实现项目设置与奥运会接轨,推动了"奥运战略"的实施。2008年北京奥运会后,围绕全运会竞赛体制、项目设置、参赛方式等多个方面进行了深入改革,不断推进了竞赛的社会化、市场化发展。尤其是2017年第十三届全运会取消了金牌奖牌榜,打破了专业和业余、国际和国内界限,竞赛的社会化程度不断提升。我国形成了以全运会为龙头,以全国城市运动会、冬季运动会、各单项运动会及青少年运动会等为主体的系列竞赛体系。以全运会为龙头的竞赛体制改革,带动了其他各类赛事的改革,我国竞赛组织水平和科学化程度显著提高。

二是稳步推进训练体制改革。竞赛体制和训练体制是我国竞技体育发展的两翼,是直接影响竞技体育发展水平和综合实力的基础。我国训练体制经历了从"单打独斗"到"奥运攻关",从"自然"初始训练,向多学科理论与技术介

入、基础科学和成体系的科学训练理论支撑的奥运科研攻关与科技服务不断深入转变，运动训练的科学化水平不断提高。1979年以来，随着社会主义市场经济体制的建立，原有国家管办的单一训练体制不能适应新形势下竞技体育发展的需要，在继续巩固、发展以三级训练网为标志的"一条龙"训练体制的基础上，稳步推进了训练体制改革，大力拓宽训练渠道，完善国家队组建方式，改革单一的训练体系，不断探索运动项目发展和制胜规律。1986年，《国家体委关于体育体制改革的决定》提出建立科学的训练体制，把训练路子拓宽，积极鼓励有条件的城市、行业、大专院校等设立高水平运动队。1987年，审批了59所普通高等院校作为高校办高水平运动队的试点，成为竞技体育迈向集中与分散相结合训练体制发展的第一步。1993年，《国家体委关于深化体育改革的意见》提出改变训练工作分段管理、多头领导体制，建立若干项目综合管理与协会专项管理相结合的训练体制。进入21世纪后，不断深化对不同运动项目训练规律的认识，在训练方法、手段以及技战术方面勇于创新，不断探索国家队多元办队方式，探索科学训练和管理新模式，逐步建立了以国家队为龙头、面向社会和市场的多元训练体制。

（五）坚持"人才强体"战略，不断加强后备人才选拔、培养和保障工作

新中国成立以来，通过充分发挥社会主义制度优越性，不断完善竞技体育人才培养体系，我国后备人才选拔、培养和保障工作从无到有，从国家单一投入不断向国家和社会多途径、多渠道齐抓共管转变，在"科教兴体""人才强体"方面取得了明显的成效。

一是竞技体育后备人才多元培养方式不断创新。改革开放以来，我国不断扩宽体育后备人才选拔方式，通过推进体教结合，广泛利用学校资源选拔优秀体育人才，发挥社会力量在体育人才选拔中的作用，创新了体育部门、教育部门、社会力量共同培养后备人才的方式，逐步形成了政府与社会共同培养体育人才的新格局。2008年以来，相关部门专门出台了《关于加强竞技体育后备人才培养工作的指导意见》《冬季项目后备人才培养中长期发展规划》等多个指导性文件，不断创新竞技体育人才选拔方式，以国家高水平体育后备人才基地建设为龙头，改革与完善了三级训练网络，通过推进"跨界跨项选材"，实施国家队多元共建工作，创新了体育后备人才培养模式。

二是运动员文化教育和保障工作不断提高。为推动优秀运动员社会保障工作，国家相继颁布了一系列法规条例。1982年，国家体委颁布了《优秀运动员教练员奖励试行办法》，对获得优异成绩的运动员、教练员给予奖励。1986年，国家体委颁布了《优秀运动队工作条例（试行）》，各地开始不断推进运动员

文化教育和保障工作,通过建立运动员文化教育联席会议制度和督导制度,完善了运动员职业转换社会扶持体系。进入20世纪90年代后,运动员文化教育和保障工作进一步加强,国家相继出台了《优秀运动员奖学金、助学金试行办法》《关于对部分老运动员、老教练员给予医疗照顾的通知》《运动员聘用暂行办法》等多个文件,从多领域推动运动员保障工作,涵盖了运动员招录、社会保险、行业保障、就学、就业等多项内容。2011年3月,国务院办公厅专门下发了《关于进一步加强运动员文化教育和运动员保障工作的指导意见》；2017年12月,国家体育总局、教育部联合制定了《关于加强竞技体育后备人才培养工作的指导意见》,初步建立了与国家社会保障制度相衔接,国家、社会、行业、地方和个人共同承担的多层面、全方位的运动员保障体系。2020年8月,国家体育总局、教育部联合印发了《关于深化体教融合促进青少年健康发展的意见》,对制定优秀退役运动员进校园担任体育教师和教练员制度,畅通优秀退役运动员、教练员进入学校兼任、担任体育教师的渠道提出新的要求。2023年2月,国家体育总局、中央机构编制委员会办公室、教育部、人力资源和社会保障部等四部门联合出台了《关于在学校设置教练员岗位的实施意见》,在学校设置专门的教练员岗位,让学校教练员拥有相应的身份认同,为优秀退役运动员转型提供了保障。

第三节　竞技体育的组织管理

一、竞技体育举国体制

（一）举国体制的内涵

举国体制具有"国家意志、全民动员、资源整合、关键突破"等显著优势,能够充分调动全国各级系统的工作积极性,利用"上下一条龙、全国一盘棋"集聚优势资源,在各方面更容易促成全国一体化,从而形成以专业运动队和项目协会为中心的训练体制、以全运会为中心的竞赛体制,能够为竞技体育发展提供强力保障。我国是社会主义国家,集中力量办大事是社会主义制度优越性的重要体现,举国体制是高效提升竞技运动水平、实现竞技体育取得优异成绩和跨越发展的制度保障。从本质上看,举国体制的核心是"国",是为实现国家利益和目标,调动全国的资源,组织全国的专业力量,通过计划或工程的实施来实现国家利益的一种机制、体制,也是一种充分发挥社会主义集中力量办大事的制度优势,基于国家能力与国家目标充分调动、配置、优化各领域的经济性与社会性资源,最终实现既定的国家战略目标的管理结构与治理体制。

在竞技体育领域,举国体制是指中国体育界为实现一定目标,有效地集中、统一国家力量,迅速提高体育运动技术水平的发展机制及相应的组织体系,是中国发展体育事业所采用的一种特殊的体育体制,是指在国家层面与社会层面上形成目标一致、结构合理、管理有序、效率优先、利益兼顾的竞技体育组织的新型管理体制。中国竞技体育的实践检验了举国体制适应我国基本国情的发展需要,成为推动竞技体育搏击奋进、勇攀高峰的制胜法宝,彰显了中国特色社会主义制度的优越性和先进性[①]。

我国竞技体育的"举国体制"产生于计划经济年代,具有鲜明的计划经济特性。新中国成立后,为快速提升竞技体育水平,积极参与奥林匹克运动,我们不断借鉴和学习苏联体育体制的基本经验,研究制定了我国竞技体育的管理体制。改革开放后,我国体育主动适应市场经济发展的要求,在坚持中不断调整和完善举国体制,使得举国体制始终能够发挥巨大的凝聚力、动员力和协调力,充分调动全国体育系统共同做好竞技体育工作的积极性。依靠举国体制在特殊时期广泛调动全国资源和体育系统的积极性,高效地形成了政府主导、部门协同、社会共同参与的体制机制,塑造了强大的工作合力,推动竞技体育在世界大赛中取得了优异成绩。竞技体育举国体制适应了中国基本国情的发展需要,成为新中国成立以来竞技体育事业的宝贵财富,很好地彰显了中国特色社会主义制度的优越性和先进性。

新中国成立后,我国竞技体育的成就集中体现了中国特色社会主义制度的优越性,生动诠释了我国社会主义制度自信。从1956年诞生第一个世界纪录,到1984年获得第一枚奥运金牌,再到2008年中国代表团获得100枚奖牌创造历史,这些成就的获得,与具有我国特色的举国体制密不可分。自1984年洛杉矶奥运会重返奥林匹克大家庭以来,我国竞技体育在短短几十年内取得了惊人的成绩,中国从一个体育落后国家迅速发展成为世界竞技体育强国,创造了世界体育发展史上的奇迹,这既是中国举国体制制度优越性的彰显,也是中华民族团结统一、自强不息伟大精神的体现,让全世界清楚地看到了中国特色社会主义制度的巨大优势。党的十八大以来,习近平总书记在振兴中国足球、国家技术攻关、新冠疫情防控等方面多次提到集中力量办大事、上下形

---

① 钟秉枢.新型举国体制:体育强国建设之保障[J].上海体育学院学报,2021,45(3):1-7.

成发展"合力"等相关内容,这就需要我们深刻认识并继续发挥竞技体育举国体制的独特效用,进一步挖掘"社会主义集中力量干大事"的优势,调动各领域的优势资源,保障优秀运动员的选拔与集中培养,进一步提升中国竞技体育的国际地位,为世界竞技体育发展提供中国经验、中国模式。新中国体育事业的伟大实践表明,竞技体育举国体制适应了我国经济社会改革与发展的需要,适应了当代国际竞技体育激烈竞争的内在要求,提高了我国竞技体育的综合实力,促进了我国体育事业的全面发展和社会的全面进步,竞技体育辉煌成就的取得离不开举国体制的坚强保障。随着新时代中国特色社会主义市场经济体制改革的不断深入,要坚持和完善举国体制,构建举国体制与社会市场相结合的新机制,更好地发挥举国体制在竞技体育攀登顶峰中的优势。

（二）坚持和完善举国体制

新中国成立以来,竞技体育取得的伟大成就可以看作不断坚持和完善举国体制的必然结果,坚持竞技体育举国体制和实施"奥运战略"是社会主义初级阶段中国参与国际体育竞争的必然选择,是一种高效提高我国运动员竞技运动水平的制度设计,也是我国竞技体育全面参与国际竞争与合作的一个重要战略举措。党的十八大以来,国家体育部门围绕建设体育强国的要求,不断完善竞技体育举国体制,通过推进全运会竞赛制度改革、国家队和后备人才选拔方式改革、运动项目协会实体化改革、拓宽"放管服"改革等,竞技体育发展方式不断优化。新的时期,我们要深入贯彻落实习近平总书记的要求,既要发挥好举国体制集中力量办大事的制度优势,也要不断丰富举国体制的时代内涵,充分调动社会多元主体力量,形成社会主义市场经济条件下集中力量办大事的新机制。

第一,建立与经济社会相适应的竞技体育政府主导型管理体制。充分认识政府主导下的市场有效参与,以竞技体育资源配置最大化为目标,强化政府主导下的资源集聚优势,通过快速的资源整合提升为国争光的能力。同时,在发挥政府主导的同时要强化社会参与,不断引入社会主体完善竞技体育治理机制,通过社会力量提升运动项目协会发展的活力,为举国体制减负增能,打造适应我国国情和体情的"新举国体制",更好地发挥政府主导下多元主体集中力量办大事的制度优越性。

第二,发挥举国体制与市场机制优势互补的综合效能。全面推进举国体制改革需要精准发力,既要客观认识举国体制存在的不足,也不能过度夸大市场机制的功效,要挖掘两者的长处,推动两者在资源配置中的深度融合,实现举国体制优势与市场机制优势的系统耦合和功能性互补,从而产生更大、更集中、更广泛的合力。制定专门强化制度以激活市场活性,从而更好地发挥市场的体育资源配置优势,同时,也要防止多元市场主体参与后的投机、利益冲突和恶性竞争,要在政府的主导下合理利用市场资源,更好地为竞技体育发展增加新活力。

第三,强化竞技体育多元主体协同参与的"扁平化"治理。转变政府在竞技体育管理中的职能,推动政府主体的有序退出与有效介入,通过政策引导社会市场多元主体融入竞技体育发展,建立政府支持、协会主导、市场自主的新型竞技体育治理体系。进一步强化政府的调控型服务式治理,科学规划不同治理主体的职权边界,推进行政机关与竞技体育行业协会脱钩,重塑政府、社会、市场、俱乐部等不同主体间的关系,推动政府主导的单向度管理向政府、市场、社会互动的多向度治理转变,打造管办分离、内外联动、各司其职的新机制。

二、竞技体育训练体制

(一) 训练体制的基本内涵

训练体制是一个国家为培养优秀竞技运动人才而专门建立的组织系统与制度体系,是为了实现现代运动训练的目标,不断提高运动训练效率而建立的组织机构设置以及相应的职能权限和管理制度的总称。我国运动训练体系是按照"思想一盘棋、组织一条龙、训练一贯制"的要求,在全国从若干运动项目着手,建立了层层衔接的运动员培养体制,从小抓起,选拔有培养前途的儿童、少年进行基础训练,然后逐步提高,形成了一个基础大、尖子尖的人才宝塔。这种运动训练体制是以国家队为龙头,以省市专业运动队为中间力量,以重点业余体校为后备军,以一般业余体校为基础的独立的、一条龙的专业化训练方式(图1-5)。

运动训练是一个连贯性强、更新率高的人才培养过程,良好的训练体制是将综合国力转化为高水平竞技力量的转化器。一名世界级优秀运动员的培养是一个长期过程,运动员的成材过程要跨越儿童—少年—青年的若干年龄阶段,一般要经过10年近1万小时的训练。由于运动训练对运动员近乎生理极限的训练强度,使之不可能成为终身职业,于是高淘汰率、高更新率是运动训练过程的基本特征。要保持一个国家竞技体育之树常青,训练体制既要完成各阶段的层次传递,又要完成各层次相应的择优汰劣,必须具有稳定高效的训练机制,通过科学的训练和比赛精准筛选,促使优秀人才脱颖而出,逐层递进[①](图1-6)。

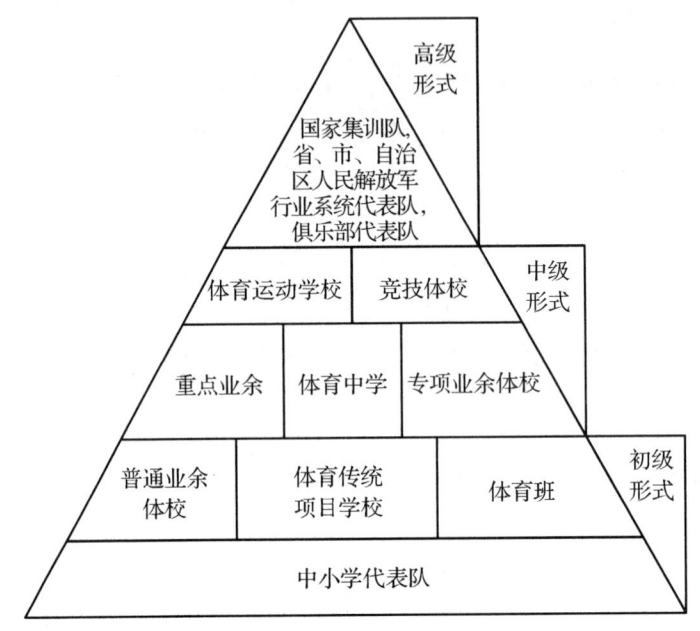

图1-5 我国运动训练组织体系[②]

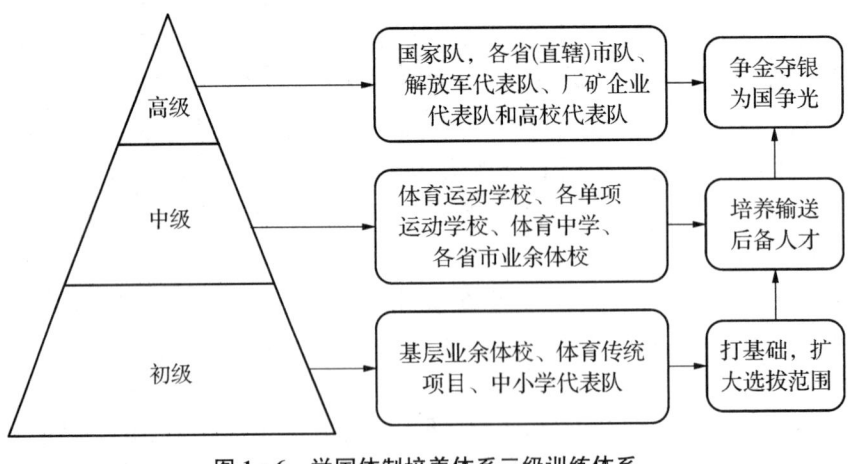

图1-6 举国体制培养体系三级训练体系

---

① 任海.论训练体制的四大功能[J].体育文化导刊,2004(12):8.
② 刘志敏.中日竞技体育的兴衰与两国运动训练体制的比较[J].体育与科学,2002(3):66-69.

竞技运动训练的终极目标是充分挖掘和提升运动员的运动潜能,冲击人类运动极限,在奥运会等重大赛事上实现"更快、更高、更强"。传统运动训练中的"三从一大"训练理论、项群训练理论、二元训练理论、大周期训练理论、超量恢复理论等长期以来指导着我国运动训练实践,助力竞技体育取得了辉煌的成绩。2000年悉尼奥运会上基础大项的落后,促使我国运动训练领域引入体能训练,并提出了体能类基础大项的概念[1]。但是,功能性体能训练在我国的发展相对较晚,初期主要应用于竞技体育领域。2011年,国家体育总局与美国体能训练机构签署合作协议,成立了"身体功能训练团队",标志着功能性训练正式进入我国[2]。2012年伦敦奥运周期以来,国家体育总局竞体司组织翻译了16本国际体能训练的前沿理论著作,并组织编写了《中国体能教练员培训教程》,随后,首都体育学院开始培养身体运动功能专业方向的本科、硕士及博士生,开启了我国体能训练学科建设和人才培养的新实践和新探索,上海、武汉、山东等地相继成立了体能训练中心、体能训练基地等,加快了我国功能性体能训练的发展步伐[3]。长期的运动训练实践中,广大竞技体育工作者根据不同运动项目的特点与世界发展趋势,不断探索运动项目制胜规律,成为我国竞技体育运动训练实践的重要经验。各项目坚持"三从一大"科学训练原则,运动员、教练员以及体育科研人员在不断的探索和创新中掌握了许多具有实战意义的制胜规律,通过深入研究竞技体育的发展规律、运动项目制胜规律、体育竞赛备战参赛规律、运动队伍管理和训练规律等,使我国竞技体育在短时间内取得丰硕成果[4]。例如,我国女排的"全、高、快、变"四项制胜因素,就是对当代女子排球运动特殊规律的认识和正确把握;我国乒乓球队一直十分重视项目制胜规律的研究,总结出"快准狠变和转"等技术特点,在把握乒乓球竞技最高层面的制胜规律方面,走出了一条具有中国特色的技战术发展道路。

(二)训练体制的改革发展

随着现代运动训练要求的不断提升,我国各级体育系统不断深化对不同运动项目训练规律的认识,在训练方法、手段以及技战术方面勇于创新,从"三从一大"训练、二元训练、项群训练,到核心力量训练、大周期训练、超量恢复训

---

[1] 刘震,韦雪梅.功能性体能训练及其在运动健康中的应用[J].安庆师范大学学报(自然科学版),2018(2):95-99.
[2] 肖天.论竞技体育创新的思想基础[J].体育科研,2011(4):1-4.
[3] 闫琪.中美两国体能训练发展现状和趋势[J].体育科研,2011(5):37-39.
[4] 田麦久.运动训练学[M].北京:人民体育出版社,2000.

练理论，再到身体功能性体能训练、科学化训练，在长期实践中竞技体育逐步形成了符合现代运动训练发展要求的训练体系。我国训练体制的改革发展特征明显，主要体现在三个方面。

一是不断探索科学训练和科学管理新模式，提升训练参赛效率。纵观竞技运动训练发展，科学技术一直是推动运动技术水平提升的驱动力，运动训练科学化水平不断提升的一个主要标志是"科技"在训练中的角色和位置的转变。在运动训练管理实践中，遵循与时俱进的精神，创新运动训练方法，坚持和完善诸多科学化训练制度，如不同运动项目技战术专家会诊制度、专业科研人员长期跟队制度、优秀运动队陪练制度等。另外，根据不同运动项目的技术特点和要求，我们不断丰富多元运动训练管理模式，如领队负责制、总教练负责制、领队领导下的主教练负责制、领队主教练分工负责制、队委会制、队委会领导下的分工负责制等，通过系统引进国际前沿训练理念和方法，不断调动管理人员、教练员和运动员的积极性，有效提高了运动训练的效率与效益。

二是不断提高运动训练科学化水平，推进复合型训练管理团队建设。进一步加强对训练基地科研、医疗、文化教育的投入和支持，不断完善"科、训、医、教"一体化训练基地模式，提高了全国运动训练基地的训练、科研、医疗、教育和保障水平，以创新带动了科学化训练水平的不断提高。例如，为提高东京奥运会备战水平，国家体育总局加强国家队复合型训练团队建设，特别重视体能教练的培训、培养和配备。先后组织了"集体球类项目大数据与体能训练研讨会""中国体能高峰论坛""北京国际体能大会"等体能会议，建立了多层次、多角度的体能训练和技术交流平台。在全国各大城市建立了一批国家级训练基地，例如，2017年7月，中国南部高水平国家级足球训练基地"南安国家级足球训练基地"成立，可满足11支球队常年驻训；2017年9月，国家体育总局成立了全国首家政企联办的国家级综合训练基地"国家唐山九江体育训练基地"。

三是不断完善训练体制，创建了多元互补的竞训模式。国家体育部门不断对我国的优势项目实施科学布局，完善复合型训练管理团队建设的体制机制和操作办法，保持并适度扩大了国家队集训规模，不断健全国家队竞争机制和激励机制，进一步明确国家队复合型训练管理团队的构成、职责、工作机制等。在培养渠道上，既有体育、教育、其他行业和社会个人培养，也有体育与教育联合培养。在培养形式上，有一、二、三集中形式的各类体校办学模式、体育试点学校模式、体育俱乐部模式、体育训练中心模式、高校联办模式。并且，国家体育总局加强对训练基地科研、医疗、文化教育的投入和支持，构建了符合现代运动训练发展要求的训练组织形式,完善了"科、训、医、教"一体化的训练基地模式,改善训练条件,从而提高了全国运动训练基地的训练、科研、医疗、教育和保障水平,实现了以创新带动科学化训练水平的不断提高。

三、竞技体育竞赛体制

(一) 竞赛体制的内涵与发展

体育竞赛作为竞技体育的内核之一,是竞技体育赖以生存、发展的土壤,是检验竞技体育发展水平的标尺,对竞技体育起着资源配置的基础作用。只有充分发挥竞赛的杠杆作用,才能抉择出竞技体育的发展战略目标,实现"奥运争光计划"。经过多年探索,我国已形成了以全运会为龙头,以各单项锦标赛、杯赛、职业联赛为主体,以各类青少年运动项目选拔赛为基础的相对完备的竞赛体制。在众多的竞技运动竞赛中,全运会的设立以其独特而巨大的作用占据着重要地位。全运会不仅是推动我国竞技体育发展的重要环节,也是实施"奥运争光计划"的有利杠杆,对推动我国竞技体育的发展和运动水平提高具有不可替代的作用。

我国体育竞赛管理体制是以国家体育总局管理为主,发挥体育总会、单项体协、行业体协等社会体育组织的辅助管理作用,实行分级比赛、分级管理的结合型管理体制。这种体制便于政令统一、指挥便利、集中领导、分级管理,易于形成和发挥"举国体制"的优势,能够整合利用有限的竞赛资源。在此体制下,我国举办的全国性高水平赛事主要是由国家投资的指令性比赛,比赛经费由国家拨出,各省市承办,承办这些比赛既能促进各省、各地区的竞技体育水平提高,又能改善当地的体育设施[1]。

新中国成立以来,体育相关部门以全运会改革为龙头,不断深化竞赛体制改革,取得了显著成绩。1986年4月,国家体委颁布的《关于体育体制改革的决定(草案)》提出,竞赛改革是体育改革的一个重点,要充分发挥竞赛的杠杆作用,调动各方面办体育的积极性,促进多形式、多渠道、多层次造就大批优秀运动人才,推动体育运动的普及与提高,拉开了以全运会为龙头的竞赛体制改革序幕。20世纪90年代后,随着运动项目职业化改革,1993年,《国家体委关于深化体育改革的意见》提出进一步开拓体育竞赛市场,加强竞赛管理。按照"谁举办、谁出钱、谁受益"的原则,拓宽竞赛渠道,扩大商业性、娱乐性、表演性

---

[1] 孙雷鸣,胡泊.我国竞技体育竞赛体制改革的思考[J].武汉体育学院学报,2002(2):33-34.

比赛,建立和完善全国综合性运动会申办制度和全国单项竞赛招标制度,逐步实行竞赛许可证制度。从第七届全运会开始,实行奥运奖牌带入全运会的政策,在奥运会上获得的奖牌按照1∶1的方式计入全运会的各参赛代表团,从而将参加奥运会取得的成绩与全运会的成绩联系起来。第十届全运会进一步加大了奥运会奖牌带入的力度,规定1枚奥运会奖牌按2枚计入全运会的各参赛代表团。这充分体现了"全运会为奥运战略服务"的思想,把各单位的工作目标都引导到支持备战奥运会的工作上来,进一步发挥了举国体制的优势,调动了积极性,引导各地方和解放军体育部门调整项目布局,合理配置资源,为国家输送人才,为国家奥运战略做贡献。

2008年北京奥运会后,围绕全运会竞赛体制,对项目设置、参赛方式、组织形式等多个方面进行了改革。随着体育管理体制社会化改革的深入,2017年8月,第十三届全运会出台的一系列改革举措成效显著,无论是办赛理念还是体制机制都做出了重大创新,通过新增群众项目,打破专业和业余、国际和国内界限,打破地区壁垒,实施教练员激励政策等八项措施,取消了金牌奖牌榜以杜绝金牌至上的扭曲政绩观和体育观。2021年9月,陕西第十四届全国运动会进一步践行"开门开放办体育"的理念,在增设东京和巴黎奥运会新增的滑板、攀岩、冲浪、街舞等项目,服务"奥运战略"的同时,进一步扩大群众体育的参与面,让更多业余选手走上了赛场,普通人、"草根"体育走上了全运会舞台,实现了从竞技体育到全民体育的大转变。多项改革措施使全运会既起到引领全国竞技体育发展的龙头作用,又成为引导人民群众广泛参与全民健身活动的重要平台,实现了综合性运动会的多元价值和综合效益。

（二）竞赛体制的改革

竞赛体制在竞技体育的发展中起着"杠杆"作用。多年来,我国已形成了以全运会为龙头,以各单项锦标赛、杯赛、职业联赛为主体,以各类青少年运动项目选拔赛为基础的相对完备的竞赛体制。这一竞赛体制在计划经济时期已形成基本框架,并随着改革开放进程的推进以及世界竞技体育赛事发展的需要,几经改革、调整,逐步稳定成型[1]。由于它契合了我国当时的现实国情,较好地推动了竞技体育的快速发展,因而这一体制的很多内容值得珍视与保持。另外,随着我国经济社会的转型发展,我国竞赛体制的部分内容滞后于社会整体的改革节奏,束缚了竞技体育职业化、社会化、市场化的步伐,亟待改革与调

---

[1] 孟号翔,马德浩,孟献峰.我国竞技体育竞赛体制的弊端表现、致因及其改革策略[J].沈阳体育学院学报,2016,35(5):115-118.

整。针对我国竞赛体制存在的不足,我国不断推进全运会、冬运会、青运会等多类竞赛改革,完善办赛方式和组织管理办法,围绕不同项目的特征,对项目设置、计分办法、竞赛编排、竞赛规模、运动员注册交流、管理手段和监督措施等多个方面进行了调整和完善。专门出台并实施了《体育赛事管理办法》和《体育竞赛裁判员管理办法》,加大政策引导,促进体育竞赛社会化,规范竞赛组织体系,将国内比赛和国际比赛有机紧密结合。通过形式多样的系列赛、大奖赛、分站赛等,增加运动员参赛机会和实战练习,促进市场化、社会化程度较高的项目逐步建立职业联赛体系。通过完善竞赛激励制度,调动地方体育部门和社会力量办赛的积极性,逐步建成具有中国特色的适应社会主义市场经济要求的政府引导、形式多样的竞赛管理体系。

2014年10月,国务院《关于加快发展体育产业促进体育消费的若干意见》(〔2014〕46号)提出"取消不合理的行政审批事项,凡是法律法规没有明令禁入的领域,都要向社会开放。要求取消商业性和群众性体育赛事活动审批,加快全国综合性和单项体育赛事管理制度改革,通过市场机制引入社会资本承办赛事"。以全运会为龙头的竞赛体制改革极大地带动了我国其他各类赛事改革,全国竞赛数量快速增加。通过举办城市运动会,加大了优势项目和重点项目后备人才的培养力度,锻炼了后备力量,进一步促进了项目的可持续发展。一些高水平、高质量的体育竞赛为提高项目的运动技术水平、锻炼队伍、增强运动员的大赛经验和实战能力等方面提供了更多、更好的机会,我国竞赛体制进一步完善,竞赛组织水平和科学化程度不断提升,取得了显著的经济效益和社会效益。

四、国家队管理体制

国家队是由国家所组建的体育运动队伍,它通常用来进行国与国之间的体育类竞技活动,也往往代表一个国家的精神面貌与最高水平。一般而言,国家队建设包括国家队的组建、训练和竞赛三个过程要素,国家队的管理是围绕三大过程要素从人、财、物、信息以及思想等方面进行优化整合的过程。国家队的竞技实力受多种因素影响,不仅与国家队竞技成绩、团队凝聚力等有关,也与国家队管理、竞赛、选拔、训练、奖励、科技保障等机制有关,这些因素都直接或间接与国家队体制、机制相关。

国家队作为实现"奥运战略"目标、勇攀世界竞技体育高峰的攻坚力量,代表着我国竞技体育的最高水平,也是"奥运战略"的重要组成部分。国家队的良性运转和高效管理关乎运动员成绩的好坏,关乎我国竞技体育的整体水平,更关乎我国体育强国建设步伐。我国早期国家队组建采取的是"三集中"的方式,即集中训练、集中学习和集中食宿模式。这种简单的管理模式与当时国家队项目较少、规模较小,以及国内各地竞技体育开展规模和水平十分有限等有着密切的关系。随着2017年以来国家体育总局机构改革的不断深入,对国家队的建设开始逐步出现了与地方政府或者地方体育局共建的模式创新。国家队管理体制不断从垂直式管理向扁平化管理转变,从单一组建体制不断向多元化、复合型管理体制转变。随着共建国家队成效日益显现,国家队的共建模式逐渐由国家主抓向国家主导转移,而地方政府、社会机构和市场机构越来越积极参与国家队建设,甚至是独立完成国家队建设任务的特征也越来越鲜明。

我国国家队组建模式遵循竞技体育发展规律,坚持开放办队的社会化方向,沿着"纵向推进"和"纵横联通"的演化轴线,引导地方、协会、企业、高校等社会力量持续融入,不断推动国家队组建模式从初级社会化阶段向成熟社会化阶段的持续转型与融合创新发展。其中,"国家体育总局+地方政府(体育局)"是国家队共建的主要模式,这种模式以地方承办、国家引领为主要特征,基于体育系统内部资源优化整合而展开,通过国家与地方政府(体育局)资源的科学统筹、优势互补来实现国家队建设获得优质资源保障的目标。"国家体育总局+高校"是典型的政府与社会组织共建的模式,国家体育总局与清华大学共建跳水队、与沈阳体育学院共建自由式滑雪空中技巧队等众多成功案例表明,"高校多种优质资源与国家队建设需求存在着高度契合的关系"。"竞技体育项目协会+地方政府"是在项目协会改革背景下推进的共建模式之一,由于项目协会进入市场较早,积累了较为丰富的市场运作经验,出于对地方资源整合的基本需要,项目协会推动国家队共建时,易于形成项目协会与地方政府协同共建国家队的模式[①]。

随着社会主义市场经济的发展,我国不断改革国家队组建体制,不断探索国家队内部新型管理模式,形成了集中型、集中与分散结合型、分散型三种组建方式。我国各项国家队实行的是领队负责制,强调的是领队的政治领导作用,1985年至20世纪末,国家队大多实行的是主(总)教练负责制,突出了主教练业务上的全面指挥权。20世纪90年代,我国开展竞技体育职业化发展以来,进一步改革国家队的组建形式和选拔制度,国家队的内部管理逐步向着队

---

① 邵凯,董传升.国家与地方共建国家队的模式研究——基于自由式滑雪空中技巧国家队共建语境的解释[J].体育科学,2021,41(4):49-59.

委会领导下的分工负责制方向转变,只对少数奥运优势项目国家队实行集中管理长期集训,多数项目国家队放到有一定训练能力和训练条件的地方和部门,使国家重点项目布局点与承担国家队任务的单位结合起来。集中型的国家队成为国家队赖以有效提高运动水平的主要训练组织形式。1993年,《国家体委关于深化体育改革的意见》提出,只对少数奥运优势项目国家队实行集中管理长期集训。随着国家队管理体制改革的深入,进入21世纪后,为备战北京奥运会,国家体育总局适当扩大了国家队编制和集训规模,从而更好地发挥国家队集中训练的优势。2008年北京奥运会后,国家队组建方式日益多元,不断向地方、向企业、向社会开放,国家与社会共同建设国家队的新模式日益形成。国家队内部管理体制同样与时俱进、不断改革,从1985年到20世纪末,实行主(总)教练负责制,进入21世纪,逐步向队委会领导下的分工负责制转变,不断打造复合型国家队训练管理团队,体现了国家队管理的科学化水平不断提高。

课后思考题

1. 竞技体育的概念是什么?竞技体育与群众体育、学校体育的联系与区别是什么?
2. 竞技体育的构成要素有哪些?如何理解"大竞技"?
3. 竞技体育是如何起源与发展的?竞技体育有哪些发展特征?
4. 谈一下中国竞技体育的发展历程、发展经验和发展成就。
5. 什么是举国体制?你认为举国体制有哪些典型特征?如何坚持和完善举国体制?
6. 谈一下我国训练体制、竞赛体制以及国家队管理体制的内涵与发展。

第二章 竞技体育的多元功能

竞技体育的功能是指竞技体育对经济社会和人的发展所发挥的作用。竞技体育作为一种特殊的文化现象,具有竞争性、娱乐性、规则性、教育性等多元属性,在长期实践中形成了特殊的功能与价值,主要包括政治功能、经济功能、教育功能、娱乐功能、促进个体社会化功能、军事功能与健身功能等。竞技体育的功能是对我国不断变化的政治、经济、文化、社会、环境需求的直接反映,是对社会发展需求的满足和对社会进步的贡献。本章通过探讨竞技体育的政治、经济、文化、教育等多元功能,从中国式现代化建设的全新视角分析竞技体育在国家经济社会发展中的特殊作用,从而更好地挖掘和发挥竞技体育在社会主义现代化建设中的综合价值。

第一节 竞技体育的政治功能

一、展现国家精神风貌

竞技体育所表现出的竞争越来越关乎国家形象、国家荣誉和国家利益,是塑造国家精神风貌的重要手段。新中国成立以来,国家崛起的战略目标赋予了竞技体育特殊使命,竞技体育肩负着重大的时代责任,通过发挥自身的政治价值,对内提升民族凝聚力,对外塑造大国形象,助力中国和平崛起。通过申办和筹办北京奥运会、广州亚运会、南京青奥会、杭州亚运会、北京冬奥会和冬残奥会等重大国际比赛,展现新时期中国的良好形象和经济社会发展新风貌。2008年北京奥运会的成功举办,充分展示了中华民族的良好形象,增强了中国的世界影响力,中华精神文化得到国际社会的广泛认同,让世界进一步了解了改革开放后的中国新风貌。2014 年南京青奥会,将一个负责任、有担当、活力四射的大国形象展示在世界舞台中央;2022 年北京冬奥会、冬残奥会的成功申办标志着中国体育在当代国际体坛中取得了新的坐标,预示着一个新的世界大国正在崛起。通过承办各类大型综合性国际赛事,展现了中国作为一个大国强烈的国际责任感,通过竞技体育赛事对国际社会产生了积极影响,塑造了大国形象。

此外,竞技体育还是提升中国国际声望和地位的重要途径,通过举办奥运会等国际重大赛事,使中国的政治、经济、文化、基础设施以及环境等,得到了向世界宣传、展示、交流和发展的机会,世界大赛成为提升中国国际地位和声望的助推器。我国优秀运动员的形象展现了国家形象、民族精神和时代精神,为满足国家体育外交的需要,越来越多的中国体育明星在国际舞台上展现了国家风貌,优秀运动员在赛场上表现出的高水平运动技能、坚韧顽强的毅力、包容大度的风格、积极阳光的面貌,向世界传递着中国体育的新形象。众多顶级体育明星如姚明、李娜、朱婷等优秀运动员陆续进入国外高水平职业联赛,用勤奋、幽默、睿智的人格魅力为西方重新审视中国打开了一扇窗。丁俊晖、邹市明、刘翔、孙杨、林丹、武大靖等在国际赛场上的高水平运动技能、自信坚毅的精神品质,彰显了新时代中国人的体育精神和民族精神,很好地展现了中国的良好形象和经济社会发展的新面貌,提升了中国体育的世界影响力。

二、助力国家对外交往

竞技体育是不同文明进行交流的重要场域,更是各类"非同种"政治文化的黏合剂。竞技体育作为一种政治符号,能够超越国界和种族,具有搭建公共外交平台、促成政治文化沟通、推动人类价值观融合等多元价值。在竞技体育所创造的特殊外交语境中,国家外交空间能够得到进一步拓展,国际赛事中运动员之间的交往可以看作国家交往的微缩版。竞技体育作为一种独辟蹊径的外交手段,可以成为攻破外交壁垒、缓解外交摩擦的利器,竞技活动成为开展"元首外交"的重要舞台。新中国成立以来,我国以竞技体育为载体,与世界各国和多个国际体育组织密切联系,在大型赛事举办、体育外交、体育对外援助等多领域展开国际交流与合作,取得了巨大成就。例如,通过 2008 年北京奥运会吸引了全球 205 个国家和地区参加,80 多个国家元首或政府首脑出席,各国政要利用奥运契机商讨外交事宜,以和平手段促进国家间利益实现。北京奥运外交表明,竞技体育作为国家间的特殊交往方式,传达了我国政府关于中国和平崛起、建立和谐世界的主张，深化了与世界各国的友好关系，为推动中国走向世界发挥了重要作用，竞技体育成为世界各国共同分享的仪式符号，能够以和平手段促进国家间利益实现。

2014年2月，习近平总书记出席了俄罗斯索契冬奥会开幕式，这是中国国家元首首次出席在境外举办的大型国际体育赛事。此后的南京青奥会、武汉世界军人运动会、北京冬奥会和冬残奥会等也都成为"元首外交"和"主场外交"的重要平台。并且，我国举办和参与区域体育赛事、世界大型赛事实现人文交流、民间交往的方式日益增多，我国申办、举办、参加了大量有影响力的国际体育赛事，尤其是在"一带一路"倡议、金砖国家经济伙伴战略、中国与"东盟"国家发展战略等重要的多边交往中，竞技体育赛事成为各种文化交流活动的有效载体，环青海湖国际自行车赛、"一带一路"乒乓球邀请赛、兰州马拉松赛、"丝绸之路"国际汽车拉力赛、中国武术丝路行、中俄青少年运动会、"一带一路"国际马拉松系列赛等系列赛事不断登陆"一带一路"沿线国家，全面检验了我国竞技水平和体育发展情况，弘扬了中华体育精神和奥林匹克精神，加强了同国际体育组织和相关国家及地区的友好交流，满足了人民群众欣赏高水平赛事的需求，也向世界展示了我国体育发展的良好形象。通过参与国际间高水平竞技比赛，以及承办一些世界大型体育赛事，将进一步促进中国与全世界的友好往来，增进友谊，加强战略对话，增进互信，深化合作，加深中国与世界体育文化的深层次交流，成为实现中国特色大国外交的助推器。

三、促进国际交流合作

体育作为世界通用语言，是向全世界讲述中国故事、传递中国智慧和文化的最佳方式，竞技体育通过赛事嫁接，不断在国际大赛上争金夺银，向世界展示了一个更加开放、自信、可敬的中国大国形象。竞技体育是展示一个国家体育运动技术水平、综合国力和民族精神面貌的重要窗口，能够不断增进友谊，加强交流，促进各国人民之间相互了解。与传统外交形式（如外交谈判、首脑会晤等）相比，竞技体育外交具备政治色彩隐性化的特点，这使它成为一门灵活、机动的外交语言。周恩来总理曾把竞技体育誉为"外交的先行官"[①]。在竞技体育中，比赛双方的对抗与较量其实也是一种沟通与合作的形式。例如，奥运会把世界上不同国度、不同种族、不同语言、不同宗教信仰的人们凝聚在一

---

① 马冠楠,刘桂海.竞技体育政治功能新探[J].体育文化导刊,2011,109(7):140-142.

起,同时也为不同政治文明的互动、了解和交融提供了舞台。运动员播撒本民族政治文明之光的同时,也汲取着他国政治文化的营养。

竞技运动搭建了国与国之间、人与人之间交往的平台,可以改善与发展国家和人民的友谊、合作及交流。20世纪70年代,中美关系正常化就是从乒乓球开始的。新中国成立以来,我国通过积极承办各类世界重大赛事,很好地展示了改革开放和现代化建设的伟大成就,扩大了与国际社会的交流与合作,增强了我国的文化软实力和国际影响力。新中国成立以来,经济社会的快速发展使得中国竞技体育"走出去""请进来"的机会骤然增多,我国举办的大型国际赛事不断增多,国际体育领域的人员交流活跃,我国在国际体育事务中的作用不断增强。我国主要举办了广州亚运会、北京奥运会、南京第二届青奥会等多项国际大赛,成功申办了2022年北京冬奥会、2023年杭州亚运会等重大国际赛事,多项世界大型赛事的申办,进一步提升了我国的国际影响力。竞技运动也是展示国家和社会团体综合实力的"橱窗",北京2022年冬奥会,向世界展示了中国的阳光、富强、开放。并且,我国还通过积极加入国际体育组织提升话语权,2008年北京奥运会后,我国在国际体育组织中的任职人数稳定在254～275人之间,任职职位数稳定在403～440个之间。2010年,中国冬奥会冠军杨扬以89票赞成5票反对的绝对优势成为中国第一个以运动员身份当选的国际奥委会委员,不仅提高了中国在国际体育事务上的决策力,同时也有利于进一步传播积极、正面的中国体育形象,增强国家影响力。竞技体育能够以和平手段促进国家间利益实现,通过奥林匹克神圣休战发出和平的呼唤[①]。在竞技体育的框架下,人类可以构建一种同质的交流文化,世界各国能够通过竞技体育找到一种软性的、平和的外向表达。

第二节 竞技体育的经济功能

一、运动项目的产业效益

运动项目产业是指以某一具体运动项目及其相关产品与服务为经营对象的一系列经济活动,是大众对运动项目的需求发展到一定层次、增长到一定规

---

① 马冠楠,刘桂海.竞技体育政治功能新探[J].体育文化导刊,2011,109(7):140-142.

模后催生出的新兴产业形态。运动项目产业是体育产业的核心,具有巨大的产业效益。改革开放以来,我国进一步提高对发展体育产业的认识,强化产业思维、产业意识、产业责任,把体育产业和体育事业协同发展作为体育发展的重要方向,不断推动竞技体育项目市场化改革,运动项目的产业效益不断提升。足球、篮球、排球、乒乓球等球类项目,马拉松、竞走、自行车等景观体育项目,马术、滑雪等体验类项目产业都得到了快速发展,相关运动项目产业总量、产业覆盖面、市场认可度也在快速上升。并且,我国运动项目精品赛事不断涌现,从足球、篮球、排球、乒乓球等国内职业联赛,到NBA季前赛、中国网球公开赛、F1汽车拉力赛等国际大型比赛,不同项目赛事创造的经济价值和品牌价值不断增长,各类运动项目的经济效益越来越明显。它按照项目类型可分为足球产业、山地户外运动产业、水上运动产业、冰雪运动产业、马拉松产业等,按照产品内容可分为健身休闲、竞赛观赏、运动用品、场地设施、节事会展、教育培训等。运动项目产业具有关联性强、产业链长的特点,对于经济发展新常态下扩大消费需求、增加就业机会、拉动经济增长可提供有力支撑和持续动力。运动项目具有健体强身、比赛竞技、休闲娱乐等源自"身体运动"的共性,但不同运动项目能以"玩在当下和运动当中的趣味性"给人以独特的运动体验。

近年来,随着大众体育参与率的提升和运动项目个性化的凸显,全球运动项目产业持续发展,创造了巨大财富。从2018年相关统计数据来看,欧洲职业足球市场规模高达284亿欧元,其中英超联赛为59.4亿欧元;美国职业橄榄球联盟(NFL)总收入达144.8亿美元,美国职业篮球联赛(NBA)收入为76.8亿美元,全美高尔夫球场和乡村俱乐部总收入为232.2亿美元,全美房车公园和休闲营地销售额为62.01亿美元;全球运动服饰市场规模实现3 349亿美元,同比增长8.3%;澳大利亚冬季滑雪板出口额达2.97亿欧元;英国水上滑雪板和冲浪板出口额为1 433万英镑[①]。2020年,我国营业收入排名第一的运动品牌安踏公司实现营收51.49亿美元,而美国的耐克公司和德国的阿迪达斯公司2019年的营收则分别为374.03亿美元和226.43亿美元。此外,随着竞技体育的市场化改革,各种竞技体育资源成为众多企业抢夺的焦点,国内自主竞技体育赛事如雨后春笋般涌现,冰雪运动、航空运动、山地户外运动、水上运动等一系列运动项目赛事不断走入民间市场,让体育产业有了更多的发力点,对经济社会发展发挥了重要作用。

---

① 胡佳澍,黄海燕.运动项目产业发展潜力的特征、来源及显化动力[J].体育学刊,2021,28(6):59-66.

二、助推经济社会发展

竞技体育与国家经济社会发展息息相关,竞技体育离不开经济社会的稳定与支持,国家的强盛与否直接影响和制约着竞技体育发展。新中国成立以来,我国竞技体育不仅在国际大赛中创造了无数优异成绩,而且充分发挥了其经济价值,为国家经济社会发展服务,为经济社会的发展创造了宝贵财富。竞技体育经济功能的发挥,对于竞技体育而言,可以增加创收,扩大经费来源,增强竞技体育自身可持续发展的能力;对于政府而言,可以减轻财政负担,增加税收,培育新的经济增长点,扩大就业,成为国民经济重要组成部分;对于社会而言,可以为社会大众提供体育文化娱乐消费产品,满足大众对精神文化生活的需要。由此来看,激发竞技体育经济功能,对我国社会民生各领域都有着重要意义[①]。当前,社会经济转型为竞技体育的改革和发展提供了重要机遇,传统以完成国家行政目标为价值定位的竞技体育,将日益向以服务于经济社会发展为主体的发展方式转移,竞技体育将担当起服务于新时代社会改革的历史角色。大力发展竞技体育产业,为经济社会发展创造物质财富是新时代竞技体育经济价值的直接体现。

然而,我国竞技体育对社会经济财富的贡献还处于起步阶段,2014年10月,《国务院关于加快发展体育产业促进体育消费的若干意见》(国发〔2014〕46号)提出,"开发体育竞赛和体育表演市场,探索完善全国综合性运动会和单项赛事的市场开发,打造有影响、有特色赛事品牌",为大力发展竞技体育,释放竞技体育的经济价值提供了契机。新时代,在经济社会转型的背景下,竞技体育不仅要迎合新时期社会进步需要的经济、文化、教育、健康和公共服务的多元价值,而且要带动各种相关产业如建筑业、交通业、餐饮业、博彩业等的协同发展,竞技体育要打造成为我国国民经济发展的"朝阳产业",大力推动竞技体育产业发展。一方面,可观的经济效益,如通过出售门票、彩票、纪念品、广告和电视转播权等获得直接经济收入,通过竞赛表演、电视转播、商业赞助等结合发挥竞技体育的经济效益。另一方面,通过体育赛事的推动,还可以拉动其他产业的发展,如体育用品制造业、旅游业、交通业、保险业、通讯业和餐饮业等。随着我国竞技体育的不断发展,民族体育品牌李宁、安踏、鸿星尔克、匹克

---

① 荣思军,张栋,宋立强,等.新中国成立以来竞技体育社会功能的历史流变与启示[J].山东体育学院学报,2021,37(5):40-47.

等体育服装业发展迅猛。可以说,竞技体育的巨大经济潜力正在成为我国经济发展中第三产业的生力军,成为当之无愧的经济新引擎。

三、职业赛事的经济价值

现代竞技体育涉及的领域逐渐扩大,竞技体育项目的产业化、职业化发展很好地带动了经济增长。例如,2008年北京奥运会为中国经济发展带来了福利,北京奥运会举办期间,我国旅游行业、食品行业、服装行业等相关领域都有明显的变化。竞技体育的经济功能还表现为可以提供满足人们需要的体育劳务、扩大就业,并为国民经济增加收入。例如,英国体育部门每年为英国提供上万个就业机会,当今世界涌现的竞技体育项目商业化发展趋势,使体育比赛的商业价值直线上升,特别是具有较强观赏性的竞技体育项目门票带来的收入十分可观。竞技比赛本身就是一种经济活动,美国职业篮球赛、棒球赛都吸引了成千上万的观众涌入赛场。举办大型赛事拥有广大的观众市场,其电视转播权价码也一再水涨船高。竞技体育附带的健身、休闲、娱乐等功能也在发挥越来越大的经济效益,并且,各种大型运动会的增加和规模的扩大,可以促进其他行业的发展,如建筑业、服装业、餐饮业、旅游业等,举办一场竞技比赛,其带来的价值和作用远远超出赛事本身。

进入新时代,随着我国对体育产业的不断重视,竞技体育进一步围绕不同项目赛事拓宽了自身的产业价值,同时,我国颁布了一系列文件,多数都有专门涉及竞技体育项目产业发展的相关内容。在国家大力发展体育产业的背景下,竞技体育不断推进着以不同项目俱乐部为实体、以运动员竞技表演为商品、以利润最大化为目的产业化发展,通过大力发展竞赛表演市场、职业体育市场、体育健身娱乐市场、无形资产市场等推动竞技体育项目的产业化发展。特别是不同运动项目的竞赛表演市场规模不断扩大,逐步形成了以"协会+俱乐部"和"公司+俱乐部"为主体的经营模式。改革开放以来,我国竞技体育项目的产业化进程不断推进,赛事举办、赛事转播、体育无形资产开发方式不断拓宽,体育竞赛表演、职业体育、体育场馆运营等产业效益不断提升,为经济社会发展创造了宝贵财富。2010年3月,《关于加快发展体育产业的指导意见》提出,"通过大力开发体育竞赛和体育表演市场,不断推进全国综合性运动会和单项赛事的市场开发"[1]。

---

[1] 国务院印发《关于加快发展体育产业促进体育消费的若干意见》[EB/OL]. http://www.gov.cn/xinwen/2014-10/20/content_2767791.htm.

在国家系列政策扶持下,我国竞技体育项目赛事的市场化、产业化进程不断提升。2015年,体育竞赛表演业总产出149.5万亿元,实现增加值为52.6亿元;2016年,体育竞赛表演业总产出186.8万亿元,实现增加值达65.5亿元。2020年,全国体育产业总规模(总产出)为2.74万亿元,其中,以体育竞赛表演活动为代表的体育服务业占比高达51.6%。预计到2025年,全国体育产业总规模将达到5万亿元,其中,体育竞赛表演产业总规模将达到2万亿元。随着新时代全面建设小康社会进程的加速,竞技体育项目在社会发展中的产业化趋势将越来越明显。

第三节 竞技体育的文化功能

一、竞技体育的人文价值

竞技体育不仅能够推动国家的政治、经济建设,而且能够凸现一个国家和民族的文化素质和精神面貌,在塑造人的健康体魄、培养人的健全品质、促进人的全面发展等方面具有重要作用。在我国经济社会发展过程中,竞技体育具有重要的社会功能和丰富的文化价值,竞技体育以其强烈的对抗性、激烈的竞争性,不断的进取和永远的超越,特别是竞赛中体现出来的公平、公正、团结、进取的原则和精神,成为社会文化景观中一道亮丽的风景。尤其是进入新时代以来,随着我国体育事业改革的深入,竞技体育从主要服务于国家崛起的政治价值,逐渐向满足于社会需求的人文价值转变,不断发挥出以"休闲、娱乐、教育、文化、服务"为中心的多元价值。随着时代转变,我们不仅需要全面提高竞技体育的综合实力和国际影响力,而且要通过竞技体育运动增强广大民众的健身意识和文化素养,发挥竞技体育的文化价值,推动新时代社会主义文明建设。

关于竞技体育的社会文化价值,诸多学者有过经典阐述,例如,卢元镇先生提出"竞技体育是一种庄严肃穆的礼仪庆典文化,记录人类身体潜能的身体文化,提高社会道德水平的规范文化,提高审美意识的情感文化",并对竞技体育文化从物质、制度、精神三个维度进行定性。竞技体育的社会文化包含政治、经济、教育、伦理等多个方面的社会价值,我们要深度剖析竞技体育的社会文化属性,践行竞技体育的社会文化价值,为新时代中国特色社会主义文明建设发挥作用。

第一,利用竞技体育打造和谐的人文观。现代竞技体育具有浓郁的文化价值,竞技体育不仅能够促进国家、地区之间各方面的沟通和合作,推动不同民族、种族的和谐共处,而且对指导人们采取正确的行动,促进事物向好的方向发展具有积极功效。

第二,利用竞技体育培养健康、积极的社会诚信文化氛围。竞技运动有着严密的组织体系和严格的竞赛规则,形成的有组织、有秩序的行为对社会起着很好的示范作用,为我们在生活、学习、工作中规范言行带来启示。同时,在市场经济体制条件下,对培养人们遵纪守法、打造诚信社会具有特殊的意义。

第三,利用竞技体育打造公平竞争的正义价值。公平竞争是竞技体育的第一原则,它是确保竞技体育生存发展的原动力,没有公平,一切激烈的竞争都失去了意义所在。竞技体育附带的公平竞争精神与人类所追求的公平正义的精神品质具有相通之处,在竞技运动训练和比赛中,一切靠不正当手段来谋取胜利的行为都是可耻的和不能容忍的。我们要利用竞技体育公平竞争的特征,引导社会形成健康的竞争氛围,利用竞技体育打造公平竞争的正义价值,打造健康文明的体育生活方式。

二、竞技体育的社会价值

竞技体育具有政治、文化、教育、经济、公共服务的社会功能,对提升国家影响力,促进社会文化、教育事业繁荣,推动经济发展,服务大众生活等方面具有重要作用。首先,竞技的本质特征是比赛与对抗,在直接而剧烈的身体对抗竞赛中,运动员的身体、心理和道德得到良好的锻炼与培养,观众也得到感官上的娱乐享受和潜移默化的教育。竞技体育教育功能的基本前提是符合社会道德和伦理的"公平竞争",只有在"公平竞争"的基础上竞技才有意义。竞技是一种人体艺术,可以使人体动作的力量、速度和优美充分地得到体现,人类的极限潜力得到发挥,使人有更高的希望和追求,使人得到美的享受和生活乐趣;竞技是一种民族精神,在进行爱国主义教育、弘扬民族精神、凝聚人心、鼓舞士气等方面发挥着重要作用[①]。竞技体育教育功能的充分释放不仅可以解决后备人才培养、运动员退役安置和文化教育等问题,还可以解决教育领域内

---

① 荣思军,张栋,宋立强,等.新中国成立以来竞技体育社会功能的历史流变与启示[J].山东体育学院学报,2021,37(5):40-47.

青少年体质下降、意志品质差等问题。高水平的竞技赛事为人们提供了缓解压力的渠道,各种不同形式和类型的体育竞赛,以竞技体育独有的形式和方式为人类社会生产出丰富多彩的精神食粮,提高人们的生活质量,丰富人们的业余文化生活。尤其是进入新时代以来,随着国家各项事业融合能力的提升,在国家体育部门的大力推动下,不断推动竞技体育与文化、卫生、医疗、养老、教育等多个领域合作,为人们提供优质的社会服务。

可以说,竞技体育不仅是一种赛场博弈,而且是一种教育手段,是塑造健全人格、培养健康体魄、促进人全面发展的有效途径。随着我国经济社会的转型发展,在新时代的社会进程中,竞技体育的价值将会进一步拓宽,竞技体育价值将随着时代的巨变不断发生转变,竞技体育的潜在价值将被进一步挖掘,为社会发展创造宝贵的精神财富。经济学界认为,劳动生产力的提高是社会经济发展的重要标志。提高劳动者的身体素质,调动劳动者的生产积极性,是提高生产力的重要途径。竞技体育具有调节身心、促进健康的本源功能,竞技体育对发展社会经济的功能源自其特有的本源功能,即通过参与体育运动,可以提高劳动者的身体素质和健康水平,调节心情,增加劳动者的劳动生产效力,因此,竞技体育通过提升劳动者的身心素质来间接促进经济社会的发展。特别是在现代文明病蔓延的情况下,营养过剩、运动不足导致肥胖增加和心血管疾病增多,劳动者弱化的身体素质已经严重影响到生产力的提高,体育对劳动者体能的改善有着重要意义。随着新时代人们物质生活的丰富和余暇时间的增加,竞技运动以其特有的魅力将会受到越来越多民众的喜爱,竞技体育在人们生活和社会进步中将发挥日益丰富的多元价值[1]。

三、竞技体育的公共服务价值

娱乐和交流是竞技体育最基本的社会功能。竞技体育因其具备的政治、经济、文化、教育等多元价值,成为体育强国建设的重要支撑点。竞技体育除了给直接参与群体体验式欢乐外,还能间接满足融入所谓"看台"共同体的需求,如奥运会、足球世界杯等大型竞技赛场,俨然为人们搭建了娱乐氛围十足的大舞台,观众、球迷的热情融合在竞技的气氛中,以产生愉悦自我的效果。娱乐之余,竞技体育还能彰显其交流的作用,运动员高超技艺的展示成为彼此

---

[1] 尤传豹,彭国强.新时代我国竞技体育价值转变的机遇、困境与定位[J].沈阳体育学院学报,2018,37(6):51−56+72.

交流的载体,观众与观众及运动员之间的互动构筑成一种交流形式,促进人际关系。可见,竞技体育为人们之间的交流提供了良好平台,而现实生活中开展竞技体育活动,既能娱乐自我又可加强与他者的互动[①]。竞技体育践行公共服务价值的方式日益多元,通过推动竞技体育的社会化发展,不断挖掘竞技体育的公共服务价值,通过利用竞技体育赛事、竞技体育产业、职业体育等多种形式,不断扩宽竞技体育的公共服务价值。例如,相关部门不断推进全运会等大型综合性运动会和主要单项赛事的市场开发,促进体育竞赛社会化,调动地方体育部门和社会力量办赛的积极性,逐步建成了具有中国特色的适应社会主义市场经济要求的政府引导、形式多样的竞赛体系,不断满足民众日益增长的业余文化生活需要。

新时期,要以满足人民日益增长的文化生活需要为导向,引导竞技体育优势资源服务国家战略、赋能城市发展和融入经济社会发展新格局,发挥竞技体育对全民健身、体育产业、青少年体育的促进效应,以及在经济社会发展中的综合功能和多元价值。在社会主义现代化建设进程中,要在全民健身中充分发挥竞技体育公共服务的引导示范作用,不断加强竞技体育公共服务的制度建设,切实维护公众的基本体育权益,全方位、多层次地满足公民的体育健身需求,以竞技体育先进的训练、竞赛技术和前沿的服务保障手段等促进全民健身稳步发展。要弘扬竞技体育人文价值,发扬中华体育精神,推广健康价值观,推动国家文明与社会和谐;深挖竞技体育教育价值,不断普及竞技运动项目,在改善青少年体质、促进青少年人格养成和社会化等方面做出新贡献;转化竞技体育健康促进价值,引导训练竞赛资源和科技成果向全人群健康促进转化,打造成为民众健康生活方式的重要途径,成为人们健康投资和休闲娱乐的重要方式,在助力健康中国、培养合格公民方面做出新贡献。

四、竞技体育多元价值的转变趋向

现代经济社会转型赋予了人们在处理身心关系、人与社会关系以及人与自然关系行为时以更多的自由和责任,需要具备高素质的现代化合格公民。国家建设的核心是为社会培养合格公民,而竞技体育在造就合格公民和经济社会发展方面功效独特。竞技体育具有极强的文化教育价值,不仅能够促进

---

① 陈德旭.竞技体育社会功能论析及其文化价值新解[J].山东体育学院学报,2015,31(6):23-28.

身体协调、动作健美,而且可以培养高尚道德,促进智力发育,在培养凝心聚力的感召力、为国争光的爱国主义、敢于争先的拼搏精神、扬我国威的民族自信等方面具有特殊功效。积极向上的竞技体育文化可以充实生活,缓解压力,增加人们的愉悦感和幸福感,并凝聚成有着广泛号召力和凝聚力的社会共识,能不断为强国梦输送持续而强大的正能量。

第一,挖掘竞技体育的文化教育价值,提升全民族的意志品质。竞技水平、话语权、媒体影响力、科学技术、文化软实力等诸多因素综合决定了一个国家是否是体育强国,其中,文化教育的因素尤其重要。竞技体育具有特殊的教育价值,竞技体育中的运动训练过程既是不断克服各种艰难困苦、迎接对手各种挑战的过程,又是不断调整自身生理极限、忍受极度疲劳的过程。意志教育需要置身于艰难环境且需要通过战胜各类困难方能见到成效,而参与竞技体育比赛本身就是一种意志教育体验,通过体味竞技体育中的顽强拼搏、不卑不亢的文化精神,发挥强大的凝聚人心、激励斗志、整合体育文化价值的作用,对提升公民精神、意志和文化素养意义重大。

第二,发挥竞技体育独特的技能教育价值,提升公民的文化素养。体育既是国家强盛应有之义,也是每一个人成长和实现幸福生活的重要途径,是人民健康幸福生活的重要组成部分。其中,技能教育是竞技体育价值的核心要素,是竞技体育教育的物质载体。通过鼓励竞技体育项目从业者深入基层指导大众开展技能学习,吸引不同行业的人群从事竞技体育锻炼;让广大民众通过技能教育学会健身的基本方法,通过打造各种各样的民间竞技体育活动丰富人们的业余生活,通过经常性的体育参与提升公民的文化素养,提升公民为国争光的爱国主义、敢于争先的拼搏精神和扬我国威的民族自信,打造健康文明的体育生活方式,培育具有现代意识的合格公民。

第三,引导竞技体育融入学校教育体系,塑造青少年健康价值观。竞技体育不仅展现了团结协作、顽强拼搏的竞技之美,也改变了人们的生活方式,提高了人们的身体素质和健康水平,促进了人的全面发展。要充分发挥竞技体育在学校课程思政建设中的教育价值,实现校园竞技体育与校园文化建设相结合,通过借助各类媒介,积极宣传"乒乓外交""女排精神""北京冬奥运会精神"等优秀体育文化,引导青少年学生养成健康积极的体育价值观。通过校园体育赛事、学生课余体育活动等形式引导学生参与体育,根据不同地域学校竞技体育的发展情况,打造校园特色体育赛事,让广大青少年学生在参与体育赛事的过程中感受竞技文化,提升内在修养。

第四,宣传竞技体育的人文价值,促进社会大众沟通交流。现代竞技体育具有浓郁的文化价值,竞技体育通过搭建赛事平台和举办丰富多彩的文化活动,不仅能够促进国家、地区之间各方面的沟通和合作,推动不同民族、种族的和谐共处,而且对引导人们形成正向的社会行为、促进事物向好的方向发展等具有积极功效。在人与人之间的关系上,竞技体育可以构建一个公开、公平、公正的竞赛模式,可以通过比赛搭建不同人群的交流载体,促使不同人群的身体、心灵在沟通交流中形成积极的行为,从而塑造良好的社会人文价值观念,推动社会文明建设。

课后思考题

1. 竞技体育的政治功能体现在哪些方面?竞技体育的政治功能如何去实现?
2. 竞技体育的经济功能在社会发展中有什么作用?职业联赛的经济价值是如何体现的?
3. 竞技体育的文化功能是什么?如何结合体育强国建设实现竞技体育的文化功能?
4. 如何在社会主义现代化建设中发挥竞技体育的多元功能?

第三章 竞技体育的改革发展

竞技体育改革是为了解决竞技体育发展过程中的结构性问题而制定的改革思路和举措。当前,我国竞技体育进入转变发展方式的重要阶段,竞技体育不断顺应经济社会改革步伐,以提升竞技体育综合实力和为国争光能力为导向,积极推动在体制结构、组织结构、目标结构、价值结构等方面的改革,从赶超发展不断向高质量发展方式转型。随着国家经济社会改革的日益深入,竞技体育的改革创新成为一项宏大工程,覆盖多个层面、多个领域、多个要素。本章通过梳理竞技体育改革发展的特征,挖掘竞技体育改革存在的问题,提出竞技体育改革创新的路径,引导学生系统认识新时代竞技体育改革发展问题,科学推动竞技体育高质量发展。

第一节 我国竞技体育改革发展的特征

一、体制结构改革的特征

体现出从单一管理向多元治理的体制结构转变的特征。党的十八大以来,转变政府职能,推进国家治理体系和治理能力现代化建设成为国家的重要战略任务,同时为体育事业的体制结构改革提供了契机。新时代,竞技体育积极顺应国家治理体系建设需要,不断推进体制结构改革,整体呈现出从单一管理不断向多元治理的改革特征。

第一,从"垂直型"管理向"扁平化"治理转变,不断打造政府主导型体制结构。新时代,在国家行政体制改革推动下,竞技体育贯彻管办分离的原则,不断转变发展方式,主要从依靠行政指令单一结构向行政手段、市场机制和志愿者行为的耦合结构转变,不断把社会的全面参与、市场的有效参与、公民的自觉自愿参与和政府统筹、政府主导融为一体,最大限度地激发社会的动力和活力,竞技体育不断向政府主导、企业赞助、个人投资、全社会参与的"扁平化"结构转变。

第二,从政府权力无限向权力有限转变,竞技体育体制结构更为突出"开放"。新时代,通过不断完善举国体制运行结构,转变政府职能,激发社会主体活力,围绕项目结构、人才培养组织结构、训练体制结构、竞赛体制结构等多层面布局进行改革,打破了依靠国家"独家管办"竞技体育的体制结构,把竞技体育内部的一些工作放开给社会,通过取消、下放和清理若干行政审批事项,推进全国性单项体育协会改革和赛事审批制度改革,由政府部门办体育逐步转变为全社会共同参与办体育,初步形成了国家办与社会办相结合的竞技体育体制结构。

第三,从"中心—边缘"结构向"网式多中心"结构转变,社会化运行结构不断优化。一是创新了体育部门、教育部门、社会力量共同培养后备人才的协同结构,社会组织、企业团体、协会、个人等开始不断参与到训练和竞赛中,国家队不断向地方、向企业、向社会开放,项目选材不再局限于体制内单位,而是面向全社会开放选材。二是竞技体育不断走向社会,最大限度地激发了社会活力。主要改革了运动项目管理体制结构,推进项目协会实体化改革,将运动项目主要业务职责移交给协会,例如,姚明、周继红、王海滨、冼东妹、张健等一批专业人士当选27家项目协会负责人,实现了"专业人干专业事"。

第四,从政府管办合一"独轮驱动"向政府、社会、市场、个人"四轮驱动"转变,多元协同治理结构不断完善。在新时代,我国竞技体育逐渐步入了多主体、多领域、多系统协同推进阶段,不断引入社会多元主体共同治理竞技体育事务,提升了各项目协会、俱乐部等多元主体的自主决策权。通过政府、社会和市场等多主体的密切合作、多主体的共同参与,提升了竞技体育体制结构活性,不断打造充分利用社会资源、依靠社会力量,以及政府参与、市场支持的新型治理结构。

二、组织结构改革的特征

体现出从要素驱动向创新驱动的组织结构转变的特征。竞技体育发展方式是实现竞技体育发展的方法、手段和模式。长期以来,我国竞技体育组织结构囿于政府导向下的要素驱动,主要依靠政策、保障、措施等要素的组织推动竞技体育发展,体现出以政府资源供给为主体,以计划手段配置体育资源,通过人力、物力、财力等基本要素的高投入和高消耗,利用举国体制集中要素推动竞技体育发展。要素驱动下的竞技体育为我国体育事业做出了重要贡献,然而,由于这种组织结构的科学化程度较低,高投入、高消耗、高成本、低效益导致了竞技体育发展活性不足。2012年,党的十八大报告中强调"以创新驱动引领经济社会发展,依靠科学技术创新实现集约式增长,用技术变革提高生产要素的产出率"。竞技体育在社会改革的驱动下不断优化组织结构,呈现出从行政驱动向利益驱动转化,从注重数量的提升向追求综合实力的增强、质量的提高和结构效益的调整转变。

第一,通过要素创新优化组织结构,推动竞技体育发展方式从粗放型向多种机制耦合创新的集约型转变。从训练组织、竞赛组织、人才培养组织等多个要素不断优化发展方式,推动竞技体育组织结构由依靠资源倾斜集中投入的粗放型,逐渐向依靠科技引领、组织创新、制度完善、科技保障、理念创新的集约型转变。通过优化竞技体育组织结构,提高单位资源投入竞技体育的产出率,推动竞技体育由人力密集型向科学密集型转变;利用组织创新激活科技、市场等要素对竞技体育的投入,以创新的知识和技术提升发展效益,推动了竞技体育的集约化、内涵式发展。

第二,通过制度创新优化组织结构,推动竞技体育发展方式从重数量的外延式扩张向重品质的内涵式发展转变。制度创新是竞技体育组织结构创新的保障。进入新时代以来,我国竞技体育不仅对政府和市场协同的组织结构进行了创新,还对后备人才、竞赛体系、项目协会、职业体育等多层面的组织结构进行了制度性完善。通过制定《关于进一步加强竞技体育后备人才培养工作的指导意见》《中国足球改革发展总体方案》《奥运项目竞技体育后备人才培养中长期规划(2014—2024年)》《体育竞赛裁判员管理办法》《国家队训练管理质量评估实施办法》《冬季项目后备人才培养中长期发展规划》等多项政策,利用制度创新激活竞技体育发展的组织活力,引导竞技体育不断走向内涵式发展。初步形成了与经济社会发展相适应,更加开放、更具活力的创新驱动型发展方式。

总体而言,我国竞技体育由要素驱动向创新驱动的组织结构转变是竞技体育不断适应经济社会改革的必然选择,通过转变政府职能,强化政府调控与市场资源配置协同,通过转变竞技体育组织结构,创新发展方式,增强了竞技体育发展活性,推动了竞技体育由"赶超型"不断向"可持续发展型"转变,提高了发展质量和效益。

三、目标结构改革

体现出从金牌至上向展现综合实力的复合型目标结构转变的特征。长期以来，我们把在国际大赛上获取金牌作为竞技体育的至高目标，把金牌作为考评各级地方体育部门绩效的指标。随着国家快速崛起，我们展现国家综合实力的方式日益多元，不再单纯依靠竞技场上的成绩来展现国家的强大，开始逐渐摒弃金牌至上的目标定位，不断追求金牌背后的项目结构、国家形象、民族精神等复合型目标。2015年1月，国家体育总局提出，"对全运会等全国性运动会只公布比赛成绩榜，不再分别公布各省区市的金牌、奖牌和总分排名"，标志着我国传统金牌至上的目标结构开始从国家层面发生转变。

第一，从"争光体育"向全面体育转变。对我国选手参加的比赛，不再"唯金牌论"，而是更加看重金牌数在奖牌数中所占的比重，更加看重运动健儿在国际赛场上的综合表现，更加看重参加世界大赛的综合效益。如2012年伦敦奥运会和2016年里约奥运会，我们更加注重整体项目结构的优化和参赛的综合效益，2012年伦敦奥运会是中国海外征战运动员人数最多的一届奥运会。2021年东京奥运会，再次追平了中国境外参加奥运会的运动员人数纪录和参赛项目纪录，我们参加了234个项目比赛，包括多个欧美强项，体现了我国奥运会参赛目标不断向整体项目提升的转变。

第二，从突出优势项目向推动各项目结构协调发展转变。新时期，我们不断挖掘新的项目增长点，努力恢复各类项目结构间的"生态平衡"，追求运动项目结构的整体发展、整体效益。在业余体育与职业体育、奥运项目与非奥运项目、夏季项目与冬季项目间追求协调发展，在集体球类项目和基础大项上寻求突破。党的十八大以来，我国竞技项目结构有所优化，优势项目和一批潜优势项目以及田径、游泳等基础大项成绩取得了新突破，尤其是2015年北京冬奥会申办成功后，我国冬季项目得到了长足发展。

第三，从"以金牌为本"向"以人为本"转变。新时代，随着经济社会进步，社会对金牌的认识发生了转变，人们开始用更加宽容、理性的态度看待金牌，如2016年里约奥运会，国人对比赛首日零金牌的淡定充分体现出一种观念的转变，女子100米仰泳半决赛结束后，没有拿到金牌但贡献了大量"魔性"表情包的傅园慧备受追捧，说明我们在关注金牌的同时，也在关注运动员自身在赛场上展现出的综合素质和精神风貌。

第四，从少数人的体育向全民体育转变。竞技体育不再只是少数人提高技能的舞台,而是成为人们生活中不可或缺的一部分,竞技体育不断走向社会,引导人们广泛参与。2021年9月,第十四届全运会高擎"全民全运,同心同行"主题,新增了大量群体项目,打破了专业和业余的界限,取消金牌榜,将竞技体育与群众体育紧密结合,让民众参与全运会享受竞技运动的欢乐,让本来"高大上"的全运会更加"接地气"。这说明我们办赛的目标结构在不断转变,利用竞技体育提升人们生活质量、促进社会发展的目标日渐彰显。

四、价值结构改革的特征

体现出从服务国家的单一价值向满足社会需要的多元价值结构转变的特征。竞技体育的价值定位与国运兴衰密切关联。一直以来,我国竞技体育的价值结构相对单一,主要服务于国家崛起的政治需要,强调塑造国家形象、彰显精神风貌、振兴中华的政治价值,竞技体育单一的价值结构过于重视达成国家层面的政治诉求。新时代,随着全面小康社会建设的深入,竞技体育较为单一的价值结构已不能满足人们日益增长的休闲娱乐、健康促进、文化教育、消费升级等方面的多元需要,价值结构上开始由服务于国家需要的政治价值,不断向满足社会需要的经济、文化、教育等多元价值转变,逐渐凸显竞技体育在促进人的全面发展和经济社会发展中的综合作用。

党的十八大以来,随着人民日益增长的体育需求不断高涨,我们不断拓宽了竞技体育价值的内涵和外延,从文化娱乐、健康促进、文化教育、经济助力、社会缓冲等多个方面深化了竞技体育的价值结构。主要促使竞技体育从单向度的为国争光向全面服务社会转变,通过主动服务经济社会发展为竞技体育自身发展拓展更大空间、集聚更多能量。2016年7月,《竞技体育"十三五"规划》提出,"以建设健康中国和体育强国为目标,以服务全面建成小康社会、满足人民群众体育需求为出发点,充分发挥竞技体育在全面建设小康社会中的综合功能"。与之前的竞技体育发展规划相比,新时期的竞技体育在价值结构上更加注重综合效能,更加注重通过竞技体育推动社会建设,竞技体育由单一的社会价值向多元价值转变的效益明显。

第一,从竞技主导向助推社会产业结构转型升级转变,竞技体育的经济价值不断被挖掘。为适应新时代经济社会的快速发展,竞技体育不断拓宽了单纯以追求运动水平提高为中心的价值定位,将发展竞技体育相关产业与促进社会消费相联系,通过大力发展体育赛事表演、体育电视转播、体育健身娱乐、体育场馆运营、职业体育等第三产业,不断挖掘竞技体育的经济价值,促使竞技体育为社会创造出更多经济效益，助推社会产业结构转型升级。

第二，从训练竞赛向提升人们的精神素养转变，竞技体育的人文价值不断释放。随着新时代人民日益高涨的文化生活需要，通过不断挖掘竞技体育的精神价值和教育价值，开展形式多样的民间体育比赛促进人们交流，提升人们的精神素质。通过弘扬中华体育精神和讲述励志性体育故事，竞技体育中的顽强拼搏、不怕困难、团结协作等文化价值观得到发扬，对培育人格健全、具有良好社会适应能力的公民发挥了重要作用。

第三，从单一的成绩追求向全面提高人们的生活质量转变，竞技体育的休闲、娱乐价值日益彰显。2014年10月，《国务院关于加快发展体育产业、促进体育消费的若干意见》提出取消商业性和群众性赛事活动审批以来，竞技体育赛事活动不断走向民间，与社会、市场相结合，全国各地通过举办形式多样的体育赛事活动丰富人们的业余生活，广大群众不断参与到各类比赛中，竞技体育的娱乐、休闲价值不断释放，提升了人们的幸福感和体育获得感。

第二节　我国竞技体育改革发展的问题

一、体制结构效益不高

竞技体育主动融入经济社会发展的体制结构亟待优化。进入新时代的竞技体育步入了"两个发展"并重的新阶段，竞技体育不仅要加快补齐结构性短板，实现自身快速发展，而且要引领我国体育事业的整体发展，助力中国特色社会主义现代化建设。然而，由于长期受国家体制机制影响，竞技体育主动服务新时代社会发展的体制结构效率不高、能力不够，导致了竞技体育实现自身发展的内生动力不足，短期内不能很好地适应新时代经济社会发展的要求。

第一，竞技体育实现自我发展的内部结构驱动力不足。竞技体育内部组织缺乏活性，运行机制创新不足，依靠外部助力引导社会广泛参与的力度还不够。在发展方式上，竞技体育还主要依靠政府的政策和保障等要素驱动实现发展，短期内竞技体育的外延式扩张和粗犷式发展依然占主导位置，依托社会、运用市场推动、科技助力、制度创新、组织保障等创新驱动发展的体制结构还不健全。在发展动力上，竞技体育依然主要依靠行政部门层层下达的政策、文件等维持运行，社会化、实体化、扁平化改革还不够深入，管办分离、内外联动、各司其职的体制结构还未形成,"自上而下、自下而上、横向互动"的内部结构联动能力不强,充分利用社会市场资源,国家与社会共同兴办竞技体育、人民群众广泛参与的运行机制还未形成。

第二,竞技体育主动融入并促进经济社会发展和人的全面发展的体制结构效能不高、作用不够。由于竞技体育在体制上一直囿于政府驱动型发展,主要围绕国家的政治需要,强调担负政治层面的"工具性"角色,实施国家权力向整个社会自上而下的渗透,将本来可以自我发展、发挥综合效益的体育变成了资源消耗型体育,使竞技体育体制结构的社会活性下降,短期内难以全面地融入国民生活方式。在新时代,人们对竞技体育的多元诉求不断高涨,但受长期政治身份的制约,短期内竞技体育还不能很好地满足人们日益增长的娱乐休闲、文化教育、健康促进等方面的多元需要,竞技体育自身释放娱乐、休闲、健康、教育、经济、文化等多元价值的体制动力还不足。

二、运动项目结构不均衡

我国运动项目竞技能力不平衡、整体国际竞争力不强,竞技体育项目结构发展不均衡现象依然突出。我国竞技体育项目发展的规模、结构、效益等不均衡问题依然存在,主要体现在竞技体育项目结构布局不够科学合理,夏季项目与冬季项目之间,奥运项目与非奥运项目之间,个人项目与集体项目之间,优势项目与弱势项目之间,东、中、西部区域项目之间发展水平存在较大差距。并且,基础项目和"三大球"以及冬季项目整体水平仍然较低,优势项目提升空间有限,潜优势项目整体缺乏后发潜力,竞技项目区域结构发展不协调问题突出。

第一,竞技体育项目结构布局不均衡,世界大赛依赖跳水、羽毛球、乒乓球等优势项目。从近3届奥运会项目夺金点看,我国大赛成绩主要依靠优势项目,伦敦奥运会金牌分布中,举重(5金)、体操(4金)、乒乓球(4金)、羽毛球(5金)、射击(2金)和跳水(6金)共获得26枚金牌,约占金牌总数的68%,主要靠优势项目保持竞技实力。

第二,与世界竞技体育强国夺金项目结构"错位"明显。我国的基础项目、集体项目、"三大球"、水上项目等大赛成绩,与美国、英国等竞技体育强国相比存在较大差距,从2016年里约奥运会金牌分布看,我国优势项目多分布在美、英优势项目以外,与美、英形成较明显的"错位"发展,田径、游泳等"重金项目"是我国竞技体育的"软肋",在国际竞争中长期处于不利的局面。

第三，竞技体育项目职业化发展程度不均衡。除乒乓球、羽毛球、女子排球的成绩相对理想外，篮球、足球、男子排球等项目的职业化水平还不高。

第四，竞技体育项目区域结构非均衡发展。我国竞技体育项目区域分布存在很大差异，主要表现为东、中、西部地区之间，城市与农村之间发展水平不均衡，存在夺金项目分布面窄，优势项目不多，田径、游泳等基础项目薄弱，潜优势项目缺乏竞争力，冬季项目仅有少数小项目达到世界先进水平，尤其是冬季项目分布不均衡，为新时代冰雪运动的推广与普及造成障碍。

第五，运动项目实力分化严重。运动项目水平不平衡是制约综合实力的短板，我国传统优势项目金牌贡献率拓展空间趋近饱和，主要依赖女子项目、小众项目以及技巧类项目，而体能类、集体球类项目以及新增项目竞争力薄弱。我国基础体能项目、交手对抗项目、集体球类项目相对滞后，如东京奥运会体能类大项（田径、游泳、水上、自行车）共设147个小项，我国只取得了9枚金牌，占6.1%。田径包括48个小项，东京奥运会只取得2金2银1铜，并且不同性别分化严重，女子在铅球、链球、标枪、竞走获4枚奖牌，男子仅三级跳远项目获1枚奖牌。

第六，体能类项目发展落后。我国重点项目多属于技能类、个体类项目，多重视技术训练和动作创新，专项体能长期"欠债"造成运动员难以突破大负荷训练上限，出现"体能项目没体能""对抗项目不对抗""交手项目不交手"问题。例如，田径、游泳、水上等体能大项基础薄弱，2021年东京奥运会上，我国体能类大项参赛人数和设项数比仅为0.96，远低于美国的1.78、德国的1.41、英国的1.35、澳大利亚的1.34。我国与美国夺金项目主要差距在体能类项目，例如，伦敦奥运会上，我国在14个项目中获得38枚金牌，美国在15个项目中获得46枚金牌，其中游泳16金、田径9金；东京奥运会上，我国与美国均在14个项目中获得金牌，但美国游泳11金、田径7金，说明在体能类项目取得突破是我国致胜巴黎的关键点。

此外，我国竞技体育一直存在"阴盛阳衰"现象，女性在历届奥运冠军分布中占绝对比例，例如，从1984年洛杉矶奥运会到2021年东京奥运会，我国奥运冠军中女性190人，占64%，男性105人，只占36%，金牌贡献呈"女强男弱"态势。其中，最近两届奥运会性别差距最大（图3-1），里约奥运会只产生6位男性奥运冠军，男女夺冠比仅为0.25；东京奥运会在获得金牌的44名奥运冠军中，女性33人、男性11人，男女夺冠比为0.33，女性金牌贡献比超过66%，且6名获得两枚金牌的运动员中有4位是女性，说明奥运成绩男女失衡问题依然突出，女性在我国竞技体育发展中依然占绝对优势。例如，东京奥运会上,中国体育代表团 431 名运动员中,女运动员 298 人,男运动员 133 人,女性占比超过 69%。当前国际奥委会推进男女平权并大幅增加女性参赛名额,对长期女性运动员成绩占优势的中国代表团是一大利好。

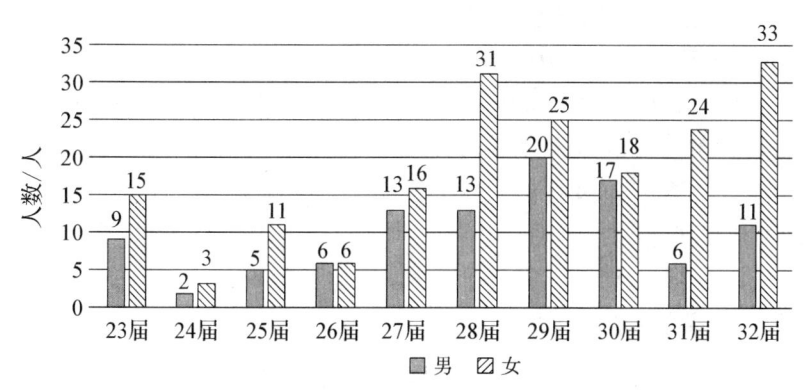

图 3-1 我国历届奥运冠军性别分布

三、治理主体比较单一

竞技体育多元主体协同参与的治理结构还未形成。在新时代,随着经济社会体制改革的不断深入,竞技体育赖以生存的社会环境发生了转变,经济发展新常态和供给侧结构性改革对竞技体育与经济社会协调发展提出了新要求。竞技体育原有的管理模式及运行结构越来越难以适应经济社会转型升级的需要,面临着治理结构亟待创新、发展方式亟待优化,以及政府部门、社会市场、协会组织等多元主体的关系亟待理顺等现实问题。受国家体制机制长期影响,我国竞技体育依然主要依靠政府单一管理,国家办与社会办相协调、政府调控与市场调节相结合、全社会共同参与的治理结构还未形成。

第一,竞技体育事务主要依赖政府行政手段管理,社会参与度不高。短期内主要还是以计划手段配置体育资源,以行政手段管理竞技体育事业,"管办不分"的体制结构与新时代市场经济下的高度社会化和产业化趋势不适应,"放管服"改革还未得到充分落实。

第二,政府、社会、市场多元主体共同参与的治理结构不健全。竞技体育主要依靠行政部门层层下达的政策、文件等维持运行,社会主体参与竞技体育的力度不够,各项目协会、俱乐部等自主决策权不高,与经济社会转型所要求的"小政府、强社团、大社会"新型治理结构不匹配。

第三,管办分离、内外联动、各司其职的治理机制活性不足。竞技体育的社会化程度低,市场配置体育资源的作用难以有效发挥,各类市场主体投入竞技体育的门槛依然过高,与经济社会转型下社会市场参与竞技体育治理的要求不适应,导致竞技体育的自我造血功能不足。

第四,举国体制与市场机制有机结合的治理结构还未实现。竞技体育不同参与主体间存在利益冲突,体现在中央与地方之间,体育行政部门与事业单位及社会市场之间,运动员、教练员与集体和国家之间,奥运会与全运会之间的矛盾与冲突,要充分利用市场资源,政府主导下国家与社会协同参与的治理结构需要深入优化。

四、组织结构不协调

竞技体育多层次、多途径培养后备人才的组织结构不协调。我国竞技体育后备人才的结构和总量与体育强国建设的要求不适应,表现在新兴奥运项目人才短缺,各项目人才发展不平衡,多层次、多途径人才培养组织结构不协调。

第一,体育系统、教育系统、社会组织协同参与的后备人才培养组织结构不协调。后备人才培养主要依赖体育系统,培养结构比较单一,存在后备人才生源不足、人才选拔与培养衔接不合理、运动员文化素质落后等问题,大、中、小学"一条龙"的人才培养结构尚未建成。学训矛盾、社会用工制度改革等造成了运动员就业出口不畅等现实问题。"举国体制"和市场机制有机结合,学校体育和社会力量共同参与,社会办体育、学校办运动队、俱乐部培养后备人才的组织结构还不健全,多元投入的后备人才培养组织结构还未形成。

第二,地方化、院校化、社会化多元人才培养组织结构联动性不足。一个完整、科学的高水平运动员培养体系包含合理选材、科学训练、全面教育、职业规划、社会保障和配套法规等多个要素。然而,目前我国缺乏以竞技体育为手段、以全面培养为核心的人才培养方式,高水平运动员培养主要采取"一条龙"的模式,还未充分调动社会力量、运动学校共同培养后备人才的积极性,社会组织、协会、俱乐部联合培养后备人才的渠道还未打通,利用高等院校培养后备人才的方式还没有在全国普及。当前,"跨界、跨项、跨地域"多元人才选拔方式只是局限于一些弱势项目和新兴项目,还未有效地进行多项目推广。国家队组建结构还比较单一,地方化、院校化、社会化多元人才选拔组织结构还未形成。

第三,运动员选拔方式依然单一,缺乏运动训练与文化教育协调发展的组织结构。竞技体育人才培养体教融合不够,以各级体校为基础的"三级训练网"主要通过国家强制性制度实施,体育部门和教育部门的协同性不够,导致青少年运动员训练参赛脱离了教育系统,还没有充分调动社会力量,运用市场资源和教育资源共同培育后备人才。当前,基层体育学校只有55.4%实现了体教结合,竞技体育人才的成材率仅达6%,文化教育水平不高严重影响了运动员的升学、就业和退役安置,制约了竞技体育可持续发展。

第三节　我国竞技体育改革发展的路径

一、健全竞技体育体制结构

进入新发展阶段,国家经济社会转型对竞技体育体制结构改革提出了新要求,新的社会背景下,协调政府、社会、市场等多元主体的关系是提升竞技体育治理能力的基础。竞技体育要顺应国家经济社会改革的趋势,充分调动社会力量,打造政府主导、协会自主、市场参与的多元协同治理体系(图3-2)。

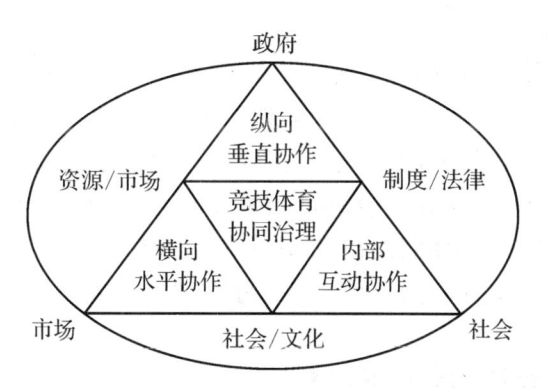

图3-2　竞技体育多元协同治理体系

第一,构建举国体制与社会市场相结合的体制结构。进一步完善举国体制,对竞技体育管理机构和利益格局进行重新分配,发挥政府在竞技体育治理中的主导型角色,实施政府的调控型服务式治理,逐步将政府工作重心转移到体育政策和制度设计上,在规划各级政府在竞技体育事务治理中责权边界的同时,积极引入社会力量,引导社会组织、市场共同参与竞技体育治理。厘清国家、社会和市场在竞技体育治理中的关系,制定政策法规以防止不同主体在治理中的权力"寻租",打造结构合理、管理有序、效率优先的竞技体育治理体制。

第二,打通不同主体间的网络结构,推进多元主体协同治理。拓宽竞技体育治理结构,以政府、协会、社会组织、职业联盟和俱乐部为治理主体,根据不同参与主体的性质,构建以竞技体育核心利益为主、多元利益相关者协同的治理结构,推进政府、社会、市场、协会组织等多元主体协同治理。进一步转变政府职能,大力引导社会力量、市场力量和民众力量介入竞技体育治理,打通不同主体间"自下而上、自上而下和横向互动"的网络结构,打造多元主体协同合作、多种机制相互配合、多个主体共商共治的体制结构,实现竞技体育治理效益最大化。

第三,发挥社会组织和市场在竞技体育治理中的主体作用。一是完善社会组织运行结构,发挥社会体育组织贴近民众的优势,积极配合政府和市场主体,通过规范社会组织行为准则、健全组织结构、拓展组织功能、完善组织制度规范,使其担当起实践竞技体育治理的主体角色。二是降低各类市场主体准入竞技体育的门槛,发挥市场的资源配置优势,不断引导运动项目协会进入市场,逐渐使市场在竞技体育资源配置中起决定性作用。通过不同市场的参与激活竞技体育体制结构活性,充分利用社会资源、依靠市场力量培育竞技体育多元治理主体。

第四,建立考评竞技体育治理效果的社会化多元评估体制。加强竞技体育治理效果评估,协同多元治理主体,建立以社会市场、项目协会、非营利组织、企业代表以及相关领域专家等为主体的第三方评估体系。将法制化、民主化、效益化、协作化、规范化等治理绩效纳入评价指标,建立决策权、执行权、监督权相互制衡与协调的体制结构,搭建多元主体参与、利益相关者制衡、财务透明与第三方评估相结合的多元评价结构,提升治理绩效。

二、完善竞技体育组织结构

竞赛体系和人才培养体系是竞技体育可持续发展的基础。在体育强国建设进程中,要进一步完善竞技体育组织结构,建立与经济社会转型相适应、与竞技体育发展规律相匹配的竞赛体系,通过发挥教育系统、体育系统和社会组织的作用,构建教育系统、体育系统和社会力量多元投入的新型人才培养体系,打造自下而上的"金字塔"式的竞赛体系(图3-3)。

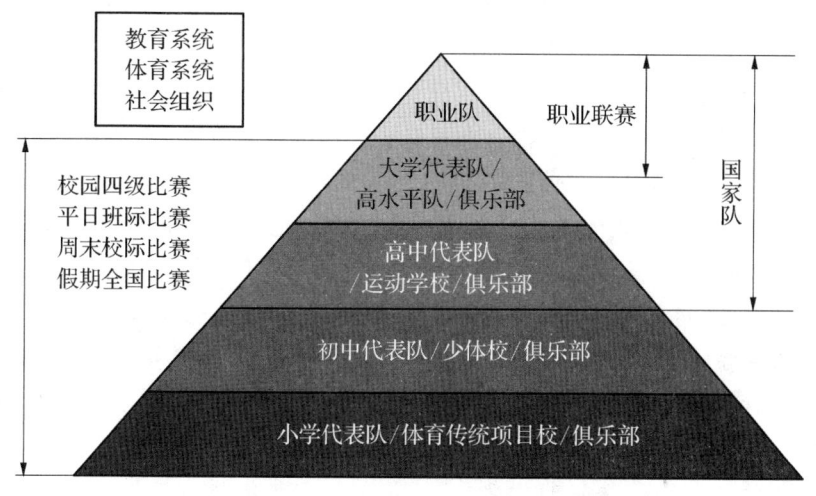

图 3-3　多层次竞技体育人才培养体系和竞赛体系

第一，完善竞赛组织结构，打造多层次的体育竞赛体系。一是推动体育系统、教育系统、社会组织共同投入体育竞赛体系。国家、省、市、县要共同建立常态化的校园体育竞赛组织机制，发挥体育、教育和社会组织各自优势，形成各系统协同推进的办赛新体制，逐步建成适应社会市场要求的政府引导、形式多样的竞赛组织结构，实施国家投入与市场运行相结合的分级混合赛制，打造相互衔接的县、市、省、国家四级体育竞赛体系。二是优化学校体育竞赛组织结构，完善区域竞赛体系。针对我国区域分布情况，开展区域学校体育竞赛活动，定期举办跨区域综合性学生运动会，要丰富学生体育竞赛的组织形式，科学设计竞赛组织内容，完善竞赛管理办法，可以广泛运用挑战赛、对抗赛、大奖赛、等级赛等多种组织形式，推进全国比赛、校际比赛、班际比赛和校园四级比赛相结合。三是完善社会力量参赛和办赛机制，推动学校竞赛、青少年竞赛、职业竞赛的有机结合。调动地方与社会各方积极性，利用不同地区社会组织和俱乐部力量，构建学校、社区和俱乐部体育的联动共享组织机制。要拓宽学校竞赛资源来源，将学校体育竞赛与社区体育竞赛、乡镇体育竞赛、俱乐部竞赛结合起来，打造多渠道、多形式培养高水平竞技人才的新格局。

第二，优化后备人才培养组织结构，构建教育系统、体育系统和社会力量多层次人才培养体系。一是协调好不同系统的关系，做好职责分工。政府部门发挥主导作用，协调好各级学校教育系统，在人才培养、资金、管理等方面给予更多政策性支持；体育系统要对体育人才训练和参赛直接负责，做好不同层次后备人才的训练参赛任务；社会组织要通过各种途径，吸纳社会资源，发挥项目普及、俱乐部对接等方面的作用。通过不同系统的协调,实施业余体校、运动学校、学校运动队、俱乐部有机结合,打造多元投入的竞技体育人才培养体系。二是推进高水平人才培养多元化,打造适合我国国情的国家队组织结构。在各类学校、体校、俱乐部和职业队中选拔组建国家队,建立国家队、省市队、地方队层次衔接的人才输送模式,形成精英运动员培养与选拔的长效机制,打造不同项目联动递进的后备人才梯队。三是构建与市场经济和社会保障相衔接的运动员文化教育保障结构。协调体育部门和教育部门的关系,建构"体教融合"的文化教育监管机制,根据运动员成长特点,将竞技体育与教育、育人与夺标有机结合,打造以"运动员为中心"的综合服务保障体系,拓宽优秀运动员升学和继续教育保障渠道,推进运动员文化教育常态化,提升运动员学习、训练的系统性和连续性。

三、统筹竞技体育项目结构

均衡协调的竞技体育项目结构是推动体育强国建设的基础。当前,要对我国竞技体育项目布局做好顶层设计,科学优化项目结构,减小区域发展差距,建立各项目布局合理、区域分布均衡的项目结构,推动竞技体育可持续发展。

第一,开发和培育不同项目竞赛市场,优化项目结构。综合评估各类项目发展潜力,从不同项目特征出发,利用市场经济体制激活运动项目发展转型,推动不同项目协会实体化改革,促进运动项目的市场化、社会化和产业化发展。统筹各省、市、自治区的优势项目与劣势项目,健全运动项目资源流动市场,合理利用社会组织的非营利性和跨区域活动的特点,促进区域体育资源的交流与合作,针对不同地域、不同项目的市场化程度,有针对性地培育多元竞赛市场,通过不同项目竞赛市场拉动项目结构优化。

第二,推动不同项目的优势互补、协调发展。坚持突出重点,拓展优势空间,恶补弱势项目,统筹奥运与非奥运项目、夏季与冬季项目、优势与潜优势项目、集体球类项目与基础项目及弱势项目的协调发展。要深挖不同项目的竞技潜力,扩大夺金单项数量,总结优势项目制胜经验,通过推广优势项目经验带动潜优势项目发展,争取形成更多优势项目。要协调潜优势与弱势项目共同发展,以重点项目结构优化引领整体项目结构调整,对弱势项目要进一步优化资源配置,形成新的金牌增长点。

第三,运用政策倾斜重点扶持"三大球"、基础项目和冬季项目发展。在资金、人才等各个方面加大投入力度,围绕重点扶持项目,与学校、社区、企业合作,共同培育优势项目,扩大项目规模。要借鉴国外竞技体育强国的项目发展经验,如美国的游泳、田径项目,牙买加的田径,挪威和德国的冬季项目等,深入挖掘国外优势运动项目的成功因素。要秉承"走出去""请进来"的思路,加强重点项目教练员培训,提高教练员执教水平,提升重点项目的整体实力。

第四,科学规划区域项目结构,挖掘具有优势特色的区域运动项目。围绕我国竞技体育资源分布,结合地方经济、地域、资源等条件,统筹各省、市、自治区的优势项目与劣势项目,结合东部和中、西部项目特色,进行优势互补,可以东部竞技体育发达地区为引领,重点向偏远地区倾斜,推动全国竞技体育资源配置的整体优化。各省、市、自治区要根据自身经济、资源优势有针对性地培育特色运动项目,科学规划各地运动项目发展的空间结构,如东北地区可利用气候寒冷多冰雪特点,大力发展冰雪运动项目;东部地区利用水资源优势发展游泳、帆船等水上项目;西部地区利用海拔高、多山脉优势发展中长跑、登山等项目。

四、拓宽竞技体育价值结构

社会主义现代化建设进程中,我国的国家战略有了新调整,党的二十大报告提出中国式现代化的宏观布局,进一步强化中国特色社会主义"五位一体"建设。"五位一体"是指政治建设、经济建设、文化建设、社会建设、生态文明建设同步推进、协调发展。中国竞技体育应紧扣国家发展战略转变的脉络,围绕"五位一体"战略布局定位价值结构,发挥助力于社会主义现代化强国建设的多元价值。国家利益拓展与竞技体育多元价值对接见图3-4。

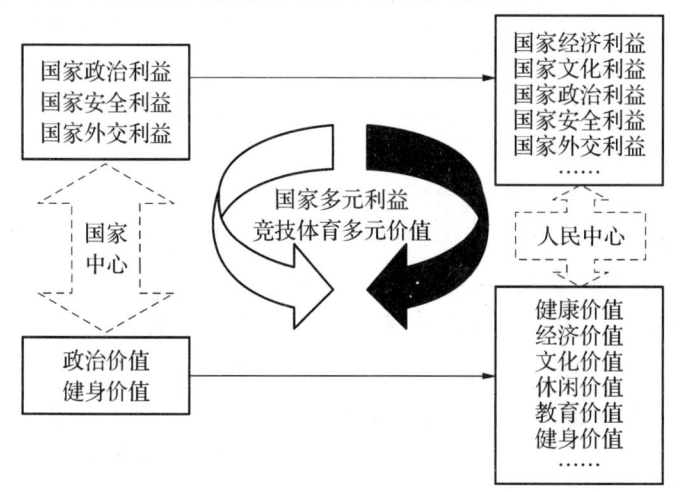

图3-4 国家利益拓展与竞技体育多元价值对接

第一，深挖竞技体育的政治价值，服务新时代中国特色大国外交。一是适应国家全方位、立体化外交新格局，服务于国家"一带一路"倡议和构建人类命运共同体外交战略，积极与其他国家开展多边体育交往，在教练员、场馆建设等方面提升援助力度，为世界体育发展做出中国的贡献。二是加深与国际体育组织合作，推动退役运动员、教练员、裁判员等进入国际体育组织，参与多边体育治理，承担相应的国际体育义务，提升国际话语权。三是树立负责任的大国形象，积极推进元首体育外交，继续发挥大型赛事的外交价值，通过举办各类重大国际赛事，促进国家间交流，展现新时期中国大国新形象。

第二，发挥竞技体育的经济价值，促进经济社会转型升级。一是大力发展竞技体育相关产业助推产业结构调整，通过提升竞赛表演、场馆运营、职业体育等业态比重，打造多门类的职业赛事品牌，推动我国产业结构向服务化转型。二是大力推动"赛事＋"发展，使体育赛事与旅游、健康、餐饮、交通、传媒、娱乐等相关产业深度融合，形成多元产业链，引导消费结构升级，促使体育消费方式从实物型向参与型、观赏型扩展，为拉动经济增长提供持续动力。

第三，释放竞技体育的文化教育价值，培养具有现代意识的合格公民。一是通过竞技体育实施意志教育，提升民族意志品质。通过引导民众参与竞技体育活动，体味竞技体育中顽强拼搏、不卑不亢的文化精神，发挥竞技体育凝聚人心、激励斗志、文化整合的价值，提升公民意志品质。二是通过竞技体育实施技能教育，提升公民文化素养。通过举办各类运动项目技能培训活动，让广大民众学会健身基本方法，通过举办各种民间赛事丰富人们的业余生活，利用经常性的体育活动提升公民文化素养。三是通过竞技体育实施精神教育，塑造健康文化价值观。通过在全社会推广中华体育精神，推广不怕困难、团结协作、顽强拼搏等文化价值观，激发民众勇敢、激昂、吃苦、耐劳的精神品质，为社会建设提供精神动力。

第四，践行竞技体育的公共服务价值，推动和谐社会建设。一是健全覆盖全面的竞技体育公共服务体系，拓宽竞技体育公共服务内容，将政府与社会组织的公共服务职能相结合，建立多类型、多层次的体育赛事服务中心，创建集多功能于一体的赛事服务平台。二是培育多元竞技体育公共服务主体，让市场、社会共同参与承担竞技体育公共服务，通过推进竞技体育走向社会、打造高质量的体育比赛和民间民俗赛事活动，让人们在丰富多彩的体育活动中加强交流、加深理解，使竞技体育活动融入民众生活方式，促进社会和谐。

课后思考题

1. 我国竞技体育改革发展的特征体现在哪些方面？

2. 我国竞技体育改革发展存在哪些问题？你认为这些问题产生的原因是什么？

3. 我国竞技体育改革发展的路径体现在几个方面？你认为如何推动竞技体育改革创新？

4. 结合我国体育强国建设，你认为竞技体育发展中最迫切需要解决的重点问题是什么？

第四章　竞技体育的人才培养

人才是衡量国家综合国力的重要指标，是赢得国际竞争主动权的战略资源。竞技体育人才包括优秀运动员、教练员、管理人员、科研人员、医务人员等多个群体，是实施体育强国战略的根基。党的二十大报告提出："坚持为党育人、为国育才，全面提高人才自主培养质量，着力造就拔尖创新人才。"竞技体育人才是为国争光的主力军，也是衡量体育综合实力和国际竞争力的重要标志，决定着体育事业可持续发展的成效。本章主要探索优秀竞技体育人才培养的基本特征，分析健全完善竞技体育优秀人才培养体系的策略，为深入推进体教融合，培养德、智、体、美、劳全面发展的社会主义建设者和接班人提供新见解。

第一节　竞技体育后备人才培养

一、竞技体育后备人才培养模式

后备人才是竞技体育发展之源，是为国争光的主力军，做好优秀后备人才的选拔培养，加强运动员文化教育和保障工作，对实现竞技体育的全面、协调、可持续发展具有重要意义。我国积极探讨竞技体育后备人才培养体系，初步形成了四种典型的人才培养模式[1]，分别是"国家队、省市队和基层训练队"衔接的一条龙"三级训练网"模式；"小学—中学—大学"一体化培养学生体育特

---

[1] 李静.我国竞技体育后备人才培养模式的研究[J].河北工业大学学报(社会科学版)，2018(4)：82-85.

长和文化素养的"体教结合"模式;体育院校的运动训练或体育相关专业培养竞技体育人才的"院校化"模式;依托市场培养竞技体育人才的"俱乐部"模式(表4-1)。各类模式的特点如下:① 家庭培养的丁俊晖模式。人才成长和发展基本是由家庭或个人自己承担,通过家庭投入的方式,使丁俊晖在斯诺克项目上达到世界水平。② 清华大学"体教结合"一条龙模式。清华大学在其附属中学开办了"马约翰"体育特长班,从中学阶段开始选拔与培养优秀的体育人才,通过直通清华大学的"名校"品牌吸引力吸引生源,培养出一批优秀运动员。③ 职业体育的青训模式。自1993年我国进行职业体育市场化改革以来,国家相关政策文件和一些俱乐部开始了青训体系构建,尤其是在近年来的足球领域,不仅俱乐部自身,诸多的市场资本也参与青训体系建设。④ 市场主导的温州模式。温州模式是在经济发达地区,多元主体结合民办教育,遵循实用和效益导向,按需办学建立的后备人才培养方式。

表4-1 我国竞技体育人才培养模式对比

模式	优点	不足
"三级训练网"模式	行政手段推动的自下而上的输送或自上而下的选拔,上下一条龙的培养目标;通过基层选拔,发现更多具有天赋和潜力的运动员,培养高水平运动员	运动训练与竞赛上的投入和关注远远高于文化教育,学训矛盾严重;产权边界模糊,激励机制不足;基层教练员队伍不稳定,训练条件得不到保证,训练的科技含量低;滋生无序选材与输送不公平问题
"体教结合"模式	充分利用学校资源,推动运动员的运动训练与文化教育协调发展;重视青少年全面发展的个人需要与健康成材的家庭需要	体育部门和教育部门对人才培养的价值取向不一;学校体育资源配置不足;招生规模限制不利于体教融合;学训矛盾突出
"院校化"模式	注重理论知识和专业技能相结合,打造高素质、高技能人才队伍;学生运动员在校期间可以接受体育训练和专业知识的学习	体育和教育系统的"双轨"分离明显;对学生运动员的学科要求较高,致学训矛盾;缺乏专业竞技经验的培养,导致学生运动员的专业训练和比赛能力比较业余
俱乐部模式	激发市场活力;注重实战经验的培养,能够使运动员更好地适应实际环境;在俱乐部内接受专业训练和比赛,提供更多发展机会和平台	缺乏培养的系统性和规范性,难以对学生的综合素质进行全面和深入培养;经济利益驱使扰乱运动训练比赛和竞技人才科学成才规律

在上述四种模式的基础上,要结合现代竞技体育发展趋势和人才成长规律,整合"三级训练网""体教结合""院校化"以及俱乐部等人才培养模式的优势,通过发挥政府、社会、市场等多元主体力量,全面创新竞技体育人才培养方

式,突出以政府为主导,以市场需求为载体,打造现代化、多元化、科学化的竞技体育人才培养模式。这种人才培养模式的价值体现在三个方面。在人才选拔方面,以市场需求为导向,创造多元化的选拔途径,通过专业化、多元化、数字化、科学化的选拔方式,促进竞技体育人才的多元筛选和科学识别。在人才培养方面,注重实践能力与理论知识相结合的训练,采用个性化、定制化、数据化的培养方式,使竞技体育后备人才具备创新精神和团队协作能力,促进全面、系统、多元的人才培养。在职业发展机会、待遇和保障等方面,多元配置资源,提供更加丰富的社会支持,从而保障竞技体育后备人才的可持续发展。

二、竞技体育后备人才培养体系

新中国成立以来,计划经济条件下的竞技体育后备人才培养体制在当时历史条件下能够动员全国资源,在特定时期为我国竞技体育发展培养出大批优秀体育人才,为竞技体育的崛起发挥了巨大作用。但是,在市场经济冲击和体育强国建设要求下,政府主导的"举国体制"日益暴露出诸多弊端,政府统包统办的后备人才培养模式无法满足时代发展的需要,需要让更多力量参与到后备人才培养中去。可以说,我国竞技体育后备人才培养总体上经历了由"政府办"向"社会力量办"体制改革的发展历程,初步形成了多元化后备人才培养体系,包括体育系统组织的各级各类业余体校,教育系统开展业余训练的学校,以及社会力量创办的体育学校和体育俱乐部等。总体而言,我国竞技体育坚持实施"人才强体"战略,依托体育、教育、社会、市场等多元主体资源,不断创新体育后备人才培养方式,主要形成了四种人才培养体系。

一是体育系统培养体系。新中国成立初期,为提高竞技体育人才培养效率,我国主要实行了"举国体制"下的竞技体育后备人才培养方式,以体校为基础的运动员"三级训练网"培养体制,即通常所说的"金字塔式""三级训练网"培养模式,体育传统项目学校、业余体校承担着三线队伍的培养任务,这种人才培养采用"包办形式",通过成立各级少体校,省、市体工队和国家队,走的是一条单一的少体校、青年队、专业队(职业队)"专业化"人才培养方式。这种人才培养途径能够围绕国家发展战略,集中有限的人力、物力、财力发展竞技体育后备力量,为促进我国竞技体育的发展发挥了重要作用。

二是教育系统培养体系。这主要是以教育系统为主体,以高校为龙头的"小学—中学—大学"一条龙的后备人才培养模式。其中,中小学阶段是人才培养"金字塔"的基础,中小学的优秀体育苗子输送到业余体校和专业体校,经过层层选拔进入大学高水平运动队。国家队、省优秀运动队（职业技术学院、运动技术学院）等承担着一线队伍的培养任务；体育运动学校、体育院校附属竞技体校承担着二线队伍的培养任务。但随着社会转型和经济发展，涵盖中小学校的传统"三级训练网"与市场经济不相适应，于是提出了体教结合、体教融合培养体育后备人才的理念，但由于长期以来，教育、体育部门在联合培养体育后备人才方面存在体制机制障碍，"体"与"教"仍然处于"两张皮"的状态。

三是市场化、社会化的培养体系。这主要是由市场、社会力量参与体育后备人才培养系统。但在实际运行过程中，市场和社会力量介入的范围和程度有限，主要涉及一些竞争激烈、观赏性强、市场化程度较好的项目，如足球、篮球、羽毛球等，对于观赏性不强、市场前景较差的项目，如举重、田径、射击等市场化发展缓慢。同时，社会市场对体育后备人才培养的参与力度有限，如足球项目虽然在我国最早实施了职业化改革，民办足校和业余俱乐部在改革之初大量涌现，但多数职业足球俱乐部的梯队建设不完善，社会办体育、学校办运动队、俱乐部培养后备人才的协同机制不健全，导致市场化、社会化的体育后备人才培养规模有限。

四是部分项目的"单飞"培养体系。在竞技体育后备人才培养中出现了"双轨制"，该模式的人才成长和发展基本是由家庭或个人自己承担，如以李娜为代表的部分网球运动员和台球项目的丁俊晖培养模式。事实上，目前社会上存在的诸多青少年训练中心、项目业余俱乐部，其培训经费全部是由青少年的家庭承担，这种培养路径可以称之为"家庭"培养路径系统。但这种培养路径的作用主要定位于提高青少年的体质水平，培养运动爱好，在中国当前的大环境下，很少有家庭想通过该种路径将青少年培养成为高水平运动员。

三、竞技体育后备人才培养问题

（一）竞技体育后备人才培养目标分离

我国竞技体育人才培养体系相对于发达国家存在一定差距，在人才选拔、竞技水平提升、运动员职业规划等方面存在运行不畅问题，导致人才培养竞争力整体不强。例如，我国一些球类项目训练体系不够系统，从基层选拔到高水平竞技训练的衔接存在脱节现象，难以对运动员成长的不同阶段进行精准调控，导致运动员各阶段训练效果难以保障。此外，我国竞技体育教练员队伍存在技术水平不高、队伍结构不合理问题，一些运动项目依然采用传统的训练内容和方法，对运动员个性化需求和技术创新不足，导致运动员的竞技水平难以突破。此外,我国在竞技体育人才培养、训练竞赛方面面临体教融合不畅的困境,体育系统和教育系统培养竞技人才的目标不统一。一方面,体育系统注重竞技成绩和运动水平的提升,而教育系统则关注运动员的学业成绩和综合素质,双方难以形成有效的目标协同;另一方面,体育系统和教育系统在竞技人才培养中往往各自为政,缺乏有效的沟通和协作,双方在管理、资源、政策等方面存在隔阂。由于两个系统的体制机制和运作模式存在差异,运动员在体育与教育领域之间的转换面临壁垒,阻塞了竞技人才成长通道,扰乱了竞技体育人才培养生态。

(二)竞技体育后备人才培养体系封闭

长期以来,我国优秀运动员的培养采取"一条龙"模式,体育系统依然是优秀竞技人才培养的主渠道,教育、体育、社会、协会、市场、家庭等多元主体共同参与培养体育后备人才的模式还没有形成。当前,我国竞技体育发展面临的最大困境在于体育后备人才萎缩严重,尤其是足、篮、排"三大球"后备人才匮乏,成为体育强国建设的掣肘。长期以来,中国竞技体育取得的辉煌成就主要得益于"三级训练网"体系的封闭式人才输送通道。但由于过度关注"夺标"而忽视"育人",导致运动员难以适应社会对综合素质人才的需求,退役运动员与系统内工作岗位少、系统外工作不适应等矛盾日益加剧,"三级训练网"单一模式已失去了生存与发展土壤。当然,近年来,我国竞技体育后备人才培养方式的探索取得了重要经验,但发展过程中尚有很多问题急需解决,如培养模式单一、培养主体过分依赖行政手段进行生源分配等。随着基层体校数量的日益萎缩,三级训练体系优势逐渐消失,新型培养主体在后备人才培养中力度不强、成效不足,市场依存度不高,社会力量介入不足,教育系统参与后备人才培养动力不够,高校教育资源发挥不足,很多大学成为运动员退役后再就业的保障单位,由向外输出人才成为逆向输出人才。多元主体参与体育后备人才培养的协同模式效率较低,各主体之间壁垒丛生,无法形成育人合力。

(三)竞技体育后备人才培养效益不高

传统的竞技体育人才培养模式往往过于注重结果,忽略了运动员的整体素质和潜力的挖掘,容易导致运动员在长时间训练中出现倦怠,降低了培养效率。我国传统体育文化强调"文以载道""重文轻武",多将竞技体育视为一种功利主义的表现,导致家长和学校对竞技体育的育人功能认识不足。一是以分数、成绩为唯一标准,忽视了竞技体育的特殊性和个性化需求。不同项目运动员在体能、技能、心理等方面有显著特点,但过于注重金牌和成绩往往导致教练员忽视运动员的个性,采用"一刀切"的训练方法,一些有潜力的运动员不能及时被发现,从而在层层选拔过程中被淘汰。以分数和成绩为唯一标准,还容易使运动员承受巨大的心理压力,长期处于高压状态下,运动员的心理健康可能受到影响。二是成材率较低、浪费人才资源问题。我国运动员传统模式培养强调"人海战术",这种模式存在高投入低产出、"粗放"低效问题。并且,这种培养模式不注重运动员的可持续发展,忽视运动员的综合素质和生涯规划,导致运动员退役后面临升学、就业等诸多问题,最终结果是竞技体育的出口成材率低、人才资源浪费,阻滞了体育后备人才的科学选拔。

四、竞技体育后备人才培养路径

尊重事物发展规律,尊重人的成长规律,促进人的全面发展,是马克思主义思想的重要价值观念,也是新时代中国特色社会主义建设的思想引领。竞技体育的可持续发展同样要尊重规律,打造完备的人才梯队和优秀后备人才培养体系。要不断优化体教融合体系,创新发展青少年体育训练竞赛体系,打造多元投入的新型人才培养体系。

第一,建立规模、布局、结构合理的体育后备人才培养体系。引导和支持社会力量参与竞技体育后备人才培养,通过各种途径积极吸纳社会资源,发挥在项目普及和培养后备人才方面的作用。建立贯通"小学—初中—高中—大学—职业体育"的人才传递体系,完善学校、社区、家庭相结合的青少年体育网络和联动机制,打造后备人才培养的"协会—学校""俱乐部—社区"服务平台,推动运动项目、运动队、青少年竞赛等市场化进程,培育竞技体育后备人才发展的社会环境。

第二,打造青少年竞赛、学校竞赛、职业竞赛有机融合的新型竞赛体系。完善青少年训练竞赛体系,推动学校竞赛、青少年竞赛、职业竞赛有机结合,建立合理的青训体系和完整的赛事体系,让更多的青少年投入青训训练,便于发现和培养优秀竞技体育后备人才;要实现运动学校、学校运动队、业余体校、体育俱乐部有机结合,体育、教育和社会系统要联合打造新型竞赛体制。在全国构建相对固定的校际体育联盟和竞赛区域,通过支持学校与各级各类体校联办运动队、创建青少年体育俱乐部、打造校际体育运动协会、组建校园运动项目联盟等形式,形成多元投入的新型体育人才培养体系。

第三,深入推进体教融合,厚植体育后备人才培育基础。政府体育部门要积极协调与教育部门和社会市场的关系,建构"体教融合"文化教育监管机制,实施青少年体育拔尖人才建设工程,完善支撑后备人才培养的制度基础,利用制度调动人才培养单位、组织和个人的积极性、主动性和创造性。以竞赛为载体,创新体育后备人才"小学—初中—高中"一条龙培养模式,打造多元参与的人才培养体系,形成以学校为主体的运动员培养模式,通过优秀运动员的层层选拔,稳步提升后备人才输送的数量和质量。

第二节 退役运动员的转型与保障

一、退役运动员转型的意义

随着体教融合的深入推进,整合我国竞技体育优势资源,科学引导退役运动员职业转型,畅通优秀退役运动员从事体育教学、社会体育指导等渠道,弥补体育教师、体育教练员、社会体育指导员等缺口,对于推动学校体育发展、加快建设体育强国和促进优秀运动员全面发展具有现实意义。

(一)转型体育教师:填补优质体育师资缺口,提升学校体育教学质量

体育教师师资紧缺是我国中小学面临的现实问题,《国家学校体育卫生条件实行基本标准》提出:"中小学平均每6个班需要配备1名体育教师的标准,但缺口或达20%。"2021年7月,中共中央办公厅、国务院办公厅联合印发《关于进一步减轻义务教育阶段学生作业负担和校外培训负担的意见》,课后延时体育服务对学校体育工作提出了新要求。但受限于优质体育师资供给不足,学校教育教学迫切需要大量有专业背景的高水平体育师资,这为退役运动员转型从教填补学校体育师资缺口提供了新机遇。《学校体育美育兼职教师管理办法》《关于深化体教融合促进青少年健康发展的意见》等文件的颁布为优秀退役运动员转型体育教师提供了政策保障,将退役运动员与学校教育相联系,可有效补充我国体育教师缺口。近年来,浙江、安徽、四川等多个省份结合地方教育事业发展和教师队伍建设需要,面向退役优秀运动员招聘中小学体育教师,积极探索退役运动员进校园路径初见成效。截至2022年8月,安徽大、中、小学已面向安徽省退役运动员专项公开招聘39名体育教师和教练员,有效充实了学校体育教师队伍[①]。优秀运动员由于长期专业化训练,掌握了较

---

① 葛亮,彭国强.我国退役运动员职业转型探析[J].体育文化导刊,2023,248(2):27-33.

高的专项技能水平和科学训练方法,在专业技能教学时可以提供高质量的动作技能演示和选择合理的教学方法,相较于普通体育教师具有天然优势,可以切实提升学校体育教学质量。其次,优秀运动员在常年训练和比赛中磨炼出来的良好心理素质、吃苦耐劳精神、爱国主义情怀等,在转型成为体育教师后能够助其更好地胜任体育教学工作,潜移默化地促进学生人格健全发展。

(二) 转型体育教练员:传授运动训练科学知识,促进优秀竞技人才培养

我国运动员培养体系与国家经济体制深化改革和劳动力市场化融合不足,成为阻碍退役运动员职业转型的掣肘。《关于深化体教融合促进青少年健康发展的意见》明确指出,"鼓励体校与中小学校加强合作,为青少年运动员提供更好的教育资源,创造更好的教育条件,不断提高其文化教育水平",如何兼顾青少年运动员科学训练和文化素质培养,引导退役运动员具备科学训练知识、参赛经验等,向体育后备人才培养转化,对退役运动员职业转型提出了新要求。体教融合背景下,教练员不仅要给运动员传授运动技能、参赛经验和训练康复技巧、运动训练基础理论知识、运动医疗保健知识等,还要引导青少年学习文化教育知识和职业素养知识,从而提高运动员胜任未来岗位的职业能力,引导运动员掌握专项训练能力、科学研究能力、比赛指挥能力、队伍管理能力等,促进运动员身心全面发展。从专业能力层面而言,优秀运动员退役后转型成为体育教练员,可以更好地将自身所学的科学训练知识用于体育后备人才培养,例如,将一些自己积累的科学训练方法和训练经验融入训练方案制定,有助于打造更加科学化、系统化的运动训练实施计划,从而提升青少年的运动参与效益。同时,教练员还可以总结自身作为运动员时期的经验教训,更好地结合自身体验对运动员实施规避性训练,有效提升运动员学习反馈能力。例如,篮球运动员陈磊退役后担任清华大学男篮主教练,率队夺得2020年CUBA男篮总冠军,并成功当选最佳主教练,成为优秀退役运动员转型体育教练员的典型案例。

(三) 转型社会体育指导员:满足课后延时体育服务,丰富青少年业余生活

青少年体育是加快推进体育强国建设的重要组成部分,关系到全民健身战略的实施和国民健康素质的发展。《关于深化体教融合促进青少年健康发展的意见》提出,"支持社会体育组织为学校体育活动提供指导,普及体育运动技能,可以通过政府向社会体育组织购买服务的方式,为缺少体育师资的中小学校提供体育教学和教练服务",这与国家颁布的"双减"政策要求相呼应。优

秀运动员转型为社会体育指导员,可以更好地推动校外体育培训服务进校园,提升课后延时体育服务质量,满足青少年课余运动参与和拓展专项练习的特殊需求。如南京市双塘小学开展特色体育课后服务,通过政府购买服务,聘请校外俱乐部中的体育教练员,通过开设武术、击剑、足球、舞蹈等多个社团,促进青少年在体育锻炼中享受乐趣、增强体质。退役运动员转型社会体育指导员可以有效扩充体育社会服务容量,更好地满足青少年运动技能培训发展需求,有利于营造积极健康的体育社会服务氛围,丰富广大青少年学生业余文化生活。通过有效的社会融入,退役运动员优秀的运动专项素质、丰富的训练经验和大赛经验可以转换成课后延时体育服务的课程内容,提升运动教学规范和服务内容品质,提供区别于传统体育课程的多样化运动项目训练体系、灵活化的参与方式和差异化的服务内容,同时还可以承担发掘体育特长生和输送青少年体育后备人才的职责。

二、退役运动员转型的问题

体教融合背景下,我国退役运动员职业转型在体育、教育和社会多个层面引起了广泛关注,《关于深化体教融合促进青少年健康发展的意见》实施以来,全国多个地方积极探索优秀退役运动员进校园担任体育教师和教练员模式,不断摸索畅通优秀退役运动员、教练员进入学校兼任、担任体育教师的渠道。但受传统训练体制和运动员"学训矛盾"等因素影响,再加之不同地区、不同项目、不同水平运动员差异较大,短期内退役运动员转型进入教育、社会领域的渠道比较单一,在职业转型的机制、方式、内容、途径和评价体系等方面还存在问题。同时,我国现行退役运动员保障安置政策与新阶段的社会职业体系不适应,亟待进一步完善和调整。

(一)运动员职业转型缺乏过渡机制,从业资格认证体系尚未建立

随着我国退役运动员数量逐年增加,政府安置数量逐年减少,我国运动员平均每年的淘汰率为15%,如果恰逢奥运会、亚运会、全运会年,淘汰率甚至会达到或超过40%,导致大量的退役运动员滞留。我国现行的退役运动员保障安置政策比较单一,对退役运动员主要以政策性安置和货币安置为主,大多数运动员走向市场自主择业,对退役运动员从运动员向体育教师、教练员、社会体育指导员转型,缺乏动态性从业资格认证方式和专门的聘用机制。

第一,退役运动员职业转型政策尚未健全。现行的退役运动员安置政策多从宏观层面对退役运动员融入社会进行规定,但在如何推动不同项目、不同

水平退役运动员担任体育教师、社会体育指导员等方面缺乏具体条例,退役运动员安置依然沿用传统保障安置标准,不能很好地满足体教融合与新阶段经济社会转型的双向诉求。

第二,体育教师从业资格限制退役运动员转型。针对退役运动员考取教师从业资格证问题,近年来一些地方出台了相关政策,如福州市体育局、福州市教育局联合印发的《福州市深化体教融合促进青少年健康发展的实施意见》提出,优秀退役运动员可以免于笔试直接进行面试,允许"先上岗、后考证",并在入编后一年内考取相应教师资格证。不再将教师资格证书作为从事学校体育教育工作的前置条件,可有效降低退役运动员进入学校从事体育工作的门槛,但仍有部分地区存在配套政策落实力度不到位、效果不明显和考核标准实施严苛的问题,退役运动员参与从业资格考试的门槛依然较高。

第三,退役运动员职业转型地区差异明显。2022年6月24日颁布的《中华人民共和国体育法》规定,学校优先聘用符合相关条件的优秀退役运动员从事学校体育教学、训练活动,从立法层面畅通优秀退役运动员进入学校兼任、担任体育教师、教练员的渠道,为退役运动员职业转型提供了法治保障。然而,我国各地区经济和教育发展水平差异较大,不同地区为退役运动员提供的转型岗位数量不同,短期内难以建立适应全国不同地区退役运动员职业转型需要的多类别保障机制,退役运动员面临与高等院校体育专业毕业生竞争为数不多的就业岗位,地方围绕退役运动员的资源配置能力还不足。

(二)学训矛盾依然突出,社会再教育难以适应运动员职业能力需求

随着国家对运动员权益的重视,近年来,退役运动员市场化安置比例不断提升,但受长期以来"学训矛盾"影响,短期内一些退役运动员的职业能力难以有效提升,文化教育、职业能力和社会再教育不足成为退役运动员职业转型的主要障碍。

第一,运动员文化教育体系不健全。举国体制保障下,"三级训练网"构成的人才培养体系在短时间内培育出大批优秀运动员,但高强度、长时间的专业训练挤占了运动员文化学习时间,导致"学训矛盾"问题突出,运动员退役后的继续教育难以保障,阻碍了退役运动员的社会融入和职业转型发展。

第二,传统培养模式对运动员职业能力发展关注不足。教育现代化推动教育学、心理学、生理学等多学科交叉融合,一些退役运动员文化素养相对薄弱,难以满足学校体育教育、社会指导等岗位的新要求。此外,运动员由于长期专项化训练,存在技术教学能力单一、教学实践经验积累不足、信息化教学能力欠缺等问题,加之运动员培养计划与社会实际需要不够紧密,制约了退役

运动员职业转型发展空间。

第三,转型过程缺乏有效培训指导。通过开设多个种类职业转型培训课程,助力退役运动员将运动技能优势转化为教学优势,做好职业生涯规划,是提升退役运动员职业能力的重要举措。目前,国家为促进退役运动员职业转型举办了多种培训班,如江苏省在 2022 年 6—10 月举办了跨度 5 个月的退役运动员职业能力培训。同时,一些培训班的举办效益不高,针对不同项目教练员尤其是普及程度较低的运动项目培训班更为少见,导致退役运动员参与培训的积极性不足。

此外,体育、教育系统的优势资源在运动员培养和转型过程中未有效整合,职业培训课程内容设置相对局限,围绕健康教育、职业素养、教学能力等领域开展的课程深度不足,单一的职业培训模式难以满足退役运动员的多重转型诉求。

(三)运动员个体差异明显,多重因素叠加影响退役后职业转型效益

"三级训练网"是培养我国竞技体育人才的主要渠道,在体育系统主导下,不同阶段的运动员培养以运动训练获取优异成绩为目标,在为国争光的目标驱动下,国家多注重发展容易获取金牌的优势项目,而对其他弱势项目保障不足,运动员竞技水平项目差异明显,在一定程度上影响了退役后职业转型效益。

第一,不同项目退役运动员的社会需求不一致。受运动项目在学校的普及程度影响,学校在选聘退役运动员时更加倾向于选择田径、篮球、乒乓球等普及率较高的运动项目,其他冷门项目退役运动员受招聘偏向影响就业机会相对较少,例如,举重、射击、棒球等校园冷门项目运动员转型难度较大,一定程度上为运动项目进校园设置了壁垒,制约了退役运动员转型发展空间。

第二,各项目运动员退役年龄结构不同。介于运动项目差异和人类的生理局限,不同项目运动员保持最佳竞技状态的年龄以及退役的年龄存在个体差异,如女子体操运动员获得金牌年龄集中在 16～20 岁之间,游泳运动员的"全盛期"介于 20～24 岁,若长时间未取得优异运动成绩则要考虑退役转型。另外,受培养模式、个人规划、运动成绩等因素影响,运动员退役年龄结构也存在较大差异。退役运动员年龄差距可能影响职业转型程度,年龄较小的退役运动员相对更缺乏主动转型的意识和系统的职业生涯规划,转型从教的职业能力更为缺乏,甚至部分项目退役运动员未达到教师招聘年龄要求,无形中增加了转型难度。

第三,退役运动员自身转型准备不足。从身披荣誉的领奖台步入市场竞

争激烈的社会中,运动员退役后的生活环境以及社会角色与训练期间存在巨大跨度,一些运动员可能出现对社会环境不适应和心理落差。此外,部分运动员在制定职业生涯规划时对自身综合能力考量不足,缺乏对自身正确的认识和评价,对就业期望过高,主观意愿与就业现状存在较大差距,可能产生自我否定、迷茫等负面心理,难以实现顺畅转型。

三、退役运动员转型的路径

（一）打造立体化的退役运动员综合保障体系

近年来,我国相继出台了《关于进一步做好退役运动员就业安置工作有关问题的通知》《关于体育事业单位岗位设置管理的指导意见》（以下简称《意见》）等政策,从多方面保障了退役运动员的权益。同时,退役运动员管理工作具有分散性和系统性,亟待需要立足于促进运动员全面发展的理念,结合竞技训练、文化教育、社会保障等因素,构建立体化的退役运动员保障体系。

第一,打造与时俱进的运动员保障制度体系。专业运动员的社会保障制度具有时效性,需要不断更新完善。一方面,体育、教育、人力资源和社会保障等部门应结合运动员区域、项目差异特征等,构建多种类的退役运动员社会保障制度,提升我国运动员社会保障制度公平性。另一方面,要以适应性、灵活性和阶段性为前提,建立与运动员所处阶段相对应的保障机制,对运动员在役时期、退役后的生活进行兜底,实现对运动员职业生涯立体化多层级保障。

第二,完善退役运动员从业资格认证体系。建议体育、教育等部门可以将获取教师、社会指导员、体能培训师等岗位从业资格纳入运动员培养计划,定期聘请教学经验丰富的专家为退役运动员提供从业资格认证辅导。在一些岗位招聘中,配置退役运动员参与体育教师、教练员、社会体育指导员从业资格认证的动态考试机制和考核标准,以"基础适度、强调技能"原则对考试内容适当调整,适当降低退役运动员社会融入的从业难度。

第三,探索先入职后培训的教育体系。各地区应遵循我国体育后备人才培养模式的特点和规律,建立专门的退役运动员聘用制度,探索"先入职后培训"的教育模式,更加科学地吸纳优秀退役运动员加入学校体育工作队伍,缓解退役运动员面临的岗位不足和竞争压力大等问题。在退役运动员入职后,要定期组织优秀文化课教师、资深体育教师等为其提供教学能力培训和实践指导,以"加强专项教学能力、积累丰富实践经验、促进适应岗位需要"为导向进行培训,促进退役运动员尽快提升教育教学、科研、管理等能力。

（二）推动运动员文化教育和职业教育协同发展

优秀运动员是体育强国建设中的重要人力资源，保障退役运动员文化教育、职业培育和就业权益，对于我国竞技体育可持续发展意义重大。近年来，国家体育总局人力资源中心针对全国优秀退役运动员举办多次教师资格证、教练员证、职业转换过渡期等职业培训班，有效推动了运动员文化教育和职业教育发展。面对体育强国和体教融合发展新要求，相关部门要进一步优化运动员保障体系，有效整合社会优势资源，多渠道、多方式支持退役运动员职业转型。

第一，推动运动员文化教育长效化发展。一是体育、教育等部门要协同合作，共同打造针对不同水平运动员的长效化教育机制，针对运动员专业特点，结合市场需求和不同学校人才培养目标，优化退役运动员招生工作机制，拓展"单招""特招""免试"等升学方式，开设适合不同地区社会实际需要的课程，为退役运动员提供职业规划发展指导。二是优化退役运动员再教育模式，为弥补运动员文化教育短板，体育部门应积极与高校、培训机构、职业技术学校等对接，强化运动员联合培养教育模式。要深入挖掘"南体模式""清华模式"等经验，优化退役运动员免试入学、文化教育、毕业考评等方式，实现运动员多元化培养。

第二，促进运动员职业能力全面发展。一是拓宽运动员知识体系，为运动员开设选修课程，囊括教育学、运动康复学、教案编写、课堂组织管理等理论知识，促进运动员专业素质与职业能力全面提升；为运动员提供教学实践机会，选派优秀师资对退役运动员教学实践进行指导，帮助退役运动员掌握多样运动项目技能教学能力，积累课堂教学实践经验。二是丰富运动员职业教育方式，运用现代科技手段，建立现代化网络学习平台，如实施互联网"线上＋线下"教学、送教上门、个性化远程网络辅导等，为不同水平运动员职业能力提升提供针对性教育方式，个性化提升运动员文化素养和职业能力。

第三，优化退役运动员职业转型培训课程体系。一是以各级体育人才服务中心为组织基础，分运动项目、分职业方向对退役运动员开展有针对性的长期培训，细化培训学制安排、课程设置、实习和就业等事宜，为退役运动员职业转型提供指导；二是丰富退役运动员职业培训形式，综合体育、教育和社会等多方资源，拓宽退役运动员从事职业的知识和技能培训，建议在全国部分高等体育院校建立具有地方院校特色的退役运动员职业转型培训基地，整合高校教育、实践、就业等优势资源，为退役运动员提供多层次的职业转型培训。

(三）依托体教融合厚植运动员职业转型基础

运动员是我国体育事业蓬勃发展的中坚力量，妥善做好运动员退役后的就业安置工作是建设体育强国的必然要求。面对新时代对新型体育人的需求，体育和教育相关部门要协同拓宽运动员"全程培养"模式，依托体教融合厚植运动员职业转型基础，为退役运动员融入社会和顺畅转型提供支撑。

第一，强化退役运动员职业转型政策扶持，引导运动员主动转型。各地要在《意见》基础上，完善和落实退役运动员职业转型扶持政策，鼓励企业、学校、协会、家庭等多元力量共同参与纾解退役运动员职业转型难题。要整合教育、体育系统在运动员培养中的优势资源，凝聚体教融合育人合力，为运动员退役后转型从事体育教育工作筑牢基础。各地要结合实际需要，积极引导运动员主动寻求转型和发展，塑造退役运动员正确的职业价值取向，结合不同水平、不同项目退役运动员的综合能力制定多样化职业规划，科学引导退役运动员融入社会发展。

第二，实施不同项目退役运动员培训计划，增拓转型发展空间。依据各地区经济发展和运动项目普及程度，建立和完善不同项目运动员教育培训体系，注重文化素养和职业能力并重，从不同项目特征不断满足退役运动员的职业转型需求以及职业技能提升。建议各地尝试建立一批专项竞技体育项目试点学校，尤其要注重一些社会关注度不高的项目运动员科学转型，为冷门竞技项目运动员创造教学实践机会，可以专门实施扶持政策，引导社会普及度相对较高的项目运动员职业能力向冷门项目迁移，如跳水、水球等项目运动员向游泳项目运动技能迁移，考取游泳教练员、救生员证书等，不断拓宽转型发展空间。

第三，开展退役运动员职业转型心理疏导，形成正确择业观念。建议各级运动员培养单位要配备退役运动员转型心理咨询室，通过开展讲座、谈心等活动对预退役运动员进行心理疏导，缓解退役时的心理问题和就业压力，提高运动员自身认同感。教练员要帮助运动员正确认识和评价自己，引导运动员转变就业观念、树立就业自信、平衡就业期望，更好地挖掘退役运动员发挥自身特长优势，促进学校体育教育教学高质量发展。

第三节　奥运冠军精英人才培养

奥运冠军是竞技体育塔尖层次的精英人才，是衡量国家竞技运动水平的重要标志。从1984年洛杉矶奥运会到2021年东京奥运会，我国参加了10届夏季奥运会,获得262枚金牌,产生284位奥运冠军;从2002年盐湖城冬奥会实现金牌零的突破,到2018年平昌冬奥会,我国共在5届冬奥会上获得13枚金牌,产生11位奥运冠军。新中国成立以来,我国在夏季和冬季奥运会上共获得275枚金牌,产生295位奥运冠军(不包含中国香港、澳门和台北奥委会所属奥运冠军)。奥运冠军夺冠的背后蕴含着特有的成长特征和成才规律。

一、奥运冠军成长的基本特征

(一)奥运冠军成长的人口统计学特征

一是奥运冠军的性别特征。我国奥运冠军性别分布不协调,共有女性190人,占64%,男性105人,占36%,金牌贡献呈"女强男弱"态势(图4-1)。从历届奥运冠军性别分布看,第23届奥运会男女夺冠比为0.6,此后5届奥运会基本在0.5左右,第29届和第30届两届奥运会骤升,伦敦奥运会男女夺冠比达0.94,但里约奥运会和东京奥运会男性夺金率锐减,里约奥运会只产生6位男性奥运冠军,男女夺冠比降为0.25,东京奥运会男女夺冠比为0.33,男性夺金率略有回升。总体而言,各届奥运冠军男女性别比不稳定,呈先升后降再升再降的"M"型趋势。从各项目冠军性别分布看(表4-2),女性在20个夏季项目获得金牌,男性在13个夏季项目获得金牌。女性奥运冠军具备优势的项目主要包括排球、跳水、举重、羽毛球、乒乓球等,男性具备优势的项目有体操、跳水、举重、乒乓球、射击等。冬季项目奥运冠军性别差异更为明显,其中女子在短道速滑获6枚金牌,该项目成为我国冬季强优势项目。

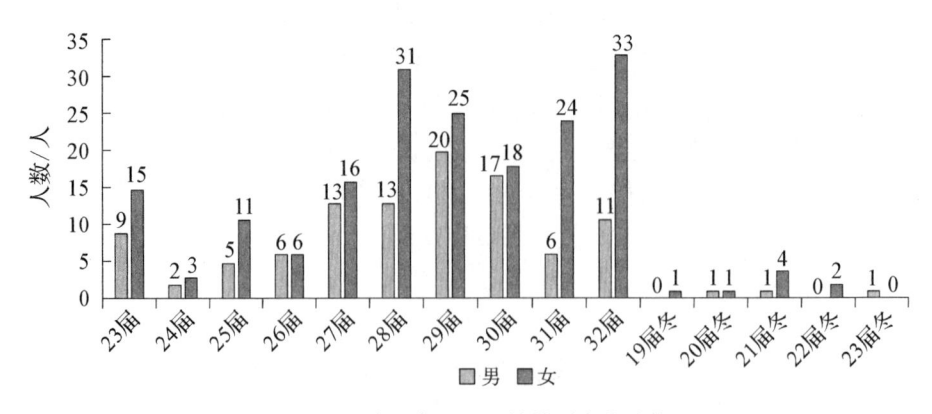

图4-1 我国奥运冠军的性别变化趋势

注:各届奥运冠军人数指首次获得奥运金牌的运动员数量。

表4-2　我国各项目奥运冠军的性别分布

类别	排球	摔跤	乒乓球	跳水	跆拳道	射击	体操	羽毛球	柔道	举重	游泳	蹦床	拳击	田径	赛艇	击剑	自行车	短速滑	速滑冰	自滑雪	花滑冰	帆船	皮划艇	射箭	网球	合计
男	0	0	15	18	1	11	19	8	0	17	2	2	2	3	0	2	0	0	0	1	0	1	1	2	0	0	105
女	36	2	13	21	4	11	9	14	7	16	15	2	0	7	8	6	3	6	1	0	1	3	2	1	2	190
合计	36	2	28	39	5	22	28	22	7	33	17	4	2	10	8	8	3	7	1	1	2	3	4	1	2	295

二是奥运冠军的民族特征。我国奥运冠军的民族分布不平衡，汉族奥运冠军281位，占95%，少数民族只有14位，其中男性6人，女性8人，主要分布在满、回、壮、土家、蒙古、苗、瑶、侗族等8个民族。我国共在8届奥运会上产生少数民族冠军，其中第29届北京奥运会最多，有4位，其次是第27届、第28届和第30届奥运会，各有2位。我国只在第21届冬奥会上产生1位（赵宏博，满族）少数民族冠军。从地域分布而言，湖南省有4人、辽宁省有3人、广西壮族自治区有3人，其他省份共产生4人。另外，我国获得金牌的21个夏季项目和4个冬季项目中，只有10个项目产生少数民族冠军，分别是举重、跆拳道、跳水、体操、蹦床、拳击、柔道、田径、赛艇和花样游泳，其中举重人数最多，有5人（表4-3），多属于力量型、耐力性项群。对比而言，我国一些具有民族优势项目的地区（如蒙古族，摔跤项目等）却未产生奥运冠军。

表4-3　我国各项目奥运冠军的民族分布

类别	排球	摔跤	乒乓球	跳水	跆拳道	射击	体操	羽毛球	柔道	举重	游泳	蹦床	拳击	田径	赛艇	击剑	自行车	短速滑	速滑冰	自滑雪	花滑冰	帆船	皮划艇	射箭	网球	合计
汉族	36	2	28	38	4	22	27	22	6	28	17	3	1	9	7	8	3	7	1	1	2	3	4	1	2	281
非汉	0	0	0	1	1	0	1	0	1	5	0	1	1	1	1	0	0	0	0	0	0	0	0	0	0	14
合计	36	2	28	39	5	22	28	22	7	33	17	4	2	10	8	8	3	7	1	1	2	3	4	1	2	295

三是奥运冠军的年龄特征。我国奥运冠军的成才年龄呈"马鞍形"分布，主要集中在18~20岁、21~23岁、24~26岁三个区间，其中21~23岁人数最多，有96人，占32.4%；24~26岁为78人，占26.4%；18~20岁为48人，占16.2%（图4-2）。14~17岁奥运冠军共23人，其中女性20人，主要集中在跳水和体操项目，如东京奥运会跳水项目产生的奥运冠军全红婵（14岁）、陈芋汐

(16岁)、张家齐(17岁)等。大于33岁的奥运冠军有两名男性运动员,分布在射击和花样滑冰项目,说明男性在这两个项目具有较长的运动寿命。从年龄分布看(表4-4),一方面,首次夺冠年龄整体呈年轻化趋势,在8届夏季奥运会中都有14~17岁冠军,尤其是第29届奥运会,达8位。另一方面,大龄化奥运冠军呈不断增长趋势,年龄大于27岁的运动员在第23届奥运会有4人,第28届奥运会增加到7人,其后3届奥运会都占有较高比例,尤其是东京奥运会,达到14人。这说明我国奥运冠军运动寿命不断提升,同时也反映了我国优秀体育后备人才短缺,羽毛球、射击、举重等项目由于新老交替比较严重,诸多大龄运动员依然活跃在奥运赛场上。

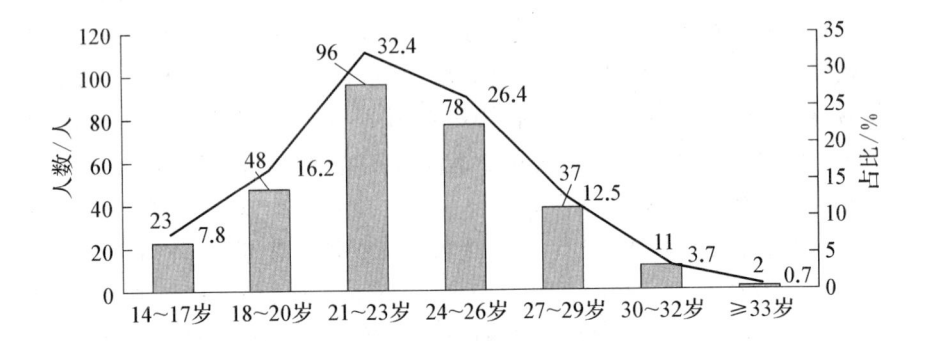

图4-2 我国奥运冠军的成才年龄分布

表4-4 我国历届奥运冠军的成才年龄分布

年龄段	23届	24届	25届	26届	27届	28届	29届	30届	31届	32届	19届冬	20届冬	21届冬	22届冬	23届冬	合计
14~17岁	0	1	3	0	2	2	8	2	1	4	0	0	0	0	0	23
18~20岁	5	2	4	1	4	8	10	5	3	5	0	0	1	0	0	48
21~23岁	9	1	4	7	17	13	10	11	9	12	0	1	2	0	0	96
24~26岁	6	1	4	4	6	14	11	9	11	9	0	1	0	1	1	78
27~29岁	4	0	0	0	0	5	3	6	5	12	1	0	0	1	0	37
30~32岁	0	0	1	0	0	2	2	2	1	2	0	0	1	0	0	11
≥33岁	0	0	0	0	0	0	1	0	0	0	0	0	1	0	0	2
合计	24	5	16	12	29	44	45	35	30	44	1	2	5	2	1	295

(二) 奥运冠军成长的项群分布特征

一是奥运冠军项群偏向特征。获得金牌的 25 个大项分布在 7 个项群,技能主导类项群奥运冠军 209 人,体能主导类项群 87 人,项群结构不均衡,呈"偏态"分布(图 4-3)。金牌总数排在前 3 位的分别是技能主导类表现难美性、隔网对抗性和体能主导类快速力量性项群,其中隔网对抗性项群 88 人,占 29.7%,表现难美性项群 74 人,占 25%,如东京奥运会上,我国在跳水、体操、蹦床等表现难美性项群获得的金牌最多,共 10 枚。总体而言,体能主导类速度性、耐力性以及技能主导类表现准确性和格斗对抗性项群是我国的短板。东京奥运会上,我国在游泳、短跑等速度性项群的成绩有明显提升,其中游泳获 9 枚金牌,实现了历史突破,苏炳添 100 米获得 9.83 秒的优异成绩。此外,不同性别奥运冠军项群分布差异显著(图 4-4),其中女性在体能主导类速度性、耐力性项群以及技能主导类隔网对抗性和格斗对抗性项群具有明显优势,男性在技能主导类表现难美性项群占优势。

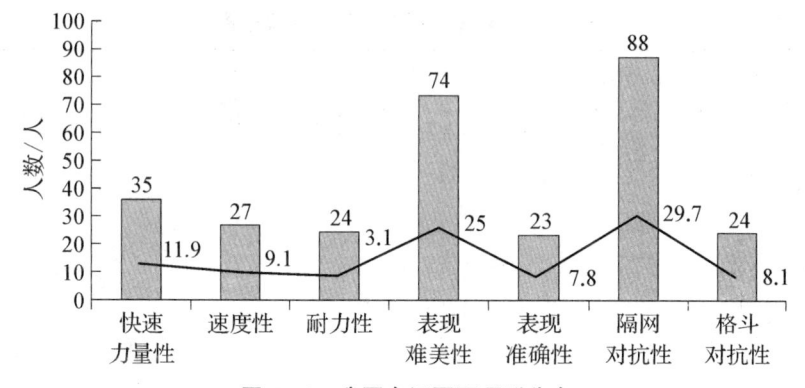

图 4-3 我国奥运冠军项群分布

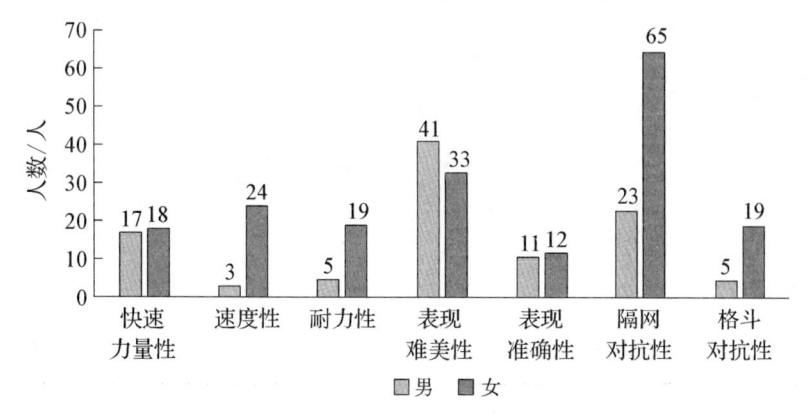

图 4-4 我国不同性别奥运冠军项群分布

二是奥运冠军项群变动特征。我国各届奥运冠军项群分布不均衡,夺金项目覆盖七大项群的只有第26届、第28届、第29届、第30届、第32届奥运会(表4-5)。并且,各届奥运会重点夺金项目分布差异较大,其中夺金率最高的是隔网对抗性和表现难美性项群,体能主导类速度性和技能主导类表现准确性项群是历届奥运会的短板。体能主导类耐力性、快速力量性和技能主导类隔网对抗性项群竞技水平整体呈增长趋势,技能主导类表现难美性和格斗对抗性项群呈先增后降态势。从历届获金牌的项目分布看,基础大项田径、游泳、水上项目奥运冠军共42人,占14.2%;社会关注度高、影响力大的"三大球"只有排球获得金牌。其中,东京奥运会上,我国基础大项实现历史性突破,获8枚金牌,占21.1%;在铅球、标枪、链球、三级跳远和竞走5个项目上收获奖牌,其中男子、女子4×100米接力、女子800米闯入前6名,赛艇、皮划艇、帆船也有新突破。冬季项目方面,我国女子短道速滑连续5届冬奥会获得金牌,成为冬季强优势项目。

表4-5 我国历届奥运冠军项群分布

类别	23届	24届	25届	26届	27届	28届	29届	30届	31届	32届	19届冬	20届冬	21届冬	22届冬	23届冬	合计
快速力量性	4	0	0	2	4	5	4	5	4	7	0	0	0	0	0	35
速度性	0	0	4	1	0	1	1	3	0	9	1	1	3	2	1	27
耐力性	0	0	1	1	1	4	5	2	0	6	0	0	0	0	0	24
表现难美性	4	2	4	1	11	8	18	9	4	10	0	1	2	0	0	74
表现准确性	3	0	2	2	2	3	5	1	1	4	0	0	0	0	0	23
隔网对抗性	12	3	4	4	8	20	5	10	15	7	0	0	0	0	0	88
格斗对抗性	1	0	1	1	3	3	7	5	2	1	0	0	0	0	0	24
合计	24	5	16	12	29	44	45	35	30	44	1	2	5	2	1	295

（三）奥运冠军成长的时间分布特征

一是奥运冠军成长时间分布的变化特征。我国夏季奥运冠军与金牌数量整体变动轨迹呈"W"形趋势（图4-5），从第23届奥运会开始，随后的6届奥运会冠军人数与金牌数量均上升，但北京奥运会后，奥运冠军和金牌数量同时下滑，直到2021年东京奥运会才回升，遏制住了我国竞技水平连续下滑的局面。整体而言，冠军人数多于金牌数量的奥运会有5届，多数奥运会的冠军人数与金牌数量差异不大，反映出我国集体性项目的冲金能力不强。冠军人数低于金牌数量的奥运会有3届，说明我国具备一专多能、能在多个项目具有夺金能力的领军型冠军不多。从冬季奥运会冠军人数与金牌数量的关系看，整体上冬奥会冠军人数低于金牌数量，体现了我国冬季项目整体水平不高，多依靠个别顶尖运动员在一些冰上项目冲金，如2002年第19届盐湖城冬奥会杨扬在女子短道速滑1 000米、500米项目上夺得两枚金牌，2010年第21届温哥华冬奥会王濛同样在这两个项目上夺得金牌。

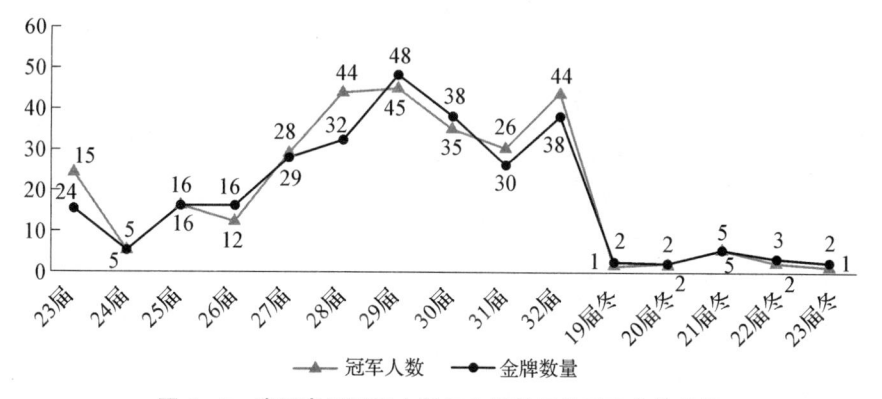

图4-5 我国奥运冠军人数与金牌数量关系变化的趋势

二是奥运冠军成才时间分布的项目特征。我国不同项目奥运冠军成才时间不平衡，首次夺冠在14～20岁的奥运冠军主要分布在技能主导类表现难美性项群，其中跳水23人、体操16人，说明跳水、体操等项目运动员的成长周期相对较短；21～26岁的奥运冠军主要集中在隔网对抗性项群和快速力量性项群；27岁以上的奥运冠军主要分布在排球、羽毛球、射击项目；速度性项群主要集中在18～23岁。不同项群奥运冠军成才时间差异较大，表现难美性项群集中在15～23岁，表现准确性、隔网对抗性和格斗对抗性项群集中在21～26岁。从项目成才时间看，体操21岁左右，游泳和蹦床18～23岁，举重21～26岁，拳击24～29岁，田径18～26岁，赛艇21～23岁，击剑24～29岁（表4-6）。

冬季项目短道速滑奥运冠军成才时间集中在21～23岁和27～29岁,速度滑冰、自由滑雪项目集中在24～26岁,花样滑冰奥运冠军成才时间最长,在30岁以上。

表4-6 我国不同项目奥运冠军成才时间分布

项 目	14～17岁	18～20岁	21～23岁	24～26岁	27～29岁	30～32岁	≥33岁	合计
排球	0	3	13	13	7	0	0	36
摔跤	0	2	0	0	0	0	0	2
乒乓球	0	5	8	14	1	0	0	28
跳水	15	8	11	2	2	1	0	39
跆拳道	0	1	4	0	0	0	0	5
射击	0	2	7	8	1	3	1	22
体操	7	9	7	4	1	0	0	28
羽毛球	0	0	11	6	4	1	0	22
柔道	0	0	2	4	1	0	0	7
举重	0	2	13	11	6	1	0	33
游泳	1	7	8	0	1	0	0	17
蹦床	0	2	2	0	0	0	0	4
拳击	0	0	0	1	1	0	0	2
田径	0	2	2	3	2	1	0	10
赛艇	0	1	2	2	3	0	0	8
击剑	0	2	0	2	3	1	0	8
自行车	0	0	0	2	0	1	0	3
短道速滑	0	1	3	1	2	0	0	7
速度滑冰	0	0	0	1	0	0	0	1
自由滑雪	0	0	0	1	0	0	0	1
花样滑冰	0	0	0	0	0	1	1	2
帆船	0	0	0	2	0	1	0	3
皮划艇	0	1	1	0	2	0	0	4
射箭	0	0	1	0	0	0	0	1
网球	0	0	1	1	0	0	0	2
合计	23	48	96	78	37	11	2	295

（四）奥运冠军成长的空间分布特征

我国地理区域按纬度分为东北、西北、华北、华东、华中、华南、西南七大单元，按经度分为东、中和西三大经济带，受自然环境、经济发展、人口集聚等因素影响，不同地域竞技体育发展水平存在较大差异。

一是从七大地域分布看，华东、东北地区奥运冠军最多，其中华东6个省为97人，占33%，东北3个省为51人，占17%；华北、华中地区奥运冠军人数相差不大，但西北偏远地区只有3人，西南地区有19人，这两个地区覆盖10个省市，冠军人数却远低于其他区域（图4-6），说明我国奥运冠军分布具有明显的地域集聚特点，这与我国不同地域人口、经济以及人文社会环境等发展不平衡现象对应。

二是从三大地带分布看，我国东部地区产生奥运冠军198人，占67%，中部地区为74人，西部地区只有23人（图4-7）。并且，三大地带内部奥运冠军分布不平衡，如东部地区辽宁省有32人，海南省却无奥运冠军；中部地区湖北省有16人，但山西、安徽、河南等省份人数偏低；广西、四川是西部地区产生奥运冠军最多的省份，但西藏、新疆、宁夏、甘肃、青海等5个省至今未产生奥运冠军。整体而言，三大地带奥运冠军呈"东密西疏、中部适中"的"梯状"分布特征。

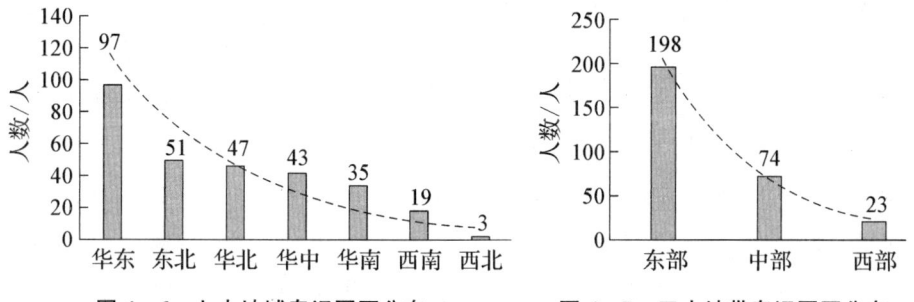

图4-6　七大地域奥运冠军分布

图4-7　三大地带奥运冠军分布

三是从不同项目奥运冠军空间分布看（表4-7），排球主要分布在北京、天津、辽宁、江苏、四川5个省市，乒乓球主要分布在北京、江苏、山东、广东等省市，羽毛球主要分布在辽宁、江苏、福建、广东等省份，跳水主要分布在广东、北京、湖北、天津等省市，举重主要分布在福建、山东、湖南、浙江、广西、广东等省份，体操主要分布在湖北、湖南、广东、四川等省份。整体而言，球类项目奥运冠军主要分布在北京、江苏、辽宁等省市，水上项目主要分布在上海、浙江、湖北等省市，交手类项目主要分布在辽宁，奥运冠军项目分布具有地缘差异性。

表 4-7 我国不同项目奥运冠军的空间分布

省市	排球	摔跤	乒乓球	跳水	跆拳道	射击	体操	羽毛球	柔道	举重	游泳	蹦床	拳击	田径	赛艇	击剑	自行车	短道速滑	速度滑冰	自由式滑雪	花样滑冰	帆船	皮划艇	射箭	网球	合计
北京	4	1	4	4	1	2	2	1	0	0	0	0	0	0	0	0	0	0	0	0	0	0	0	0	0	19
天津	5	0	0	3	0	0	1	0	1	1	1	1	0	0	0	0	0	0	0	0	0	0	0	0	0	13
河北	1	0	1	2	0	3	0	0	0	3	0	0	1	0	0	0	0	0	0	0	0	0	0	0	0	11
山西	1	0	0	0	0	0	0	0	0	0	1	0	0	0	0	0	0	0	0	0	0	0	0	0	0	2
内蒙古	0	0	0	0	0	0	0	0	0	1	0	0	0	0	0	0	0	0	0	0	0	0	0	0	0	1
辽宁	8	1	2	0	1	2	1	3	4	2	0	0	0	3	3	2	0	0	0	0	0	0	0	0	0	32
吉林	0	0	1	0	0	0	1	0	0	0	0	0	0	0	0	0	1	3	0	0	0	0	0	0	0	6
黑龙江	1	0	2	0	0	1	0	0	0	1	0	0	0	0	0	0	0	4	1	1	2	0	0	0	0	14
上海	0	0	2	3	0	2	0	0	0	0	4	0	0	1	2	0	1	0	0	0	0	0	0	1	0	16
江苏	4	0	3	1	1	1	2	4	0	1	2	1	0	0	0	4	0	0	0	0	0	0	0	0	0	24
浙江	1	0	1	0	0	3	3	2	0	2	4	0	0	0	0	0	0	0	0	0	0	0	1	0	0	17
安徽	0	0	0	0	0	1	1	0	0	0	0	0	0	0	0	0	0	0	0	0	0	0	0	0	0	3
福建	4	0	0	0	0	0	4	0	6	0	1	0	0	0	0	0	0	0	0	0	0	0	1	0	0	16
江西	0	0	0	2	1	0	0	0	0	0	0	0	0	0	1	0	0	0	0	0	0	2	0	0	0	6
山东	1	0	3	1	0	3	2	0	0	4	1	0	0	2	1	1	0	0	0	0	0	0	1	1	0	21
河南	1	0	2	0	1	1	0	0	0	1	0	0	0	0	0	1	0	1	0	0	0	0	0	0	0	9
湖北	0	0	2	5	0	0	4	2	0	2	0	0	0	0	0	0	0	0	0	0	0	0	0	0	1	16
湖南	0	0	0	1	0	0	3	2	0	6	0	0	0	0	0	0	0	0	0	0	0	0	0	0	0	12
广东	0	0	3	11	0	1	3	3	1	3	1	0	0	2	0	1	0	0	0	0	0	0	0	0	0	29
广西	0	0	1	1	0	0	1	0	0	3	0	0	0	0	0	0	0	0	0	0	0	0	0	0	0	6
重庆	1	0	0	1	0	0	0	1	0	0	0	0	0	0	0	0	0	0	0	0	0	0	0	0	0	3
四川	4	0	1	2	0	1	2	0	0	1	2	0	0	0	0	0	0	0	0	0	0	1	0	0	0	13
贵州	0	0	0	0	0	0	1	0	0	0	0	0	0	0	0	0	0	0	0	0	0	0	0	0	0	1
云南	0	0	0	0	0	1	0	0	1	0	0	0	0	0	0	0	0	0	0	0	0	0	0	0	0	2
陕西	0	0	0	2	0	1	0	0	0	0	0	0	0	0	0	0	0	0	0	0	0	0	0	0	0	3
合计	36	2	28	39	5	22	28	22	7	33	17	4	2	10	8	8	3	7	1	1	2	3	4	1	2	295

二、奥运冠军成长的影响因素

(一) 地理环境因素

竞技运动项目发展与特定地理环境的对应关系比较明显,我国不同地区的地理环境凝聚了丰富多元的体育资源,气候、温度以及各类自然环境影响着运动项目发展、选材和人才培育,造成了奥运冠军的多元分布格局。

我国东部和南方地区气候湿润、水域资源丰富,自然条件相对优越,为运动员成长创造了良好环境。在地域环境影响下,南方地区的水上项目和表现难美性项目竞技水平明显高于北方,如 39 名跳水奥运冠军中南方有 27 名,17 名游泳奥运冠军中南方有 11 名,28 名体操奥运冠军中南方有 20 名。同时,排球、田径和冬季项目等在北方具有明显优势,如 36 名排球奥运冠军中北方有 23 名,10 名田径奥运冠军中北方有 7 位。说明南方运动员相对更适合水上项目和技巧、灵活性项目,北方运动员相对适合力量性项目、大球类项目。在地理区域上,体能主导类和技能主导类奥运冠军差异显著($P<0.01$),体能主导类快速力量性、技能主导类表现难美性、隔网对抗性项群奥运冠军区域分布差异显著($P<0.01$)。体能主导类奥运冠军高度集中在华东和东北地区,其中速度性项群集中在华东与东北地区,快速力量性和耐力性项群主要集中在华东地区(表 4-8),地域分布不平衡。技能主导类奥运冠军集中在华东、华北和东北地区,表现准确性项群主要分布在华东地区,隔网对抗性项群主要分布在华东、华北和东北地区,格斗对抗性项群主要分布在东北和华东地区。奥运冠军在三大地带分布差异明显($P<0.01$)(表 4-9),地理分布"聚类"特征明显。

表 4-8 不同地理区域奥运冠军分布差异

区域	体能主导类				技能主导类					合计
	快速力量性	速度性	耐力性	小计	表现难美性	表现准确性	隔网对抗性	格斗对抗性	小计	
华东	15	12	9	36	15	11	29	6	61	97
华南	6	1	2	9	16	1	7	2	26	35
华中	9	1	4	14	15	1	11	2	29	43
华北	2	4	0	6	15	5	17	4	41	47
西北	0	0	0	0	2	1	0	0	3	3

(续表)

区域	体能主导类				技能主导类					合计
	快速力量性	速度性	耐力性	小计	表现难美性	表现准确性	隔网对抗性	格斗对抗性	小计	
西南	1	0	1	2	7	1	7	2	17	19
东北	2	9	8	19	4	3	17	8	32	51
合计	35	27	24	86	74	23	88	24	209	295
卡方	21.453	7.335	8.157		16.465	15.258	17.455	7.347		69.156
P 值	0.001	0.041	0.074		0.003	0.016	0.002	0.154		0.001

表 4-9 不同地带奥运冠军分布差异

区域	体能主导类				技能主导类					合计
	快速力量性	速度性	耐力性	小计	表现难美性	表现准确性	隔网对抗性	格斗对抗性	小计	
东部	21	17	17	55	42	18	64	19	143	198
中部	13	10	6	29	22	3	17	3	45	74
西部	1	0	1	2	10	2	7	2	21	23
合计	35	27	24	86	74	23	88	24	209	295
卡方	5.957	8.687	10.320		20.085	18.753	76.163	21.127		16.785
P 值	0.033	0.098	0.085		0.021	0.002	0.001	0.001		0.001

此外,不同地理区域的奥运冠军成才时间有明显差异。华东地区奥运冠军成才时间主要集中在18~20岁、21~23岁和24~26岁,华南地区奥运冠军成才时间高度聚集在21~23岁,华中地区奥运冠军成才时间聚集在18~20岁和21~23岁,华北和东北地区集中在21~23岁和24~26岁,西北地区只有21~23岁与24~26岁年龄段产生奥运冠军。整体来看,华东、华中地区奥运冠军成才时间相对较短,东北、华南、西部地区奥运冠军成才时间相对较长。由于自然条件、社会资源和文化差异,我国奥运冠军成长呈非均衡特征,不同地域奥运冠军的成才时间为优秀体育后备力量的科学选材提供了参考。

(二)经济与人口因素

竞技体育的发展离不开经济支持,区域经济发展水平、人口数量是决定奥运冠军分布差异性的重要因素。我国不同省市经济实力和发展程度不同,东部相对中西部而言经济水平高,在场地、设施、科技、器材等方面更容易营造良好环境,影响了优秀竞技人才的流动和分布。

奥运冠军数量与地区经济发展水平和人口分布密切相关,不同地域间差别明显。一是从省市分布看,奥运冠军分布整体表现出东部沿海地区聚集多、中部地区居次、西部及北部地区较少的特征。主要分布在辽宁、广东、江苏、北京、山东等省市,辽宁有32人,青海、宁夏、甘肃、新疆、海南、西藏6个省尚未产生奥运冠军,这些省份具有经济较落后、人口密度较低、自然环境相对匮乏等共性特征。这说明我国奥运冠军分布不均衡,整体呈"南多北少"的集聚现象。奥运冠军分布集中的地区大多人口密集、经济发达,如山东、辽宁、四川等人口大省以及北京、广东、江苏等经济发达省市。二是从经济发展、人口数量与奥运冠军关系看,经济发达区域通常竞技体育资源集聚效应明显,人口密度大的区域奥运冠军分布相对集中(姜广富等,2018)。奥运冠军比明显高于其人口比的地区有北京、天津、辽宁、上海、江苏、黑龙江,奥运冠军比同时高于GDP和人口比的省市有北京、天津、辽宁、吉林、黑龙江、上海、福建、湖北(表4-10),这些地区奥运冠军产出率高,是今后要重点投入和发展的地区。三是从不同经济带分布看,可以概括为"东强、中次、西(北)弱"的区域非均衡特征。东部地区奥冠比/GDP比和奥冠比/人口比均高于中部和西部地区(表4-11),这与其较为优越的地理位置和经济发展水平相关。西部地区奥运金牌相对较少,奥冠比/GDP比只有0.48,这进一步说明了奥运冠军分布与地区经济、人口数量、社会发展程度等因素关系密切。

表4-10 我国各省市GDP、人口数量与奥运冠军分布关系

地域	奥运冠军人数/人	奥冠比	GDP比	人口比	奥冠比/GDP比	奥冠比/人口比
北京	19	6.41	3.34	1.56	1.92	4.11
天津	13	4.39	2.07	1.12	2.12	3.92
河北	11	3.72	3.96	5.42	0.94	0.69
山西	2	0.68	1.85	2.66	0.37	0.26
内蒙古	1	0.34	1.91	1.82	0.18	0.19
辽宁	32	10.81	2.79	3.13	3.87	3.45
吉林	6	2.03	1.01	1.95	2.01	1.04
黑龙江	14	4.73	1.80	2.72	2.63	1.74

(续表)

地域	奥运冠军人数/人	奥冠比	GDP比	人口比	奥冠比/GDP比	奥冠比/人口比
上海	16	5.41	3.60	1.74	1.50	3.11
江苏	24	8.10	10.14	5.75	0.80	1.41
浙江	17	5.76	6.19	4.12	0.93	1.40
安徽	3	1.01	3.30	4.54	0.31	0.22
福建	16	5.41	3.94	2.83	1.37	1.91
江西	6	2.03	2.42	3.32	0.84	0.61
山东	21	7.09	8.43	7.21	0.84	0.98
河南	9	3.04	5.29	6.89	0.57	0.44
湖北	16	5.41	4.34	4.25	1.25	1.27
湖南	12	4.05	4.01	4.92	1.01	0.82
广东	29	9.80	10.72	8.14	0.91	1.20
广西	6	2.03	2.24	3.51	0.91	0.58
重庆	3	1.01	2.24	2.19	0.45	0.46
四川	13	4.39	4.48	5.99	1.07	0.80
贵州	1	0.34	1.63	2.57	0.21	0.13
云南	2	0.68	1.97	3.45	0.35	0.20
陕西	3	1.01	2.69	2.75	0.38	0.37
西藏	0	0.00	0.15	0.24	0.00	0.00
青海	0	0.00	0.31	0.43	0.00	0.00
宁夏	0	0.00	0.41	0.49	0.00	0.00
海南	0	0.00	0.53	0.66	0.00	0.00
新疆	0	0.00	1.34	1.75	0.00	0.00
甘肃	0	0.00	0.90	1.88	0.00	0.00
合计	295	100.00	100.00	100.00	/	/

注:部分数据来源于中国2018年省市GDP与人口统计。

表 4-11　三大地带奥运冠军分布对比

地　域	奥运冠军/人数	奥冠比	GDP 比	人口比	奥冠比/GDP 比	奥冠比/人口比
东部	198	67.12	55.69	41.69	1.21	1.61
中部	74	25.08	28.17	36.57	0.89	0.69
西部	23	7.80	16.14	21.74	0.48	0.36
合计	295	100.00	100.00	100.00	/	/

注：部分数据来源于中国 2018 年 GDP 与人口统计。

（三）地缘文化因素

体育是人类生存的社会结构和文化反映，文化的繁荣和熏陶对竞技体育发展具有积极作用。我国地域辽阔，不同地区在长期发展中形成了特有的社会文化和人文底蕴，成为奥运冠军集群成长的核心驱动力。

地理条件和自然环境导致了社会文化差异，形成了丰富的地缘文化单元。我国不同地域具有不同的生活习俗和文化形态，如吴越文化、中原文化、岭南文化、荆楚文化、齐鲁文化等，对运动项目分布和优秀竞技人才成长有很大影响。在区域文化熏陶下，我国奥运冠军集聚于"四大团"，主要包括长江中下游、京津冀及周边、东南沿海、以辽宁为核心的东北地区，呈"团状"集聚特征。其中，长江流域人数最多，该地域是中华民族的摇篮，灿烂文化孕育了适宜的成长环境，共产生奥运冠军 95 人，占 32.2%；京津冀及周边处于国家行政聚集地，政治文化和体育资源丰富，这些地区在重点投入项目如跳水、排球等灵活型、大球类项目形成了优势，产生奥运冠军 33 人，占 11.1%；东北三省在冬季项目和体能类项目形成了优势文化，产生奥运冠军 52 人，占 17.6%；东南沿海地区在游泳、皮划艇等水上项目资源丰富，奥运冠军共 129 人，占 43.7%。

从地域而言，我国南方地区奥运冠军分布密度、覆盖省份均多于北方，呈不均衡状态，奥运冠军"团状"集聚现象的背后遵循文化、环境、人文特质等一般规律。此外，地缘环境、民俗文化与竞技运动项目发展密切相关，在地缘文化影响下，一些项目出现了区域高密度聚集现象，如 2008 年北京奥运会上，南通籍运动员在体操、击剑、跳水项目中取得"一日三金"的佳绩，成为著名的"南通现象"；湖北仙桃产生了李小双、杨威和郑李辉等多名体操奥运冠军，被誉为"体操之乡"；福建龙岩在举重、羽毛球等项目中具有明显优势，这两个项目产生 9 名奥运冠军，说明奥运冠军成长具有地缘性"摇篮现象"。此外，不同地域的人文环境在奥运冠军性别分布上也存在明显差异,如男性奥运冠军多集中在沿海城市,分布在广东、江苏、浙江、福建等省份,女性奥运冠军相对主要分布在辽宁、山东、四川、北京、天津、黑龙江等内陆省市(图4-8)。

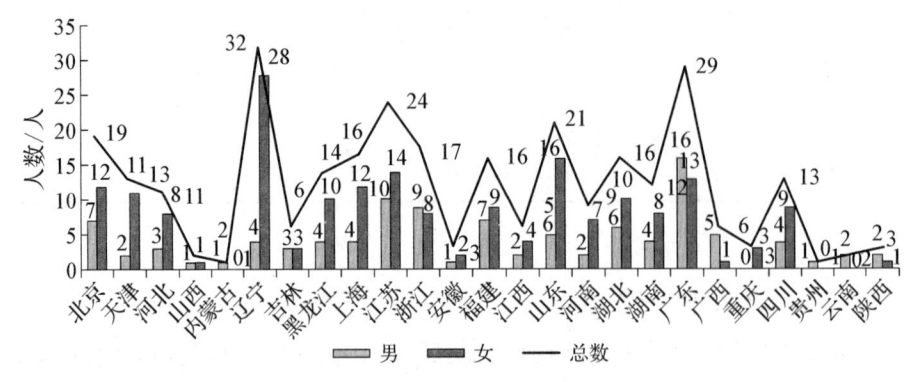

图4-8 我国不同地域奥运冠军的性别差异

(四) 国家政策、家庭支持、教练影响等因素

奥运冠军的成长成才是一项系统工程,除受经济社会文化影响外,还与政策保障、家庭支持、教练员科学训练以及运动员个人意志与临场发挥等因素有关。

一是国家制度保障。奥运冠军的成长成才与举国体制的制度保障密不可分,利用"上下一条龙、全国一盘棋"资源集聚优势,广泛动员全国体育部门、社会多方力量,将各类体育资源与运动员保障紧密联系,形成以专业运动队和项目协会为中心的训练体制、以全运会为中心的竞赛体制,为奥运冠军成长提供强有力保障。如东京奥运会在全球新冠疫情蔓延和奥运延期的背景下,我国发挥举国体制特有优势,系统开展封闭训练、网上模拟对抗赛、运动员心理干预、科技助力以及体系化训练保障工作,提升了备战参赛效益。此外,为支持奥运夺冠,我国多次颁布《奥运争光计划》,不断完善运动员文化教育、就业保障制度,打造了"三从一大"科学训练手段,形成了"赛练结合"等重要理念,还针对一些重点项目制定强化制度,如围绕田径、游泳和水上项目提出"119工程计划""1516突破行动计划",提升了重点项目人才培养效益。

二是家庭父母强力支持和教练员科学引导。父母和教练员是影响奥运冠军成才的至关重要的要素,父母是运动员的启蒙老师,父母的生活方式和价值观直接影响运动员,家庭支持能让运动员更专注于训练比赛,是成才的坚强后盾。通过对伦敦奥运会47名奥运冠军家庭情况的调查,发现36%的父母曾是运动员或体育爱好者，如羽毛球冠军田卿出生在羽毛球世家，女排冠军张常宁父母都是排球运动员出身，这进一步说明奥运冠军成长具有一定的"家族效应"。另外，教练员担负着运动员选材、训练以及生活等方面的事务，奥运冠军普遍认为成功的背后凝聚着启蒙教练、少体校教练以及省市、国家队教练的科学教导，在成长夺冠过程中与教练员接触最多，教练员的训练理念、管理方式等直接影响了奥运冠军成长成才。

三是奥运冠军自我意志品质、心理素质与临场表现等。通过访谈调查得知，我国奥运冠军普遍具有良好的心理韧性，在长期训练参赛过程中保持着比较稳定的自我调控能力和良好的心理素质，能够较好地把个人追求、家庭使命与国家需要有机统一起来。在成长夺冠过程中表现出坚韧的意志和毅力，能够面对常人难以忍受的伤病和赛场压力，并以为国争光为搏击奋进的坚强信念和驱动力，激励自我不畏艰难、勇攀高峰，最终实现奥运金牌的远大目标。

第四节　竞技体育复合型人才培养

竞技体育复合型团队是一种新型、有效的优秀运动队管理模式，是提升运动训练科学化水平的重要途径。随着运动训练科学技术的快速发展，借助团队保障提升运动员竞技能力成为竞技体育发展的重要趋势，复合型团队能够有效提升运动训练的科学性，是世界各国推进大赛备战的重要手段。夺取奥运金牌是一项系统工程，单纯依靠运动训练的单一要素已难以适应现代竞技赛场日益竞争的需要，有效整合训练、科研、医疗、管理、保障等多方要素，以团队形式综合专门人才，协同配合、精准发力，共同提升竞技运动水平成为一项重大任务。随着世界竞技体育科学化、智能化水平的不断深入，现代竞技体育呈现出多学科、立体化竞争的格局，优化复合型团队的工作模式，构建符合现代运动训练实践需要的精准化保障团队，进一步提升训练参赛效益是一项现实任务。

一、竞技体育复合型人才培养历程

竞技体育复合型团队是整合与训练有关的教练、队医、体能康复、营养监控、数据分析等多方面专门人才，以科学训练为目标，致力于提升运动员竞技能力和比赛成绩，探索和把握运动项目发展规律的团队。近年来，我国各项目在奥运会备战过程中多实施了复合型训练团队的工作模式,其特点在于强调"训练、科研、医疗、管理、保障"一体化,突出多学科、多层次、多成员的集体攻关,复合型团队在提升我国运动训练科学化水平、推动竞技体育快速崛起过程中发挥了重要作用。我国竞技体育复合型团队的发展大致经历了三个阶段。[①]

第一个阶段:20 世纪 80 年代至 2004 年,运动训练的"科技攻关组"模式,也是复合型团队的前身。新中国成立后,随着竞技体育事业发展的需要,国家在重点项目运动队内部初步形成了各具特色的管理模式。从时间上划分,20 世纪 80 年代前,各国家队多采用领队负责制管理,利用领队具备的行政管理优势,解决训练中遇到的实际问题,同时注重加强思想政治工作。1985 年后,各项目国家队多实行总(主)教练负责制,强调总教练在运动队中的主导地位,训练参赛的各项事务由总教练统一管理,便于系统地开展工作。但是,这一模式也存在总教练权力过于集中,教练员、科研人员、医疗人员等成员的作用难以充分发挥等问题。

为有效发挥运动训练各个人员的主动性,我国在 1984—1988 年汉城奥运会周期中,加强了科技助力的力度,优化了教练员团队的组织机制,以"训练科研一体化"为目标,开始探索多学科联合攻关助力运动训练。同时,将举重、射击、体操、跳水、乒乓球等列为重点攻关项目,积极顺应国际高水平运动训练的发展趋势,针对优势项目成立了多学科联合攻关研究组,以团队形式解决备战过程中的实践性技术难题,为运动队训练和备战进行服务与保障。1990 年备战第 11 届亚运会时,国家层面首次采用科研攻关和科技服务"联合攻关"的方式,国家体育总局科研所组织运动医学、运动生理学专家及实验人员等,为马拉松、中长跑等体能类项目进行科研攻关服务和医疗保障,在"科技攻关组"的保障下,我国体能类多个项目取得了优异成绩。1996 年亚特兰大奥运会周期,我国奥运攻关与科技支持再度升级,组建了科研攻关组和科技服务组,以任务课题组和专业学科相结合的方式进行多学科攻关,通过学科联合对训练中的相关问题进行分类攻关。在此后的几个奥运周期中,这种多学科联合服务与保障的模式逐渐确定下来,国家队的多学科保障团队雏形逐渐形成。

第二个阶段:2004—2008 年,竞技体育复合型团队的提出及初步发展时期。2004 年 8 月,在国家队教练员培训班上,国家体育总局原副局长段世杰首次提出"复合型国家队教练团队"的概念,强调复合型团队不是简单的人员叠

---

① 杨国庆,彭国强,戴剑松,等.中国竞技体育复合型训练团队的发展问题与创新路径[J].北京体育大学学报,2020,43(6):10-19+34.

加，而是中心管理者、主总教练、科研人员、医生等不同人才综合素质的交融，形成合力。从此，我国竞技体育系统对运动队团队作战有了新的认识。随后，在 2005 年冬训大会上，国家体育部门提出建设好复合型训练团队，加强科技服务工作。早期的"科技攻关组"模式开始逐步向"复合型团队"转化，改变了过去小、散、全的比较落后的保障措施，各方形成合力，提升了训练参赛综合效益。2006 年 7 月，《体育事业"十一五"规划》指出，"建设复合型国家队教练团队，充分发挥管理人员、教练、医务人员、科研人员等相关服务人员的积极性和创造性"。同时，强调在复合型团队中，教练员与科研人员等保障人员密切合作，共同解决训练中的难点问题。

为备战 2008 年北京奥运会，各项目国家队开始组建"复合型团队"，通过多学科、高层次人员的加入，形成多学科优势互补的教练团队，提升了科学训练的综合效益。2006 年 11 月，在备战 2008 年北京奥运会的科技工作研究大会上，国家体育总局领导指出，"通过加强复合型教练团队的建设，缓解运动队医务人员不足，以及国家队对不同学科的要求与团队人员专业单一、数量不足之间的矛盾"。其中，协同合作成为保障团队不断发展的重要因素，2005—2008 年的北京奥运周期，国家体育总局组织了 36 个复合型团队进行科研攻关服务，立项 313 个攻关课题，有 3 600 人次参与了复合型团队服务与保障，利用团队协同发力，将各学科知识、技术与运动训练融合到一起，有效解决了训练参赛中的难点问题。但是，由于复合型团队建设是一项系统工程，涉及多个学科、多个要素，加之复合型团队的结构组织、人员配置、工作职能需求等方面的协同不够，复合型训练管理团队的构成、职责、工作机制等不够清晰，一些项目的"复合型团队"并没有充分发挥出整体能力。

第三个阶段：2008 年后，训、科、医、管、保"一体化"复合型团队的构建与优化时期。2008 年北京奥运会成就了我国竞技体育的辉煌，综合实力和国际竞争力迅速提高，同时，我国竞技体育也暴露出一些突出的矛盾和问题，面对竞技体育创新驱动不足、科学化管理和训练的智能化水平不高、运动训练整体效益不理想等现实问题，加强运动队复合型训练管理团队建设，促使各项目"训练、科研、医务、管理、保障"的"一体化"，完善团队建设的体制机制和操作办法，构建符合现代运动训练发展要求的服务机制成为一项重要任务。并且，随着科学技术的进步，世界竞技体育综合性训练的科学化、智能化水平不断提升，各类世界大赛呈现出多学科支撑、集团化作战、全方位保障的备战局面。

为有效提高复合型团队的科技创新能力，国家体育总局对各项目国家队进一步加强了服务与保障，大力推广北京奥运周期复合型团队的组织结构、人员配置、运行机制、工作模式等有益经验。2011—2012年,国家队部分优势项目开展了多学科联合攻关,课题涉及游泳10项、跳水3项、体操7项、举重2项、乒乓球9项,攻关项目多以运动员竞技能力提升为出发点,围绕运动员的体能训练、损伤康复、运动员技术、心理等进行攻关研究,对奥运备战起到了重要的保障作用。在备战2012年伦敦奥运会的科技攻关中,国家体育总局批准了36人为国家队科研团队负责人,这些人员来自不同学科,以提高运动员运动成绩为目标,通过团队人员发挥各自特长,解决运动员训练和比赛中的关键问题,让训练更具科学性和针对性。2016年里约奥运会备战周期,各项目进一步强化了复合型团队建设,如女排的训练团队不仅包含领队、助理教练、队医、科研团队,同时增加了体能训练师、运动康复师、医疗康复师、数据分析师等,打造了一个较为完整、前沿的训练团队,实现了备战训练的科学化、集团化。2021年东京奥运会周期,一个夺金点按1∶10的比例组建复合型团队,打造了48个复合型团队,先后有670余人参加科技攻关服务,搭建了训练、科研、医疗、管理、保障等复合型团队,提升了东京奥运会科技助力效益。

二、竞技体育复合型人才工作模式

专业人才是竞技运动训练人才争夺的焦点。一个竞技体育强国、一个世界水平的优势项目和一名优秀运动员的背后,都拥有一支高水平的专业人才队伍,他们支撑着科学化的训练,引领着竞技运动水平的快速发展。随着科技助力竞技体育的逐步深入,我国运动队的训练参赛已不再局限于运动员和教练员的个体能力,大赛备战模式依靠教练员个人能力单打独斗的时代已经过去,逐渐由以往的教练员个体主导向多门学科、多种专业科技人员参与的复合型团队形式转化,训练已越来越离不开科研、医疗、管理、保障等多元素的共同支持。我国竞技体育复合型团队从备战2008年北京奥运会到2021年东京奥运会,各个项目队伍在组织结构、人员配备、运行机制等方面逐步优化,逐步建立了较为完善的"复合型团队"工作体系,呈现出独立跟队、定点检测、课题攻关等多种比较成熟的服务模式。

一是"跟队"。复合型团队服务模式中"跟队"是最重要的工作方式,团队成员通过密切接触运动队,及时了解运动员的训练、伤病和日常饮食等情况。主要通过与运动员吃、住在一起,观察运动员训练和参赛,与教练员随时就训练过程中遇到的问题进行交流,共同探讨和提出各种训练和恢复方案,有针对性地解决运动员训练参赛中的重点、难点问题,以更好地实现为运动员保驾护航。2016年里约奥运会，中国女排时隔12年再次站在世界最高领奖台，这与复合型团队的"跟队"保障密不可分，复合型团队全程跟队为女排运动员提供服务。里约奥运期间，多名女排队员出现肌肉拉伤、脚踝扭伤等病症，个别队员的老伤反复发作，通过医疗人员、物理治疗师等团队成员跟队和现场康复治疗，及时解决了运动员的运动损伤问题。这样不仅能够有效地控制损伤，也能够帮助队员快速地消除疲劳，为训练和比赛提供了重要保障。

二是定点检测。以检测室和分析室为工作基地，由生理学、运动医学、生物学、营养学等多学科人才组成科研攻关小组，定期为运动队进行生理机能测试和生理、生化运动指标测试，动态监控运动员机能状态，帮助教练员明确训练强度，及时发现训练中的重点、难点问题，同时根据检测结果制定运动员不同阶段的训练负荷。国家体育总局体育科学研究所运动监控实验室运用数据和科技手段定点为运动队服务，其主要任务是帮助国家队进行生理、生化指标测试的监控保障，帮助教练员尽可能地提升训练的科学化水平。通过及时的数据收集，掌握各个项目运动员在不同时期的机能特征，为重点运动员进行多学科综合评定，同时根据测试结果建立综合监控和评价体系，以便能够为教练员的科学训练提供数据参考。

三是课题攻关。以课题的形式为教练员解决具有共性的问题。随着科学技术的不断渗透，紧密结合运动队整体需求与重点运动个性化需求，将制约运动员成绩的"瓶颈"问题纳入科研攻关项目，快速解决制约运动队及运动员训练参赛的关键问题。在2011—2012年度伦敦奥运会周期，游泳项目的课题攻关就有10项，包括训练强度研究、专项力量研究、损伤预防研究、信息软件类等，其中重点运动员的个性化研究2项，包括《备战29届奥运会孙扬、刘子歌等重点运动员出发转身关键技术攻关研究》《备战伦敦奥运会接力项目重点运动员的接力技术与相应的专项力量训练的研究》，无论是个性化研究还是项目问题与训练实践都具有高度相关性，通过对重点项目、重点队员进行深入研究，很好地支持了训练参赛工作。

竞技体育复合型团队服务模式之间存在密切联系、相辅相成的关系，共同以团队工作为核心，帮助教练员解决训练中的实际问题，提升运动员的竞技能力。通常情况下，三种服务模式在各项目国家队同时运用，通过跟队服务，相关研究人员与教练员、运动员接触密切，能够实时发现问题、总结问题，有利于研究运动项目的发展规律和重点运动员的个体特征；定点检测则是通过不同阶段运动员的机能状态、技术动作改进状况进行研究分析，通过总结不同阶段的训练负荷、训练手段，为技术训练、体能训练的计划制订提供支撑；课题攻关是研究人员与教练员解决训练中的重点问题以及优秀运动员个性问题的重要手段，通过系统收集资料，建立各种模型，帮助运动员训练实现"质的飞跃"。并且，不同工作模式之间存在横向与纵向联系，团队人员通过长期跟队总结出训练规律，并与定点检测建立数据模型，为课题攻关提供研究方向。通过课题攻关系统总结经验资料，深刻认识项目发展规律、改造创新技术动作与训练方法，再通过跟队运用到日常训练中，通过定点检测评估训练效果，以这三种服务模式为核心的多学科、跨领域的复合型团队实现了运动项目快速发展，有力支撑了我国竞技体育水平的不断提升。

三、竞技体育复合型人才培养路径

（一）优化复合型团队的动力、激励、监督和保障机制

运动训练的运行机制是一个有机联系的系统，运动队采用何种管理机制，直接关系到运动员的训练效益和竞技表现。世界竞技体育强国在运动训练过程中注重打造良性运行机制，通过整合多领域、多学科人才，推动团队的领导与决策、执行与保障工作，从而实现了体能、恢复、康复、心理、营养等多学科的无缝衔接与充分融合，提升了团队的工作效能。

面对世界运动训练和科学技术进步提出的新要求，当前要优化我国复合型团队的运行机制，完善复合型团队建设的体制机制和操作办法，提升团队的协同工作效能。

一是建立复合型团队工作的动力机制。明确复合型团队工作的驱动力结构（图4-9），从团队内部整合形成的拉力、外部竞争压力、科学技术发展塑造的支撑力以及团队有效组织的推动力等多个方面入手，优化复合型训练团队工作的组织环境，综合发挥训练、科研、医疗、管理等多方面的力量，提升团队的竞争力；要充分发挥团队系统内部各子系统和要素的作用，通过多学科融合提升团队内部拉力，从而产生"1＋1＞2"的综合效应；要将现代科技因素渗透到运动训练的各个环节，为团队的形成与发展提供坚强的支撑力；同时，要出台一系列引导团队训练管理的政策，完善绩效评价和考核体系，增强团队工作的推动力。

二是完善复合型训练团队的激励保障机制。围绕团队不同成员的职责和工作分工，打造责、权、利相统一的激励机制，落实各项激励和奖励政策，合理提升团队成员的收入和奖励额度，激发团队的整体优势，从而充分调动各方积极性。可以将复合型训练管理团队的工作业绩与个人收入、奖惩、政治荣誉挂

钩,通过完善激励机制引导团队成员形成健康的行为方式和价值观念,实现责权统一、效能聚合。

三是健全复合型团队的监督、评估机制。要进一步理清复合型训练管理团队的构成、职责、工作机制,健全国家队竞争机制和激励机制,加强对团队工作过程的监督,强化任务目标的导向作用,引入动态评价和过程奖励机制,科学评价团队工作绩效,从而根据评估绩效不断协调团队成员的利益诉求,并将对团队不同人员工作的评估结果作为其绩效考核的重要依据。

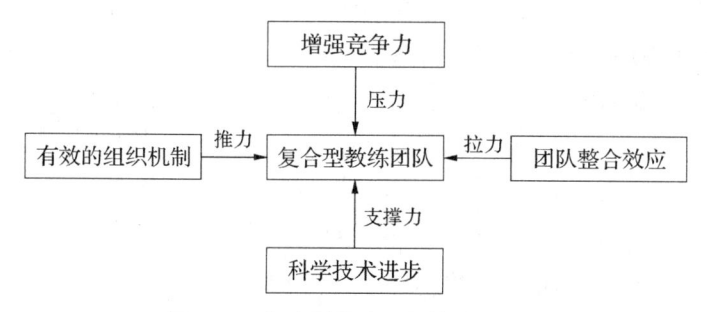

图 4-9 复合型团队运行的动力机制

(二) 分类打造个性化、精准化的团队工作模式

我国竞技体育项目分布广泛,不同项目的队伍建设、软硬件条件等发展不平衡,不同运动项目对复合型团队的要求也不一致。要根据我国不同项目尤其是重点运动员需要,细化训练与参赛中的关键环节和难点问题,将竞技训练、科研支持、医疗保障、训练管理等进行有效统筹,分类打造个性化、精准化的团队工作模式。

一是结合不同项目的现实条件推进复合型团队建设。充分考虑不同项目运动队的差异,注重运用团队联合攻关的手段解决重点项目、重点小项的关键问题,改变之前训练模式各自为政、缺乏有效沟通与合作的弊端,对不同条件的运动队采用分门别类的指导方式,打造针对关键问题的分类科技助力方案,推进复合型团队建设。如在体育院校、体育科研所等可以利用学科优势支持运动队建设,以学科融合的标准建设复合型团队;在训练基地、省队市办的运动队可以采用专家团队定期/不定期指导+自有固定团队结合的模式。

二是分类别、分阶段打造个性化、多样化复合型训练团队。① 主教练—队医—体能康复教练工作模式。这一模式主要在主教练的整体协同下运作,通过发挥体能康复教练和队医专业水平,针对重点项目、重点运动员打造个性化体能训练方案,并且不断让技术教练和科研人员学习新的体能康复知识与技能,从而有效弥补运动队的体能康复短板。② 多学科协同工作模式。深入推进教练员、体能康复教练、队医与多学科(生物力学、生理学、心理学和营养学等)科研人员协同开展训练工作,通过引入多学科和高科技介入训练,完善训练、康复、营养、科研、测试、评价等一体化综合性训练基地建设,推行教练员、体能康复、营养保障等多学科合作模式。③ 融合型工作模式。复合型团队的建设不仅是多学科人员的堆砌,重要的是要在科技攻关与服务保障方面充分发挥团队融合协同作用,实现充分的信息沟通和共享,共同决策,建立分工明确、优势互补、协同攻关、相互促进的"训科医管保一体化"协同工作机制,利用复合型团队的多元决策统筹保障方案,推进协同发力。④ 创新研究工作模式。除了帮助运动队有效提高成绩以外,团队还要全面总结和研究诸如运动项目特征、发展规律以及科技攻关过程中形成的经验、数据,建立教练团队、科研团队及其他专家团队的沟通机制,通过团队联合攻关,形成专利、书籍、论文、研究报告等多样化成果,助推竞技体育理论体系的创新。

(三) 推动复合型团队结构优化和集约发展

"训科医管保"有效整合是发挥人力、物力、财力最大化和集约化的方式,是训练科学化和提高训练质量的可靠途径。要根据我国不同项目的发展需要,优化"训科医管保一体化"工作模式,提升团队的体系化保障能力。

一是处理好复合型训练团队与运动训练的动态平衡性关系。目标统一是复合型训练团队高效运行的核心,复合型团队建设的关键在于进一步理顺各种关系,调动各方面积极性,要明确复合型团队并非不同人员的机械式简单堆积,也不是成员越多运动训练水平就越强,提升团队工作效能的关键在于优化结构。复合型团队与训练水平的提升是一种内涵式、集约化的动态平衡关系(图4-10),只有团队协同发力才能促进训练水平不断提升。因此,要发挥团队整合资源与聚集能量的优势,以全面联合为目标,构建一体化训练环境,建立"训、科、医、教"一体化的训练模式,推动训练、科研、医疗、营养、康复、心理、管理等多学科人才的有机结合,引导不同成员功能的相互渗透、相互交融,以目标导向和成果导向,组建具有创新精神和不同运动项目特色的复合型团队,促使不同人员、功能、资源结合在一起,激发最大保障优势。

二是以开放性思维推进复合型团队建设,对长期跟队人员与阶段跟队人员实施分类管理。提升团队的知识结构、专业结构、年龄结构,打破传统局限于体能康复学、营养学、生物学、心理学、生理学、运动医学等人才的团队模式,结合现代竞技体育的发展趋势,引入一些教育学、社会学、管理学、经济学、文化学等领域的专家,在提升运动训练效果的同时,更好地总结不同项目训练经

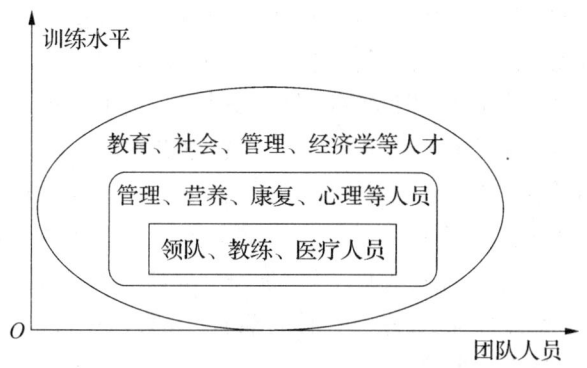

图 4-10　复合型团队成员结构与训练水平的关系

验特征和文化要素,引导运动项目走进大众、走进社区,推动运动项目的大众普及。另外,要科学区别长期跟队人员与阶段跟队人员,并实施分门别类管理,政策引导运动医学、生物力学、心理学和营养学等多学科专家服务多支运动队,从而更好地实现不同项目团队的资源共享,提升体系化保障能力。

(四) 构建以"竞技表现主管"为核心的复合型团队

以团队形式对运动训练进行全方位支持是世界竞技体育强国复合型团队的共同特征,强化对训练参赛问题的民主决策和协商攻关,通过多学科人才合作共同为教练员解决训练中的问题,从而获得最佳训练效果和提高训练效率。

当前,我国竞技体育项目虽然多数组建了复合型团队,但是一些项目团队人员的权责利关系不够明确,团队内部人员的职权不够清晰。为此,要完善复合型训练管理团队的管理办法,统筹协调团队内部职责关系。一是强化扁平化管理下复合型团队联合科技攻关。做好复合型训练团队的协调工作,进一步明确复合型训练管理团队的构成、分工、职责等,建立教练团队、科研团队及其他专家团队的沟通机制,借助不同学科的专家学者作为支撑,打造以主教练为核心的竞技体育团队,优化组合内部专业人员,合理分配管理人员、教练员、医务人员、科技人员等相关人员的责任,保障专项教练员、体能教练员、科研人员以及各种康复、营养和心理保障人员既各司其职又相互配合,充分利用成员的专业优势,形成责、权、利相统一的管理机制,最大限度地提高运动员的竞技能力和成绩。

二是构建以"竞技表现主管"为核心的复合型团队(图 4-11)。传统的领队或教练单一训练模式,无论是在知识储备还是在能力结构方面,已不能胜任当前复合型团队负责人的新要求。由于科技向运动训练的大规模渗透,以及科学、训练和保障的高度融合,因此,复合型团队的负责人需要具备科学、训练和管理多方面的才能。当前世界一些国家创新了复合型团队的管理模式，团队的负责人由原来的主教练变为"竞技表现主管"，专门负责有关运动队训练和管理的协调工作，并且，还设有主教练、康复师、技术分析人员、心理辅导人员等多领域专家，将多学科的知识、技术有机融合在一起，推动复合型团队形成强大的工作合力。"竞技表现主管"的设立，不是否定教练员的主导作用，而是遵循科学训练规律和现代竞技体育发展需要，进一步激发团队工作合力的一种创新模式。当前，"竞技表现主管"是一个全新概念，还需要在运动队中进行广泛的实践，资深教练、资深竞技体育管理干部、资深科研人员经过培训可以初步胜任"竞技表现主管"。

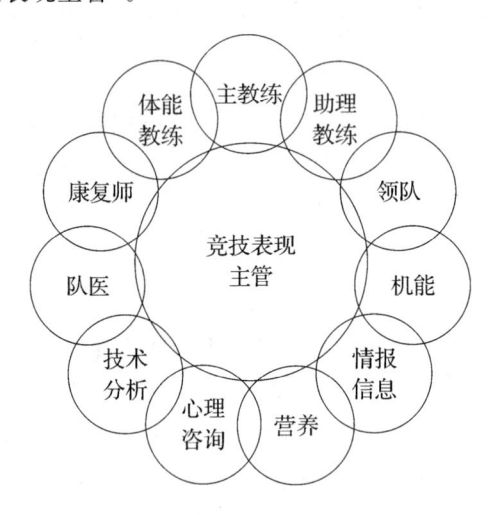

图 4-11　以"竞技表现主管"为核心的复合型团队模式

课后思考题

1. 我国竞技体育后备人才培养有几种模式？请评论不同模式的特征。

2. 我国竞技体育后备人才培养的主要问题是什么？你认为这些问题产生的原因是什么？

3. 退役运动员转型的意义是什么？退役运动员转型面临的问题及解决策略是什么？

4. 奥运冠军精英人才培养的基本特征体现在哪些方面？影响奥运冠军精英人才培养的因素有哪些？

5. 我国竞技体育复合型人才培养有哪些历程？如何优化竞技体育复合型人才培养模式？

第五章 竞技体育的训练参赛

备战与参赛是竞技体育训练体系两个最密切且相互区别又相互依赖、相互作用的子系统,它们通过自身的结构要素对金牌系统发挥着整体性功能。其中,奥运会作为世界最高水平和影响力最大的竞技赛事,奥运会金牌榜是综合国力在体育领域的直接体现,备战奥运会成为竞技体育训练参赛的至高追求。备战奥运会的训练参赛工作也是我国竞技体育的重要组成部分,对于提升竞技体育为国争光能力具有重要意义。本章内容以我国竞技体育备战参赛2021年东京奥运会和2024年巴黎奥运会为例,联系大量国家队训练参赛的典型案例,分析我国备战奥运会训练参赛的形势、政策、举措等系列问题,从而引导读者系统认识奥运会备战问题,学会分析奥运会参赛形势以及科学设计奥运会备战方案。

第一节 备战奥运会的训练参赛形势

以备战2024年巴黎奥运会为研究个案,介绍我国备战奥运会训练参赛的国内外形势,引导读者立足国际视野和现实国情看待奥运会训练参赛问题,从而学会分析奥运会备战的思路和方法。

一、备战奥运会训练参赛的国际形势

(一)世界百年变局加速演变对我国训练参赛带来不确定风险

世界百年变局下的地缘政治持续冲突,人类共同面对的全球性问题复杂交织,世界经济低迷、霸权主义、单边主义等对巴黎奥运会带来直接影响,国际奥委会可能承受更多源于国际政治、经济、社会动荡带来的冲击,训练参赛面

临不确定风险。

一是体育政治化风险。随着国际意识形态冲突加剧,以美国为首的西方国家围堵和遏制中国的事件越来越多,体育意识形态化"回潮",欧美国家主导的国际体育机构以意识形态划线,频繁干预国际体坛的事件增多,可能借巴黎奥运会之机挑起民族纷争。我国在巴黎奥运会上的表现可能被西方国家视为对其主导地位的威胁,可能面临西方国家新一轮"打压",我国运动员参赛遭遇无端指责和挑衅可能增多,故意刁难或不利裁决可能出现,甚至不排除恶意阻挠我国参赛的极端行为。

二是体育极端制裁风险。大国政治博弈日益加剧形势下,恶意舆论侵扰和"双重标准"权谋可能更加恶劣,西方可能凭借舆论优势借奥运会挑动国际关系和民族矛盾,煽动民族情绪。由于西方主导奥运会规则,以美国为首的西方国家可能频繁干预国际奥委会和单项体育组织,我国运动员在世界舞台或遭遇更多非公平竞争、制裁和舆论风险,我国参与的国际赛事可能面临西方势力更加剧烈的阻挠,外交抵制和制裁风险可能增多。

三是国际社会舆情风险。西方反华势力可能更加关注我国运动员的负面舆论,并放大发酵,利用国际舆论抹黑中国体育形象。例如,可能故意在兴奋剂、运动员行为、队伍选拔等问题上制造舆情,世界反兴奋剂机构可能对涉及中国运动员的案例做出不公正裁决。巴黎奥运会期间,可能出现部分观众和国外教练员、运动员发表不当言论,"污名化"中国运动员,甚至蓄意挑起争端,影响中国体育代表团正常表现。

四是非传统安全风险。百年变局下的人类社会进入高风险时代,除了面临传统安全风险外,疫情病毒、甲流、猴痘等新型传染病及极端气候、非自愿移民、网络安全等此起彼伏,突发地质灾害、人为灾害、恐怖事件、网络攻击、生物安全等非传统风险增多,对国家队训练参赛带来不确定影响。当前,我们还缺乏体系化备战风险预警机制,缺乏常设部门防范训练备战中的突发风险。

(二) 奥运会赛场可能成为中西方大国博弈的替代性"战场"

随着世界大国在政治、经济、文化等领域的竞争不断升级,国际力量对比深刻调整,国际权力转移加速推进,"东升西降""南北平视"趋势愈加显现,西方国家重拾冷战思维,将大国竞争作为国际战略的重要部分,积极构建排他性利益联盟,大国主导的国际体育等级秩序可能进一步强化。奥运会作为和平年代的无烟战场,奥运会金牌榜是综合国力在体育领域的折射和投影,尤其在中西方对抗不断升温,同时大国之间难以轻易发生"热战争"形势下,奥运会赛场的替代性角色可能更加明显。因此,奥运会不仅是大国对金牌的竞争,也是中美、中欧综合国力之争,是当今大国核心竞争力的直接展示,将成为国际体育话语权和新型体育秩序主导能力之争,成为西方资本主义制度与东方社会主义制度的博弈。奥运成绩关乎国家形象和民族荣誉,尤其在当前"新冷战"思维横行、单边主义高涨、中西方政治博弈空前激烈的变局下,在欧洲举办的奥运会承载着更加特殊的使命和国际期待。

俄乌冲突加剧了大国博弈,在以人民为中心与以资本为中心的制度竞争下,美、英、法、德等西方大国对我国在政治、经济、文化等领域实施多方围堵。奥运会作为综合国力较量和国际政治博弈的隐形疆场,奥运赛场可能成为太平洋国家对抗大西洋国家的直接载体,成为各国集中力量展现综合实力并扩大国际影响力的标志性事件,参赛奥运会事关我国在国际体育秩序中的影响力,在中西方博弈日益紧张形势下,未来参赛奥运会的形势将更加复杂,可能遭遇更多国际阻挠。西方大国可能进一步强化奥运会赛场的"热战场"效益,利用奥运成绩显示其制度优越和国力强大,在世界大赛中对我国进行打压,中西方在奥运赛场的博弈将会更加激烈。

(三) 国际贸易壁垒和极端政治干预影响我国训练备战实效

世界百年大变局下的国际形势加速演变,国际政治局势、经济贸易和社会固有格局深刻变化,大国竞争愈演愈烈,随着"新冷战"阴霾蔓延,世界体育领域的博弈日益激烈,新型贸易战、政治阻挠、资源阻断等将影响我国训练参赛实效。

一是对运动训练科技创新自主化提出更高要求。世界新一轮科技革命和产业变革对体育领域实现高水平科技自立自强提出新要求,而我国竞技体育相关产业处于全球产业链中低端,尤其是运动训练方面的一些科技新产品对国外依赖性较大,当前大国博弈下的贸易壁垒横行,西方国家对芯片、生物科技、人工智能等核心技术实施战略收缩,短期内一些科技高新技术国际贸易壁垒可能增厚,我国运动训练数字化、科技化进程将受到贸易保护主义牵制。

二是对教练员等优秀人才的"引进来"带来影响。由于新冠疫情、国际贸易战等制约,因此,我国面临国际体育劳动力市场收缩风险,包括高水平教练团队、体能指导、科技助力等复合型专门技术人才的流动可能受阻,对于一些对外教依赖较大的项目,如田径、"三大球"、网球等可能带来较大影响;对于计划短期内利用"归化运动员"提高成绩的项目如霹雳舞、滑板、攀岩和冲浪等,可能打乱了国际人才的引进节奏。欧美对我国实施的制裁政策,影响了体育高精尖人才引入和对华支持。

三是我国体育国际话语权可能遭遇西方压制。世界政治博弈下，西方主导的国际体育秩序可能进一步强化，在新一轮"打压""拉拢""离间"等国际政治环境下，我国有效融入国际体育组织的渠道受阻，国际体育话语、地位、声望、影响力或将被西方遮蔽，美、英、德、法等西方大国凭借其在国际体育组织中占据的高势能优势和欧盟团伙优势攫取更多利益，我国难以掌握国际体育规则主导权，随着大国博弈深化，我国体育代表团可能遭遇更多西方的约束和牵制。

（四）世界竞技强国对奥运会的重视加大了国际竞争难度

在大国博弈日趋激烈的背景下，各国越来越注重发挥竞技体育的综合功能，把国际赛场作为展示综合国力的重要平台。各国对奥运会的重视程度和参与热情越来越高，参加奥运会获得奖牌、金牌的国家和地区不断增多（图5-1），奥运赛场不仅表现为第一集团的激烈竞争，也表现在第二集团4～8名上升态势明显，甚至一些小国也不断利用个别项目占据奖牌前列，有能力获得金牌和奖牌的国家不断增多，提升了备战参赛难度。

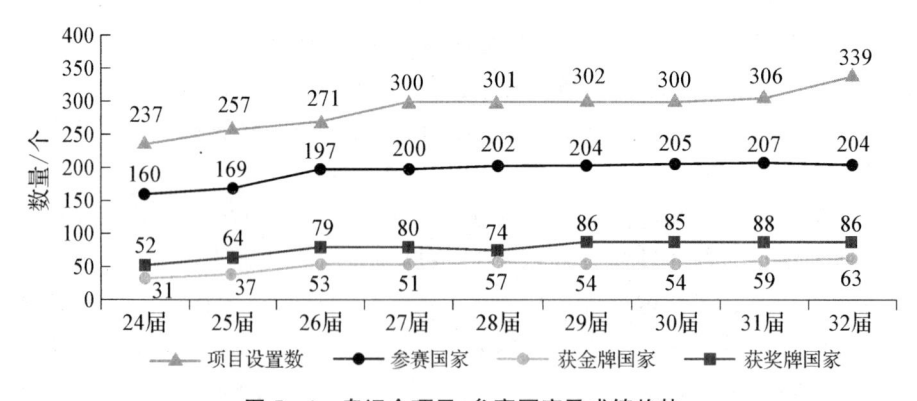

届数	项目设置数	参赛国家	获金牌国家	获奖牌国家
24届	237	160	31	52
25届	257	169	37	64
26届	271	197	53	79
27届	300	200	51	80
28届	301	202	57	74
29届	302	204	54	86
30届	300	205	54	85
31届	306	207	59	88
32届	339	204	63	86

图5-1 奥运会项目、参赛国家及成绩趋势

世界大国在政治、经济、文化等领域竞争不断升级的形势下，各国进一步强化奥运备战的政府干预、财政投入、市场参与、科技渗透和专项保障，主要竞争国家对竞技体育的投入比东京奥运会周期进一步加大。东道主法国以及美、日、德、英等竞技强国均在加强新一轮备战，如法国奥委会通过新增项目建立竞争优势，运用高科技装备提高成绩，实施"2024后备人才"计划、"教练员2024"计划（Coaches 2024）、"成绩协议计划"等培养竞技人才，提升国际竞争力。美国奥委会针对巴黎奥运会制定《金牌行动计划》《高水平竞技运动计

划》,强化"美国体育人才发展模式"(ADM),实施"运动员职业与教育计划"(ACE),构建"卓越中心",建立以培训、认证、薪酬为核心的多层次教练员发展体系,打造以数字化为基础、网络化为条件、智能化为核心的科技辅助系统,重视提升运动员训练集成效益。英国发布《2021—2031年战略计划》《世界级表现计划(WCP)》,投入2.32亿英镑支持运动员备战巴黎奥运会,相比东京奥运会周期,每年经费增幅超过43%,专门制定"军令状战略""世界级表现计划"和"进展类项目基金",打造以单项体育协会为载体的备战体系,意图重塑竞技体育全球竞争力。日本注重发挥后东道主优势,进一步强化政府对奥运备战调控,强化女性运动员支援、信息情报收集、兴奋剂违禁监察等工作。2021年12月,日本体育厅制定"2022—2024年竞技体育中期发展计划",实施"MPA强化计划"和"世界级人才计划"(WPN),实施优势项目政策倾斜,确保顶级选手竞技实力。可以判断,巴黎奥运会周期,我国体育代表团可能遭遇西方大国更为猛烈的挑战与冲击。

二、备战奥运会训练参赛的国内形势

从国内形势看,我国在项目布局、运动队选拔、科技助力、备战环境适应等方面存在新挑战。我国具备冲金冲奖绝对实力的项目不多,一些重点运动员的奥运积分排名不高,参赛资格不够,羽毛球、体操、射击等项目表现不够稳定,各项目全面参赛面临巨大挑战,备战形势十分严峻。

一是运动项目整体竞技能力结构性失衡。运动项目水平不平衡是制约我国综合实力的短板,我国传统优势项目金牌贡献率拓展空间趋近饱和,主要依赖女子项目、小众项目以及技巧类项目,而体能类项目、集体球类项目以及新增项目竞争力薄弱。我国重点项目主要集中在乒乓球、跳水、举重、羽毛球、射击、体操等技巧型与快速力量型项目,这些项目多具有较大的临场变数和对手、裁判等不确定因素,并且,不同项目发展不平衡,尤其是田径、游泳、水上等"重金"项目竞技水平不高,与世界强国相比处于弱势。我国优势项目金牌贡献空间趋近饱和,具备冲金冲奖绝对实力的项目不多,众多小项难以获取奥运参赛资格,交手对抗类项目、集体球类项目、新兴项目水平不高(表5-1),尤其是田径、游泳、水上等"重金"项目竞技水平不高,如东京奥运会体能类大项共设147个小项,我国只夺9枚金牌,占6.1%。此外,随着国际竞争日益激烈,各国都扩大了自己的优势项目群,导致各国的重点项目与我国日渐重叠,我国传统优势项目的优势不再明显(表5-2)。

表 5-1　近 3 届奥运会中国主要夺金项目

	乒乓球		跳水		体操		羽毛球		举重		射击		游泳		田径	
	金牌	奖牌	金牌	奖牌	金牌	奖牌	金牌	奖牌	金牌	奖牌	金牌	奖牌	金牌	奖牌	金牌	奖牌
30 届	4	6	6	1	5	12	5	8	5	7	2	7	5	10	1	6
31 届	4	6	7	10	0	5	2	3	5	7	1	7	1	6	2	6
32 届	4	7	7	12	4	11	2	6	7	8	4	11	3	6	2	7

注：东京奥运会英国田径 4×100 米接力项目因兴奋剂取消银牌，中国替补铜牌。

表 5-2　世界竞技体育强国重点项目成绩分布

项目\国家	30 届				31 届				32 届			
	中	美	英	日	中	美	英	日	中	美	英	日
田径	1	9	4		2	13	2		2	7		
游泳	5	16			1	16	1	2	3	11	4	2
花样游泳												
竞技体操	4	3		1	4	2	2	3	2	1		2
蹦床	1							1				
艺术体操												
足球		1										
篮球		2				2				3		
排球				1						2		
乒乓球	4				4				4			1
羽毛球	5				2			1	2			
网球		3	1			1	1					
曲棍球								1				
沙滩排球		1										
手球												
水球		1				1				1		
高尔夫						1				2		
举重	5				5				7			
拳击	1	1	3	1	1	1				2	1	

(续表)

项目\国家	30届 中	30届 美	30届 英	30届 日	31届 中	31届 美	31届 英	31届 日	32届 中	32届 美	32届 英	32届 日
跆拳道	1		1		2		1		1			
柔道		1	1			1	3					9
摔跤		2		4		2		4		3		5
击剑	2								1	1		1
自行车		1	8		1	2	6		1	1	6	
马术			3				2				2	
射击	2	3	1		1	1			4	3		
铁人三项			1			1	1				1	
现代五项											2	
跳水	6	1			7				7			
帆船帆板	1		1				2		1		3	
皮划艇			2				2		1	1		
赛艇		1	4			1	3			1		
空手道												1
棒球垒球												2
滑板												3
冲浪									1			
合计	38	46	29	7	26	46	27	12	38	39	22	27

注：因兴奋剂问题存在奖牌数被取消情况，数据截止日期为2023年3月。

二是我国超过1/3的项目难以获得奥运会参赛资格。我国存在大量难获奥运资格和奥运赛场"一轮游"项目，难以全面参赛。东京奥运会周期，我国实施"瘦身"调整的落后项目达81个小项，巴黎奥运会周期有65个落后小项继续"瘦身"，这些项目不再纳入国家备战保障体系，不提供训练经费保障。我国具备冲金冲奖绝对实力的项目不多，近几届奥运会，我们只有70%左右的小项参赛，30%的小项拿不到奥运参赛资格，20~30个小项虽然经常参赛，但每次都是"一轮游"。这些项目没有国际竞争力，低水平徘徊。如田径、自行车、柔道等已连续几届奥运会没能参赛。我国获奖牌项目、人数及奖牌数与美国差距较大，如2021年东京奥运会，美国在28个项目上获金牌112人次，奖牌113

枚,获奖牌运动员 291 人次;我国在 20 个项目上获金牌 58 人次、奖牌 88 枚,获奖牌运动员 140 人次。我国在 2021 年东京奥运会还有 105 个未获得参赛资格的小项,在报名参赛的 225 个小项中,仅参加首轮比赛或直接参加决赛但未完赛的小项有 34 个,占全部参赛小项的 15.1%,"一轮游"项目依然占据较大比例,我国体育代表团参赛小项数、参赛人数与美国仍有较大差距。

三是境外参赛环境变化对训练备战带来严峻考验。国际政治、经济、文化、社会环境正加速演变,变动不居的国际环境增加了对国际体育形势和奥运会备战的预判难度。2024 年巴黎奥运会、2026 年米兰冬奥会、2028 年洛杉矶奥运会等世界大赛多集中在欧美举办,很长一段时间内,中国乃至亚洲将进入奥运办赛休眠期。这极大地增加了训练参赛的不确定性,参赛环境、时差、气候、饮食、文化、风俗等削弱了地缘优势,增加了比赛难度和不可控性。美国、法国、英国、德国等欧洲体育强国具有主场优势,澳大利亚等资本主义国家在相似的人文环境和政治背景中参赛,有利于运动员正常甚至超常发挥。

四是奥运会周期缩短对训练备战节奏调控带来巨大挑战。巴黎奥运会"4—1"周期对训练备战和参赛带来不确定因素,原有的备战组织体系、训练体系、竞赛体系、保障体系等面临调整,运动员的训练计划通常遵循"调整—启动—兴奋—高峰"规律,巴黎奥运会周期压缩影响了运动员训练节奏,备战队伍不得不提前进入临战状态,运动员体能、技战术、心理等受到影响,不利于运动员全面成长。

五是"高频式"备战参赛导致各级系统压力巨大。巴黎奥运会周期压缩导致赛事积压,赛历变更对奥运资格赛、积分赛、预选赛、落选赛、测试赛带来影响,我国国家队面对高频备战挑战,常态化备战带来体能消耗、心理负担增重、训练与康复矛盾等系列问题。我国在举重、体操、乒乓球、蹦床、铅球、羽毛球、女子标枪等项目上存在大量 30 岁以上运动员,大赛集聚和高频备战影响大龄运动员竞技恢复,增加伤病概率。并且,我国的竞赛体系安排不够科学、合理,与奥运参赛计划的协同性不够。我国的竞赛体系安排不够科学,有的项目比赛较多,运动员疲于应付,有的项目比赛却很少,运动员缺乏比赛经验,竞赛体系与奥运参赛计划缺乏协调性。

六是训练备战关键领域存在内生动力不足问题。我国在科技助力、体能训练、复合型团队、信息情报等方面存在乏力问题,东京奥运会后,各项目对体能训练的态度和科技助力投入有所下滑,有些项目主动抓体能的积极性不强,缺乏围绕不同项目的体能标准;复合型团队效能不高,训练、科研、医疗、保障等人员配备不齐,针对运动员训练监控、损伤康复、营养膳食等方面的个性化保障不足，一些备战单位对奥运项目发展方向认识不清、规则情报研判不准、对巴黎奥运会比赛新规则理解不深入，影响精准备战效益。例如，2021年东京奥运会，我国体操男团未能深入理解规则，在发展难度的同时对完成质量没有足够重视，自由操和单杠编排不能很好地迎合世界潮流，导致多个环节扣分。

第二节 备战奥运会的训练参赛优势

中国体育代表团在奥运会上的优秀成绩体现了举国体制优势、备战组织效能和科技备战的重要成果。我国从1984年到2021年共参加了10届夏季奥运会，在长期备战实践中集聚了相对稳定的重点项目群，在备战体制机制、组织管理、保障体系、训练参赛等多个方面积累了重要经验。

一、中国特色制度优势和备战模式具有强大保障能力

举国体制蕴藏着社会主义集中力量办大事的独特优势，具有强大的组织动员保障能力。面对奥运会备战形势，我国各级体育系统充分发挥举国体制备战优势，在国家主导下积极应对奥运备战，集中力量开展组织管理、训练保障、比赛保障、科技引领等重大工作。在党中央国务院领导下，国家对各项备战资源统一指挥调度，打造"全国一盘棋"备战布局，形成了完整的管理体系、竞赛体系、参赛体系和保障体系，全国一体化推进训练、竞赛、管理，能够快速形成强大合力，这是多年来不断摸索形成的宝贵经验。我国的备战制度相对于欧美"社会分散"的市场化备战体制更有优势，面对当前奥运会参赛复杂的国际局势和环境，中国特色备战模式将被进一步强化。相较于西方国家，搭建全国性备战平台、有效整合全国备战资源是我们的最大优势，依靠国家力量、"上下一条心""全国一盘棋"，容易形成全国一体化备战机制。例如，2021年东京奥运会周期，我们在国家主导下积极应对疫情防控和奥运备战，对各项目运动队进行统一集训和管理，形成了一体化的训练竞赛体系。此外，我国不断创新多元备战模式，坚持开放备战、协同备战，以改革强备战、促备战是我国的典型做法。例如，巴黎奥运会周期，我国部分项目建立了以单项协会为主的备战体系，注重引导更多社会力量支持备战，形成举国体制与市场机制相结合且优势互补的强大效能，通过开放备战边界充分调动全国资源，吸引社会、高校、企业、个人等参与备战，从而提高备战效益。

从1995年《奥运争光计划》实施以来,举国体制优势有效调动了国家资源,形成以奥运会优异成绩为目标备战的组织管理体系,政策优势、资源优势和人才优势充分释放新动能,这一阶段形成的以体操、射击、举重、跳水、乒乓球、羽毛球为代表的技巧类、个体类、小球类项目突出了技能特征和"三从一大"(即从严、从难、从实战出发,大运动量训练)以及基础保障。在举国体制实现竞技体育为国争光的过程中,形成了完整的备战组织体系、训练管理体系、竞赛制度体系、参赛指挥体系和参赛服务模式[1]。

二、奥运会备战理念逐步从科技助力向科技引领转变

我国在奥运会取得辉煌成绩的背后,是科技备战转型的重要体现。国家体育总局坚持以改革促备战,借鉴国际先进训练理念,集成创新备战训练方法,实施科技攻关和科学备战,构建奥运会科技助力体系和平台,不断提升奥运会科学训练和科技攻关效益。

一是推动从科技助力向科技引领转变。"奥林匹克运动是一个展现人类能力、运动科技和全球交流的巨大实验。"我们在奥运备战过程中,逐步实现了由科技助力向科技引领转变,突出运动训练基础研究与应用研究的先导性和系统性。科技助力倾向于研究训练中"反馈"出来的问题,科技引领则表现为训练之前就提出"前馈"性设计和训练过程的实时"动态互馈"。科技引领不仅强化了基于循证基础的运动训练方案制定,有效提升运动员训练负荷剂量效应和精准控制能力,而且通过应用国内外最新的科学技术,如大数据、传感器、视频分析、3D打印、风洞实验、电子系统模拟比赛等,推动高新技术引领下的数字化、网络化、智能化训练方式持续增效,实现最大化训练效果、最小化运动损伤。如东京奥运会备战周期,国家蹦床队提出在前庭分析训练、视频技术分析、规则研究、触网动力模型研究等领域,开展高科技整合课题攻关;国家赛艇队、皮划艇队与戴尔科技集团共同创建"大数据与人工智能联合实验室",通过大数据、人工智能技术助力国家队日常训练,并以集边缘流数据处理和人工智能解决方案,助力教练团队对运动员数据展开科学分析。值得一提的是,苏炳添的成绩从22岁的10.16秒,到24岁的10.06秒,到26岁首次突破10秒,到29岁的9.91秒,再到32岁达到9.83秒,其制胜法宝主要在于科技引领和科学化训练,加上突破自我、超越极限的个人意志与良好组织保障手段。

---

[1] 袁守龙.东京奥运会科技备战的战略转型和价值启示[J].体育科学,2021,41(12):10-17+29.

二是推动科技引领下的"个性化、人性化"训练。科学刺激运动员最佳训练负荷"临界值"是增益训练效果、提升运动表现的有效途径。"临界值"不仅受运动员性别、年龄、运动级别、运动水平、训练经验的影响,而且受运动员前期恢复状况、健康水平、情绪状态、睡眠质量等影响,同一个体内部也存在阶段性差异,推动个性化、人性化训练设计成为我国备战奥运会的重大创新。我们注重运用科技手段解决重点项目、重点小项的关键问题,精细化挖掘重点运动员训练参赛数据,围绕体能、技巧、集体、场地类项目分层分类制定科技助力方案(表5-3),从而更好地结合不同项目特征、关键环节提出有针对性的科技助力策略。第一,倡导科学循证训练实践。既重视优秀教练员的训练经验又强调采用科学手段,将两者结合起来设计个性化训练方案。各项目不断强化将训练负荷的科学监控作为保证安排训练负荷的前提,注重打造针对重点运动员的个性化训练方案,如构建"精准营养平台",推广运动员"智慧餐盘"技术等,落实个性化营养补给。第二,强调恶补体能短板。在国家体育总局强化体能训练方案的推动下,多个项目国家队在体能科学训练计划、体能测试数据库和效能评价系统、利用专项体能防控伤病等方面采取了针对性举措,建立针对损伤防治的"体能—预防—康复"联动反馈机制,制定日常体能训练伤病预防策略,提升运动员基础体能厚度,保障运动员发挥最大潜能。第三,数据驱动分析和指导训练参赛。各项目注重提升教练员对科技助力的认识,如体操、羽毛球、击剑等项目强化以数据为核心分析和指导训练参赛工作,引导教练员运用科技助力手段,在技战术分析、训练监控、运动防护和心理干预等方面发挥科技作用。尤其注重强化数据的个性化采集,对不同运动员训练和参赛数据进行挖掘和分析,利用大数据客观评估和分析运动员训练和恢复效果,提高精准攻关和服务水平[①]。

表5-3 针对不同项目关键问题的分类科技助力方案

类 别	项目特征	科技助力关键点	科技助力策略	项目分布
体能类	力量、速度、耐力为主,对运动员专项体能素质要求高	注重科技助力专项体能提升,不同运动员体能的个性化,短时间内提高运动能力,增加参赛人数和参赛项目数量	注意伤病预防,促进疲劳恢复,构建数字化体能训练舱,细化体能训练,加强技战术训练大数据分析,实现运动员损伤风险筛查、功能状态评估	举重、拳击、跆拳道、游泳等

---

① 杨国庆.中国备战参赛东京奥运会的制胜优势与经验启示——兼论2024年巴黎奥运会的备战形势与基本方略[J].体育科学,2021,41(12):18-29.

(续表)

类别	项目特征	科技助力关键点	科技助力策略	项目分布
技巧类	身体灵敏、柔韧素质要求高，心理和身体协调性强	发展难度与提高质量协调，强调速度、灵敏、柔韧素质，突出运动员爆发力和心理韧性	引进大数据和人工智能技术，辅助跨界跨项选材、技术诊断与优化等手段提高运动能力，提升运动员心理素质	体操、跳水、射击、击剑等
场地类	场地依赖性强、速度和爆发力要求高，越熟悉场地越易取得成绩	通过训练辅助器材等提高运动水平，高科技模拟东京场地、东京时间、东京氛围	打造智能化场馆，加大模拟训练室等训练辅助器材研发，参加国外高水平比赛和训练，提高训练效率	体操、射击、羽毛球、田径等
集体类	隔网对抗和同场对抗类项目，参赛人数多，竞技能力结构复杂	以技术优化和战术训练为核心，加强心理训练，注重科技助力的连续性和系统性	强化训练监控，打造国际化训练平台，加强科学监控设备和训练装备引进，提高科学训练方面的硬件水平	乒乓球、羽毛球、排球（女）等

三、围绕训练参赛规律打造"冠军模型"和体能训练方案

一是深入研究和把握训练参赛规律，构建"冠军模型"。国家体育总局引导不同项目逐步建立了"5＋1冠军模型"，将冠军模型作为对金牌要素和模型结构的高度概括，最大化提高备战效益。其中，"5"是指对专项"成绩、技术、战术、体能、心智"等要素的定性和定量表达；"1"是指运动员的个性特征和特长。通过对标冠军模型，明确奥运会备战路线图和时间表，对体能训练、技术创新、战术突破、科技助力、后勤保障、高效参赛、中日对抗等进行系统规划设计。如苏炳添的训练与科研团队长期坚持以"冠军模型"为指导，加上资深教练亨廷顿的先进执教理念、美国生物力学专家拉尔夫曼的技术分析、英国体能康复师保罗·范姆的动作评估与康复服务等，协同制定体能（股后肌群力量和踝关节力量不足、主动下地速度和发力速率偏慢）和技术（起跑姿势不合理、前7步步长偏小、扒地技术不合理、全程呼吸和速度节奏不佳）训练方案，成为苏炳添成绩突破的关键。

二是强化体能、恶补短板是奥运备战的重要抓手。一方面，通过基础体能达标测试、增加体能训练时间比例、改进训练方法等手段，有效解决多个项目中基础体能薄弱、专项体能不强的问题。在强化基础体能的基础上，建立以运动损伤防治为目标的"体能—预防—康复"联动反馈机制，推动基础体能向专

项体能转化、专项体能向专项运动表现转化。另一方面,科技引领提升体能训练精细化、精准化水平,尤其是大数据、人工智能、物联网、5G等技术的创新应用,实现整合体能、康复、营养、心理的一体化调控,为竞技运动赛场夺冠注入全新动能。例如,国家体操队采取基础体能、躯干核心稳定、板块体能三大类体能测试,强化基础体能与专项体能水平,许多运动员从体能训练中增强信心、减少伤病、提升了比赛竞争力。又如,东京奥运会周期,国家赛艇皮划艇队深入贯彻"狠抓体能,恶补短板"理念,形成"水上问题,陆上解决;技术问题,体能解决;专项问题,基础解决;经验问题,数据解决;提高问题,质量解决"的体能训练统一认识,东京奥运会赛艇队获奖牌运动员总数位居代表团首位。

四、传统优势项目为主体的重点项目群形成了相对稳定的竞争力

通过多年实践以及多个周期系统备战,我国竞技体育形成了比较稳定的优势项目群,具备了在世界重大比赛中夺取优异成绩的项目基础。

一是传统优势项目保持稳定的核心竞争力。我国跳水、体操、乒乓球、羽毛球、举重、射击等六大优势项目在奥运会上稳定性高,是备战巴黎奥运会的基础。1984年奥运会以来,六大项目共获193枚金牌,奥运会金牌贡献率达73.7%,形成了强大的集团优势。分析我国传统优势项目夺金态势,从纵向看,跳水共获47枚金牌,数量最多,并在各届奥运会上都获得金牌,是发挥最稳定的项目;其次为举重和乒乓球,近6届奥运会都有稳定的表现;但体操项目具有较大偶然性,里约奥运会未获得金牌,其他几届奥运会也是大起大落。从横向看,六大优势项目在东京奥运会上获28枚金牌,超过伦敦奥运会的26枚,仅次于北京奥运会的33枚,近3届奥运会金牌数量分别占总数的68.4%、73.1%、73.7%(表5-4),金牌占比不断提升,说明我国依然主要依靠优势项目保障竞技体育竞争力,也侧面反映出其他运动项目发展相对缓慢,运动项目不平衡问题还未很好地解决。这种形势下,六大优势项目将成为奥运会备战的基础。

二是获金牌的项目数量、人次和金牌厚度不断增加。从参加历届奥运会项目看,我国代表团获得金牌的项目整体呈递增趋势,其中,东京奥运会上共在14个项目获得金牌,仅次于北京奥运会的17个,形成了具备夺金优势的重点项目群。其中,具有整体优势的项目有6个,包括体操、乒乓球、羽毛球、跳水、射击、女子举重等;具有部分小项夺金实力的项目有5个,包括柔道、田径、

游泳、跆拳道、男子举重等；具有部分小项冲击奖牌实力的项目有8个，包括击剑、射箭、赛艇、帆船、摔跤、自行车、女排、垒球等。此外，夺金人数增多、金牌厚度增加。一直以来，我国优势项目多属于个人项目，但东京奥运会获得的38枚金牌中，2人以上团体项目12个，占32%，创奥运会参赛夺金数量最高，超过北京奥运会的11个；获金牌运动员52人，创境外参赛夺金人数最多（表5-5），说明我国集体性项目的优势、金牌厚度和人才厚度不断提升。

表5-4 我国传统优势项目夺金趋势

类别	1984年	1988年	1992年	1996年	2000年	2004年	2008年	2012年	2016年	2021年	合计
乒乓球	0	2	3	4	4	3	4	4	4	4	32
羽毛球	0	0	0	1	4	3	3	5	2	2	20
体操	5	1	2	1	3	1	9	4	0	4	30
跳水	1	2	3	3	5	6	7	6	7	7	47
举重	4	0	0	2	5	5	5	5	5	7	38
射击	3	0	2	2	3	4	5	2	1	4	26
合计	13	5	10	13	24	22	33	26	19	28	193
金牌数	15	5	16	16	28	32	48	38	26	38	262
占总金牌的比例/%	86.7	100.0	62.5	81.3	85.7	68.8	70.6	68.4	73.1	73.7	73.7

表5-5 近4届奥运会我国获金牌的项目类型及人次

类别	2008年北京 小项	2008年北京 人次	2012年伦敦 小项	2012年伦敦 人次	2016年里约 小项	2016年里约 人次	2020年东京 小项	2020年东京 人次	合计 小项	合计 人次
个人项目	37	37	27	27	18	18	26	26	108	108
双人项目	6	12	7	14	5	10	8	16	26	52
3~4人项目	3	10	3	10	2	6	3	10	11	36
5人以上项目	2	12	1	5	1	12	1	6	5	18
合计	48	71	38	56	26	46	38	58	150	231

五、我国在诸多欧美优势项目和奥运基础大项上不断取得新突破

近年来,我国在一些传统弱势项目和西方优势项目上取得明显进步,如东京奥运会上,我国在田径、游泳、水上等基础大项以及自行车、击剑等欧美传统大项上实现多点突破。

一是在欧美"硬碰硬"项目上表现出较强竞争力。东京奥运会上,我国在游泳、举重、射击、自行车项目上打破 4 项世界纪录、21 项奥运纪录、7 项亚运纪录,8 个小项首获奥运金牌、4 个小项首获银牌、3 个小项首获铜牌、7 个小项取得重大突破,14 个项目 52 名运动员 58 人次获金牌,114 名运动员 140 人次获奖牌,创造境外参赛最佳成绩(表 5-6)。一些项目取得重大突破,如汪顺夺得男子 200 米混合泳金牌,打破美国在该项目长达 17 年的垄断;皮划艇静水 1 金 2 银,居奖牌榜第 2 位,打破欧美国家在赛艇、皮划艇项目的长期垄断;张雨霏获得的两块金牌都是战胜了美国选手。2022 年尤金世锦赛,我国奖牌覆盖面较前两届实现大幅拓宽,男子跳远、男子三级跳远等项目实现新突破。王嘉男以 8.36 米的成绩夺冠,为我国赢得首枚世锦赛男子田赛跳远项目金牌;朱亚明以 17.31 米的成绩实现我国首次在世锦赛男子三级跳远项目上获得奖牌。

表 5-6　东京奥运会我国取得新突破的金牌

项　目	成绩表现
女子铅球	首枚田赛奥运金牌、首枚铅球奥运金牌
女子标枪	首枚标枪奥运金牌
男子 200 米个人混合泳	首枚男子混合泳奥运金牌,汪顺成为孙杨后中国第 2 位获男子游泳项目奥运金牌的运动员
女子 4×200 米自由泳接力	首枚游泳接力奥运金牌
10 米气步枪混合团体	首枚气步枪混合团体奥运金牌
10 米气手枪混合团体	首枚气手枪混合团体奥运金牌
静水女子双人划艇 500 米	首枚女子划艇奥运金牌
女子重剑个人	首枚女子重剑个人奥运金牌

二是基础"金牌大户"项目不断突破。近年来,在"强化基础体能、恶补体能短板"政策保障下,我国基础体能类项目进步显著,近 3 届奥运会基础体能

项目分别夺得 7 块、4 块和 9 块金牌,各占当届奥运金牌总数的 18.4%、15.4%、23.7%,前 8 名人次分别为 44 人、48 人和 53 人,人数不断增多,说明我国基础体能项目发展潜力不断提升(表 5-7)。尤其是在东京奥运会上,田径、游泳、自行车、帆船、赛艇、皮划艇共获包括 9 块金牌在内的 20 块奖牌,其中游泳项目获 3 金 2 银 1 铜,获金牌人数创历史之最;赛艇、皮划艇、帆船帆板基础体能项目获 3 金,田径 6 枚奖牌分别来自铅球、标枪、链球、三级跳远、竞走和男子接力 6 个项目,女子铅球、女子标枪和男子三级跳远、男子接力均创造历史最好成绩。基础体能类项目进步明显,可能在未来奥运会上具备较强的突破能力。

表 5-7 近 3 届奥运会我国体能项目前 8 名趋势

	类别	帆船	皮划艇	激流回旋	赛艇	田径	游泳	自行车	合计
女子	伦敦奥运会	1	1	—	6	5	13	3	29
	里约奥运会	1	1	—	4	10	10	3	29
	东京奥运会	1	3	—	4	10	15	1	34
男子	伦敦奥运会	0	1	1	0	4	8	1	15
	里约奥运会	0	1	0	1	8	7	2	19
	东京奥运会	1	5	0	2	7	3	0	18
混合	东京奥运会	—	—	—	—	—	1	—	1
合计	伦敦奥运会	1	2	1	6	9	21	4	44
	里约奥运会	1	2	0	5	18	17	5	48
	东京奥运会	2	8	0	6	17	19	1	53
	合计	4	12	1	17	44	57	10	145

六、形成了系统的奥运会备战保障体系和组织管理体系

我国从 1984 年到 2021 年共参加了 10 届夏季奥运会,在长期备战实践中集聚了相对稳定的重点项目群,在备战体制机制、组织管理、保障体系、训练参赛等多个方面积累了重要经验。

一是构建了较为系统的备战服务保障体系。我国逐步形成了政府投入和社会参与相结合的保障体系,针对重点项目备战投入力度不断加大,围绕重点项目运动员打造了复合型保障团队,在训练、科技、医疗、信息等多个方面提供

服务保障(图 5-2)。并且,坚持"请进来、走出去",积极借鉴国外先进训练理念,通过建立国际训练平台,引进国外优秀教练员等提升重点项目训练水平。此外,我国还围绕优秀运动员升学、就业等颁布了大量保障政策,不断提升运动员训练参赛的积极性。我们坚持科学训练,不断统筹协调运动员的热身、恢复、营养、体能、供能、技术、模拟、数据"八个环节",紧盯运动训练过程中的"八个环节",对比"八个环节",优化训练细节,不断提高科学化训练水平。

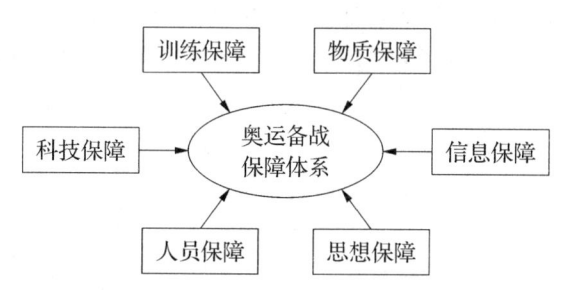

图 5-2 我国奥运备战保障体系

二是打造了强大的组织管理体系和战略顶层设计。从 1984 年洛杉矶第 23 届奥运会到 1996 年亚特兰大第 26 届奥运会,我们初步形成了科技服务备战训练的雏形,不断扩大科学技术在训练过程中的应用。从 1995 年《奥运争光计划》实施以来,举国体制优势有效调动了国家资源,形成以奥运会优异成绩为目标备战的组织管理体系,政策优势、资源优势和人才优势充分释放新动能,这一阶段形成以体操、射击、举重、跳水、乒乓球、羽毛球为代表的技巧类、个体类、小球类项目突出了技能特征和"三从一大"(即从严、从难、从实战出发,大运动量训练)以及基础保障。其中,我国实施了从体育总局到各项目国家队的备战管理体系,各层分工明确,运用分项目统筹备战模式,提升了备战整体效益(图5-3)。另外,我国制定了一系列专门的战略顶层设计,从 1995 年起,相继颁布了三版"奥运争光计划纲要",每版"纲要"都涉及重点项目备战,如《2011—2020 年奥运争光计划纲要》强调实现重点项目突出,优势项目保持优势,加大重点项目群开发,从战略高度统筹重点项目备战。此外,还制定了多项重点单项提升计划,如围绕田径、游泳和水上项目提出"119 工程"计划;围绕田径提出"1516 突破行动计划",助力田径在 2016 年奥运会取得了新突破。

三是积累了一套科学有效的训练参赛举措。在历届奥运会备战中,我国不断寻求训练创新,开发新技术、新方法、新手段,以科学训练和保障为运动员提供服务保障。如"三从一大"科学训练原则、"赛练结合、以赛代练"训练理念等,不断追求训练创新;打造了主教练负责制,以教练员为主导、以运动员为主体的备战团队;强化各项目的目标管理和绩效考核,不断提升重点项目训练的科学化水平。例如,东京奥运会周期,随着复合型训练团队的建设,从管理者到领队、主教练、运动员实现了团队价值认同的底层逻辑的转变,团队成员相互尊重、平等协商、合作共赢的氛围形成,构建了更加"开放、学习、竞争、创新"灵活机制,跨行、跨界、跨学科、跨区域、跨国界的复合型攻关团队形成,利用互联网、智能化手段实现合作的无缝连接和智慧的高效融合。在科技备战理念影响下,各项目国家训练基地和训练单位重视场地、科研、医疗、康复、心理、营养等方面综合功能设施的提升与完善,谋划进行先进数字化体能设备和专项模拟智能化训练器材配置,实现了科技助力、智能餐盘、伤病预防、疲劳恢复等一体化攻关保障和服务。

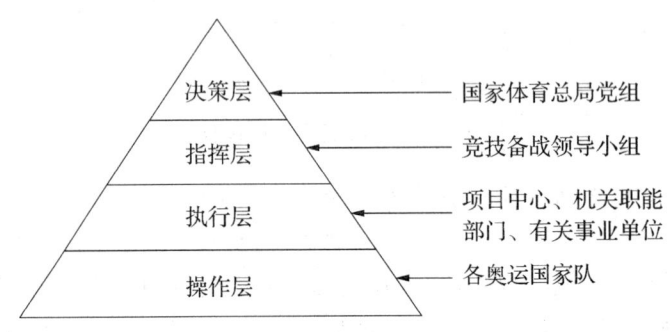

图 5-3 中国特色的奥运备战组织管理体系

第三节 备战奥运会的训练参赛政策

一、世界竞技体育强国备战奥运会的训练参赛政策特征

(一) 国家与社会多元主体共同参与

世界竞技体育强国的体育事业多属于社会化管理体制,政府通常不直接管理体育,多通过制度引导、依靠社会力量管办体育,这就决定了各国奥运备战政策具有参与主体多元化的特点,大量的社会力量介入备战工作之中。

第一,多元主体共同参与政策制定。如英国通常在备战周期进行广泛的社会调查,深入征求非政府组织、学者、运动员、教练员、体育事业家等多方意见,并与每个项目协会主席进行一对一谈话,通过自下而上的民主方式做好政策制定工作。德国奥运备战政策是在参考俱乐部、民众意愿、专家学者等多个主体建议的基础上设计的,其政策制定具有民主化和公开化的特点。美国《金牌行动计划》是美国奥委会协同大学生体育协会和单项体育联合会等多个主体,在做好社会调查后,经过反复沟通与论证,根据实际需求和客观条件制定的。

第二,政策的各项指标全面,任务层层分解。各国奥运备战政策指标覆盖后备队伍选材、兴奋剂监督、基地建设、教练员培训、税收优惠、科技服务等多个层面,并且各政策内容之间密切关联、层层衔接,如英国的《2016使命计划》、美国的《金牌行动计划》等都全面覆盖了各项备战指标。

第三,备战目标明确具体。各国备战奥运政策都有量化的目标(表5-8),如英国的《2012使命计划》提出在伦敦奥运会上保持奖牌榜前四;日本的《体育振兴基本计划》和《金牌计划(第一阶段)》提出获得10枚金牌和30枚奖牌的具体目标,2008年发布的《金牌计划(第二阶段)》提出夏奥会前五、冬奥会前十的目标,2013年东京申奥成功后又提出进入前三的目标;美国的《金牌行动计划》明确提出夏奥会金牌第1名、冬奥会进入奖牌榜前3名;俄罗斯的《俄罗斯联邦2020年前体育发展战略》提出在冬奥会夺取奖牌榜第一的目标,2014年索契冬奥会,俄罗斯以明显优势名列奖牌榜首位,体现出政策目标制定的科学性。

表5-8 世界竞技体育强国奥运会备战政策及目标

国　家	奥运相关政策	奥运指标 夏奥会	奥运指标 冬奥会
美国	《金牌行动计划》	金牌榜第一	奖牌榜前三
德国	《2012年伦敦奥运会分析报告》	奖牌榜第四	奖牌榜第一
俄罗斯	《俄罗斯联邦2020年前体育发展战略》	夺取更多奖牌	奖牌榜第一
日本	《体育振兴基本计划》	金牌榜前五	金牌榜前十
英国	《2012使命计划》	奖牌榜前四	—
澳大利亚	《获胜优势:2012—2022》	奖牌榜前五	奖牌榜前十五

(二) 强调教练员和高水平运动员的选拔、培养与保障

人才工作是体现竞技体育政策科学性的重要标志,美、英、日、俄、德等世界竞技体育强国备战奥运政策的一大特点是普遍重视优秀人才的选拔和培养,重视教练员和运动员的保障工作。

各国奥运备战政策都涉及教练员和运动员培养系列计划,包括顶尖运动员就业支援、运动员生活保障、天才运动员选拔和教练员激励等,推动国家与

社会力量共同培养奥运人才。

第一，不断加强国家教育部门和社会市场协作，将教育政策和体育政策结合起来培养优秀人才。围绕协调运动员训练、学习与生活的关系，广泛利用学校资源发现和选拔优秀后备人才，如美国奥运后备人才的选拔和培养依托于学校，具有完善的"中小学—大学—职业队或俱乐部"连贯性培养途径，充分利用学校和俱乐部培养人才。

第二，推进国家队办队模式多元化。积极引导、支持社会力量创办各种形式的人才培养机构，充分发挥社会力量在人才选拔中的作用，实施国家队多元共建，形成对弱势项目后备人才不足的补充。

第三，大力推进"跨界跨项选材"工作。如英国注重创新人才选拔机制，强调对不同项目运动员晚选材、晚定项、动态选材和跨项选材（recycling），形成了精英运动员培养与选拔长效机制。

第四，注重运动员文化教育和保障工作。相关政策大力推动运动员培养，涵盖了运动员招录、社会保险、行业保障、就学、就业等多项内容。对不同项目运动员的选材、培养、训练方式和保障做了详细规定，不断完善各项激励和保障政策，为运动员未来生活和工作转型做好规划。如日本奥委会实行人才"培养一贯制"，增加奥运会适龄队员比例，通过评级制度全面掌握每位优秀运动员的具体情况（表5-9），针对不同级别运动员给予全面指导，包括增派高水平教练、科学训练监控、医学监控、安排运动员参加国内外集训等，同时在各个竞技项目中构建了高水平运动员培养体系。

表5-9 日本奥委会运动员评级与经费资助政策

	级别	教练团队补贴（教练、队医等）	运动员补贴
奥运会特别强化指定选手（相当于国家队）	A级（评分达到4分以上）	国库和日本奥委会给予资助。A、B级运动员的教练可获得日本体育振兴基金资助	日本奥委会给予资助。A、B、H级运动员因参加世锦赛等国际比赛可获得日本学校/体育健康中心的特别资助
	B级（评分达到2分以上）		
青年队（相当于国家青年队）	H级（A'级）		
	B'级		

（三）凸显奥运备战融资结构的社会化和多元化

重点项目是在奥运竞争格局中具备有利条件的运动项目，是各国奥运赛场的重要夺金点。美、英、日、俄、德等世界竞技体育强国在备战过程中注重结合本国运动项目布局,围绕不同项目有针对性地制定备战政策,政策重心体现在两个方面。

第一,重点夺金项目和重点项目运动员能力提升。如日本的重点项目"支持计划"、美国的重点项目提升政策、英国的"天才"运动员培养政策、德国的特殊运动员扶持政策,对有望获奖牌的项目给予多领域支持,提升重点项目的夺金能力,确保重点项目的最高竞技水平和保持顶级选手的竞技实力。

第二,弱势项目的支援扶持。各国备战过程中注重不同项目间的均衡发展,对基础薄弱的奥运项目进行重点扶持,如日本的弱势项目支援政策、德国的弱势项目援助政策等,通过设立弱势项目援助基金,重点扶持有望在大赛中夺取奖牌的项目和运动员。

此外,各国注重运用财政、税收、金融和产业政策支持备战,对奥运项目提供税收优惠是各国共同的做法,通过财政扶持政策化和税收优惠法律化助力奥运备战。一是通过税收优惠鼓励社会资本引入,把竞技体育市场和税收结合起来。利用税收优惠鼓励多元社会资金投入,形成依托社会市场的奥运融资结构。多元的奥运融资结构得益于公开、透明的资金分配政策,各国都设立了严格的资金分配制度,强调财务民主,资金的使用具有严格规定,如英国在奥运资金分配中把财务预算、工作人员费用、报表、训练费等对社会公开,接受社会监督。二是强调奥运资金结构的社会化和多元化。各国通过将竞技体育项目融入社会,依托社会市场,广泛利用企业赞助、电视媒体转播、体育赛事门票、体育彩票基金和个人捐赠等,通过政策拓宽奥运资金来源渠道,实现了国家财政调控和社会资金投入相统一。

(四)注重科技、医学、管理、保障协同的复合型团队建设

奥运会不仅体现的是运动员赛场中的比拼,而且是管理人员、医务工作者、科研人员等赛场外的博弈,在奥运竞争日益激烈的趋势下,创新性的科研成果往往成为决定性因素。世界竞技体育强国奥运备战政策都有涉及发挥科技对训练参赛助力,利用科技解决训练和比赛中关键问题的政策内容。包括通过科技攻关激励政策和科技成果奖励政策提升奥运备战科技服务水平,广泛运用技术诊断系统、营养补充系统、医务监督系统、信息情报系统和身体恢复系统等,建立和扩大科训结合的训练基地,实现科技助力下的训练水平整体提升。美国通过启动运动科学与医学计划,让国家队教练员和运动员接受生理学家、生物力学专家、运动训练和运动心理专家的专业会诊,在体制、机制和人员配备上突出科技保障,为教练员和运动员提供服务。俄罗斯在奥运备战周期具有专门的科技激励计划,强化备战辅助举措,加大科技介入,并为每支

国家队设立流动的医疗中心,为各项目提供多学科、全方位、全过程的科研攻关与科技服务。德国设立专门的科学备战服务政策,设立"创新想法"计划,通过引入优秀科研成果为奥运成绩获取提供帮助,设有联邦体科所、莱比锡训练研究所和柏林运动器材研究所三个专业科研机构,促进科研成果转化,帮助运动员登上奥运领奖台。英国具有体育科研系统等多项计划,通过引导科学训练,鼓励体育科技研发及成果转化,如在伦敦奥运备战中,政府主管部门与英国航空公司签订了科技支撑协议,通过改善精英训练中心,为赛艇、帆船、自行车等重点项目提供风洞模拟水池测试研究成果,很好地提高了项目成绩。

二、我国备战奥运会的训练参赛政策体系

通过资料梳理和访谈相关专家得知,我国以往的奥运备战政策主要强调政策内容的搭建,主要从人才选拔、教练员选聘、竞赛训练、科技攻关等层面提出相应的备战政策。政策内容固然重要,但政策内容的实现必须建立在科学的政策目标定位、有力的政策执行主体、合理的政策工具和高效的政策过程之上。备战奥运政策是由多维要素组成的系统,在梳理世界竞技体育强国备战政策的基础上,参考以往备战奥运会的政策文本和领域内专家意见,从我国国情出发,提出了一个由政策目标、政策主体、政策内容、政策工具、政策过程构成的"五位一体"的奥运会备战政策体系(图5-4)。"五位"即要突出政策目标明确、政策主体多元、政策内容全面、政策工具合理、政策过程监控;"一体"即把优质完成奥运会备战目标任务作为唯一的出发点和落脚点。

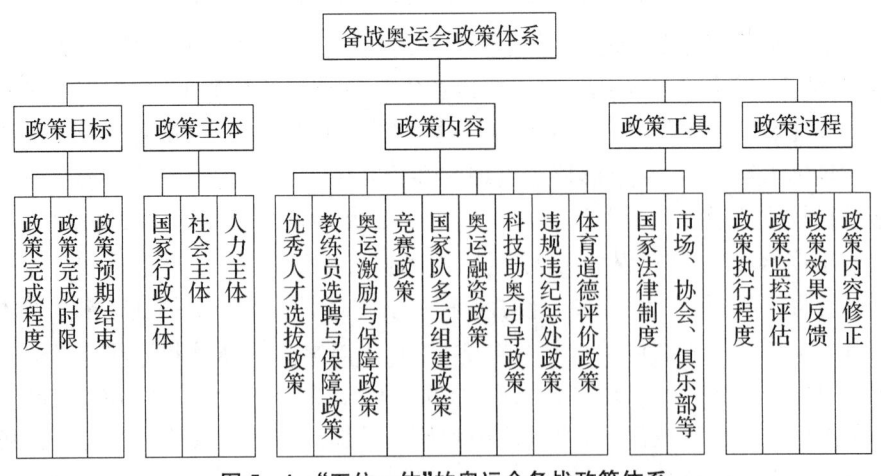

图5-4 "五位一体"的奥运会备战政策体系

（一）明确备战政策目标，打造服务于奥运会的复合型目标体系

政策目标作为奥运备战的出发点和落脚点，影响到整个备战工作的实施。我国以往备战奥运政策多采用"模糊式"的不明确目标，如"基本实现""争取达到""显著提高"等，如《2011—2020年奥运争光计划纲要》提出"2020年夏季奥运会，继续保持金牌和奖牌数领先，金牌和奖牌结构显著改善，竞技体育的综合实力和国际竞争力显著增强"。政策目标是航标，如果目标不清晰，将会给政策执行者提供"寻租"空间。世界竞技体育强国备战奥运政策的一大特点是明确提出了奥运名次目标和不同阶段计划目标，如美国《金牌行动计划》将夏季奥运金牌榜第一、冬季奥运奖牌榜前三作为备战目标，为政策执行指引了明确的方向。对此，我们要对世界竞技体育发展格局与备战形势做好深入分析，根据奥运会项目设置和主要竞争对手情况，做好各项目参赛目标的顶层设计，确定优势项目、潜优势项目、集体项目等的具体参赛目标，要细化备战奥运会的政策目标，提升备战目标的具体化和科学性。可以从完成时限、达成幅度、预期结果三个维度对各项目标进行规划，设计不同年度、不同项目和不同领域的分目标，要量化奥运备战目标，如金牌总数、奖牌总数、代表团规模指标、重点项目夺金指标、集体项目参赛指标等。不同项目参数目标、人才培养目标等可以根据政策的进程做动态调整。同时，对各项目管理中心、协会和运动队要设立具体的目标任务，搭建备战领导小组、项目中心、协会和运动队多层目标体系，真正做到细化目标、落实责任。

（二）统筹备战政策主体，构建国家和社会多元参与的奥运备战新机制

政策主体是参与政策制定和执行的对象，奥运备战政策主体主要包括国家行政主体（各级备战办、项目管理中心等）、社会主体（赞助企业、协会组织、俱乐部等）和人力主体（教练员、运动员、科研人员、医务人员等）。世界竞技体育强国奥运备战政策的显著特征是强调国家与社会多元主体共同参与，注重调动社会力量和复合型团队参与备战，以提升备战效率。新时代，随着我国体育事业协会化、社会化改革的快速推进，将有大量的社会团体和协会组织参与到各项体育事务中，新的形势下，奥运备战政策要顺应国家体育事业改革的趋势，打造国家与社会多元主体相结合的新型备战机制。要发挥多元主体协作优势，共同制定和推进备战工作，形成政府主导、协会参与、市场自主的备战政策决策机制，推进备战模式的社会化、多元化。为保障政策的合理性和科学性，在政策制定中要进行合理的社会调查，要在深入征求体育协会、领域专家、运动员、教练员等多个主体意见后，根据不同主体实际需求和客观条件进行科

学论证,政府部门要加强与社会组织沟通,保障政策制定和执行程序透明、合理和科学。另外,政策主体的诉求具有多样性,在政策执行中,要把握不同主体的多元诉求,协调主体内部关系,调动更多社会力量支持奥运备战,要广泛利用社会资源,组建国家和社会共同参与的复合型备战管理团队,通过协调管理人员、教练员、医务人员、科技人员等主体权责,形成"扁平型"的备战新机制。

(三)拓宽备战政策工具,推动备战奥运工作的法治治理和协同治理

政策工具是执行政策过程的必备手段,对于保障政策目标的达成具有关键作用。备战奥运会政策工具的选择要适应我国国情,在当前大力推进国家法治建设和体育体制社会化改革的重要时期,要积极利用新时期经济社会改革的契机,优化备战政策工具。一是将法律制度作为政策工具,推进备战工作法治治理。把法治理念融入备战工作,从制度、法规层面支撑奥运备战,健全奥运备战法治体系,包括完善教练员选聘与保障、国家队多元组建扶持、参赛运动员选拔、训练竞赛、奥运激励与保障、训练基地建设管理等方面的制度,通过健全行政执法程序,打造满足市场需求的备战法治构架,提升备战工作的法治水平。要广泛应用法律条例和仲裁制度规范备战过程,通过整合竞技体育制度性资源,推动与备战相关领域的制度治理,发挥各地在人才、科研、资金、管理、保障等方面的优势,通过健全评价、奖励制度,调动各级单位备战奥运会的积极性。二是调动社会组织、市场、项目协会、俱乐部等主体的主动性,推进备战工作协同治理。通过厘清国家和社会力量在备战工作中的角色定位,合理规划不同主体的治理权限,协调好不同主体的关系,推动备战管理中心、项目协会、各国家队、社会组织等协同治理。另外,可以将社会力量作为政策执行的监控工具,借助外力助推各项备战政策执行,打造"举国体制"和市场机制相结合的备战政策执行体系。

(四)优化备战政策过程,强化备战奥运工作的监控与动态评估

政策过程是在奥运备战周期内,通过合理的执行工具对政策进行实施、调整、监控与评估的过程。由于奥运备战过程具有较长的周期性,政策执行中容易受到外界因素影响,因此奥运备战是一个动态的过程,包括政策执行、监控评估、效果反馈、内容修订等多个过程性要素。备战过程中,首先要定期检查政策内容,如评估运动员选材、教练员培养、科技服务、训练设施、政策保障等实现程度,然后将过程按时间和项目任务分类实施,要兼顾当下和长远,采取分阶段有序推进和动态评估,及时将实施效果进行公开反馈,接受社会监督,

一个阶段任务结束后要对备战政策进行适时修订。在奥运会备战周期结束后,要对整个备战政策的达成情况进行整体性评估,根据政策效果和实施情况对备战政策进行动态调整,从而为下一个备战周期做准备。政策执行过程中要明确两个方面。一是落实备战政策执行的责任主体,明确参与主体的职责分工。要与各国家队教练员、管理人员、科技人员、医务人员等签订责任书,将责任与绩效待遇相结合,充分提升不同主体的责任意识和积极性,形成"奥运备战有落实,任务落实有主体"的政策执行体系。二是构建科学合理的目标评估体系,强化备战目标动态评估。建立专家评价、社会评价和自我评价等多方结合的综合评价机制,以量化标准从训练效果、管理水平、参赛成绩、科技运用、保障服务等多个方面对备战政策实施情况进行定期考核,从完成时限、达成幅度、预期结果三个层面形成动态的评估结果,定期公布评估情况,从而及时优化和改进备战政策,促进目标任务全面实现。

(五)完善备战政策内容,打造适合我国国情的奥运备战支持体系

我国以往的竞技体育发展规划和三版《奥运争光计划纲要》都有涉及备战奥运会的政策内容,但相关政策较为"零散化"和"碎片化",缺少围绕备战工作的系统性政策内容。对此,在借鉴世界竞技体育强国备战奥运政策的基础上,结合中国国情,从优秀人才选拔培养、教练员选聘与保障、奥运激励保障、竞赛、国家队多元组建、科技助奥引导、奥运融资、违规违纪惩处、体育道德评价等九个维度设计奥运会备战的政策支持体系。

① 优秀人才选拔政策。大力推行跨界、跨项、跨地域多元人才选拔,提高选材计划的科学性。尤其针对新增奥运项目要广泛推行跨项选材,要突破项目和地域限制,在跨项选材基础上推进跨项选教练员,形成项目选拔与跨界选拔相结合的人才选拔机制。② 教练员选聘与保障政策。实施精英教练资助计划和基层教练员培训政策,健全各项目教练员选聘制度,完善教练员聘任制度,严格遵循竞聘上岗。支持社会力量培养教练员。建立教练员培训、认证考核制度,将待遇与责任相结合,以规范国外教练员引入和考评。③ 奥运激励与保障政策。健全训练激励制度和各类保障体系,实现社会保障对运动员全面覆盖。完善《国家队训练质量管理评估办法》,制定国家统一的《退役运动员安置条例》,可以将现役高水平运动员与企业高管进行配对,以制度形式为运动员生活和退役转型做好规划,激励其备战积极性。④ 竞赛政策。建立与经济社会转型和不同时期奥运会相适应的参赛体系和服务奥运战略的竞赛制度,以利于奥运会参赛为出发点安排国内比赛,打造行政部门和体育协会协同的分层分类的竞赛体制,促进竞赛社会化。⑤ 国家队多元组建政策。完善国

家队选拔办法，推进国家队办队模式改革，实施国家队办队模式的院校化、地方化和社会化，建立专门考核激励政策，鼓励地方协会、高等院校等与国家共同组建"国家地方队"，提升国家队奖励标准，提供科学系统的奥运绩效奖励方案。⑥ 科技助奥引导政策。建立奥运科技攻关激励政策，积极引入相关专业"外脑"，从政策层面协调科研攻关、服务、运动训练和应用反馈的关系，推进多学科专家团队攻关，实施科技助力和科技支撑计划，加强技战术训练大数据分析，提高科技助力的质量和效率。⑦ 奥运融资政策。引导社会力量投资奥运，形成政府引导、依托社会的奥运备战筹资机制。利用国家彩票基金和各类社会赞助推进社会资本融入奥运，制定公开、透明的资金分配政策，完善财政监督，设立奥运备战专项基金和相应的扶持或贷款政策。⑧ 违规违纪惩处政策。健全申诉、仲裁等纠纷处理制度，从法律规制、道德规约、舆论监督等规范赛风赛纪，对备战中的各种权力"寻租"、利益输送和不正当交易进行严肃处理；严格反兴奋剂准入制度，开展反兴奋剂专项治理。⑨ 体育道德评价政策。针对奥运会的政治属性，建立运动员和教练员民族主义预警机制，设立赛场突发事件防范方案。在赛前、赛中、赛后对教练员和运动员思想进行引导，完善国家队思想政治工作机制，提升运动员和教练员思想道德素养。

第四节 备战奥运会的训练参赛举措

一、竞技体育重点项目备战奥运会的训练参赛举措

竞技体育重点项目是我国奥运赛场的主要夺金点，为实现奥运争光计划、培育金牌增长点、确立竞技体育强国第一集团发挥了重要作用。我国竞技体育重点项目包括三类，一是在国际重大比赛中多次取得优异成绩、在奥运竞争格局中具备有利条件的项目，主要包括传统优势项目和部分潜优势项目，如跳水、乒乓球、羽毛球、体操、举重、射击、柔道、摔跤、击剑、射箭、女子跆拳道等，这些项目奥运金牌贡献率超过70%。二是奥运"金牌大户"项目，主要指金牌集中的基础项目，包括田径、游泳和水上（赛艇、皮划艇、帆船）项目，即传统"119工程"或"122工程"项目，金牌占总量的1/3，这些项目容易开辟新的金牌增长点。三是社会关注度高、影响广泛、群众喜爱的集体性球类项目，主要包括篮球、排球、足球"三大球"。

(一) 优势项目和部分潜优势项目的训练参赛策略

这类项目是主导我国奥运会竞技实力的重点项目群。备战目标思路是，发挥举国体制优势，充分调动全国资源和社会力量参与备战，推进科技备战、创新备战、协同备战、精准备战；加强优势项目群开发，努力实现优势项目巩固扩大，潜优势项目突破发展，力争将部分潜优势项目转化为优势项目，形成新的金牌增长点(图5-5)；强化重点突破，加强重点运动员体能、心理、运动智能训练，科学推进程序化参赛，提升各项目"到场效应"。

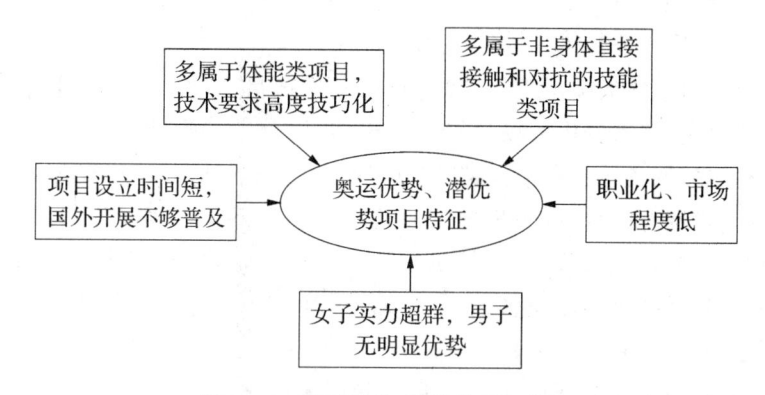

图5-5 我国优势、潜优势项目特征

① 精细化金牌获取方案。结合各界奥运会赛程和各项目竞技水平，细化夺冠运动员的素质指标、体能标准、阶段计划、比赛安排、参赛保障等关键问题，分解争金夺银的要素方案，实现精准备战。② 强化备战监控与动态评估。优化以目标管理为核心的备战机制，进一步落实各项目备战任务执行的责任主体，强化备战目标监控与过程性动态评估，推进开放备战。③ 统筹服务奥运战略的竞赛体系。秉承"赛练结合、以赛促练"思路，根据奥运会参赛的时间节点和路线图，统筹各项目参赛次数，一切比赛安排以利于奥运参赛为出发点，打好资格赛，争取获得更多参赛资格。④ 健全"训练—科研—医疗"一体化备战体系。推动项目技战术创新，深化对各项目制胜规律的认识，提升训练、科研、管理、保障、医疗复合型团队效能，深化各项目"引智工程"，打造个体化精准保障方案，推动科学备战。⑤ 加强奥运会项目规则研判。深刻理解和把握新规则精神，厘清规则修改对各项目技战术的影响，做好在训练、参赛、保障等方面的适应工作，加强对主要对手的资料收集和情报分析，提出应对方案。⑥ 关注项目非技战术因素。挖掘运动员特长优势，深入研究不同项目运动员非技战术特征，做好技战术辅助性备战，打造技战术与非技战术训练体

系，突出提升各项目的主导性竞技能力，促进运动员技战术最大限度发挥。⑦ 建立主要对手预期反应档案。强化对重点对手的分析，围绕国外重点选手参赛目标、技能优缺点、竞赛表现、动态实力等制定预期反应档案，建立奥运会国外"重点"选手数据库，与我国运动员进行综合对比分析，为运动队提供精准化应对策略。⑧ 打造"线上线下"数字化信息平台。整理世界主要竞技强国重点项目、主要对手资料，搭建数字化"备战信息情报采集、研究与共享服务平台"，实现信息资源的精准采集、有效整合、深度分析、便捷利用，为各项目精准参赛提供信息支持。

（二）集体性球类项目的训练参赛策略

这类项目总体成绩不理想，除女排外其他项目与世界强国差距较大。备战目标思路是，深入分析各项目参赛资格体系，全力做好资格赛的备战工作，争取获得更多的奥运会资格；借鉴国外经验，从"三大球"实战出发加强训练创新，深入推进赛练结合；进一步开放备战边界，充分利用社会和协会资源支持备战，提升协同备战效益；严格落实"三大球"行动计划，男、女篮力争参赛，名次提升，女排保持世界领先水平，男排缩小与世界强队差距，力争获得奥运会参赛资格，女足要有新突破。

① 谋划奥运参赛资格精准获取方案。深入分析各界奥运会参赛资格体系，有计划、分阶段、有步骤参赛，精细化挖掘重点运动员训练参赛数据，为程序化参赛提供精准应对方案。② 优化"内外结合"的竞赛体系。以一切利于奥运会参赛为出发点统筹国内外竞赛，在时间安排、参与规模、竞赛方法等方面加强系统设计，为备战训练创造良好的赛事环境。③ 提升运动员整体智能水平。安排专门时间、训练内容、技战术创新等培养运动员运动智能，挖掘综合素质高的运动员，培养有责任、有担当的核心队员，增强队伍凝聚力和战斗力。④ 加强各项目专项体能和制胜规律研究。注重训练时间和训练效益并重，强化科技助力，大力提升各项目专项体能，重视技术训练体能化和战术训练体能化，增强临场对抗能力。⑤ 提升教练员执教能力和临场指挥能力。开展教练员国际交流合作，通过"走出去"和"请进来"，引进国外先进理念，增强教练员对突发事件的处理能力、临场指挥能力。⑥ 打造通畅的信息交流机制。借助"外脑"提升训练效益，设计专项信息情报系统，围绕对手基本情况、技战术情况、教练员战术理念等做好情报收集，聘请高水平法律人员、情报人员等加强比赛规则研判。⑦ 协调职业联赛和国家队比赛的关系。处理好项目管理中心与协会、职业俱乐部的关系，优化俱乐部联赛计划，将各项目比赛和各阶段训练任务结合起来，通过联赛为奥运参赛服务。⑧ 构建国际化科学

训练平台。强化复合型团队建设，大力引入新型器材装备，完善集训练、康复、营养、测试、评价等"一体化"综合训练基地，加大运动员体能训练科学指导，为备战参赛提供精准保障。

（三）基础大项的训练参赛策略

田径、游泳和水上项目是奥运会重金项目，也是我国备战奥运会要重点突破的基础项目，容易开辟新的金牌增长点。备战目标思路是，按照奥运会程序化参赛要求，对各项目实施分类管理、重点突破，争取更多参赛资格；聚焦全球备战，加大"请进来、走出去"力度，借鉴世界先进训练理念，提升备战的智能化水平；深入推进体能"铁人计划"，分类提升各项目援助力度，提高体系化保障能力，全面增强各项目综合竞争力，缩小与世界差距。

① 打造国际备战服务平台。基础大项是欧美优势强项，要对标欧美重点项目、重点运动员训练特征，引进国际训练方法和手段，提升训练科学性、针对性和有效性。② 设计个性化训练参赛方案。深入分析重点运动员技术、战术、体能、心理、智能等夺冠要素指标和金牌结构，设计与其匹配的训练参赛方案，推动科技与训练实践深度融合。③ 加强专项体能训练。制定各项目运动员体能铁人标准，丰富各项目专项化、个体化体能训练方式，强化体能储备，实现专项体能训练与专项技术训练深度融合。④ 组建立体化保障团队。加强个性化保障，对重点单项建立针对几个运动员甚至是一个运动员的专业服务团队，从训练、体能、监控、康复、心理等多方面形成立体化保障体系，实现精准保障。⑤ 搭建国内国际高水平竞赛联动平台。围绕奥运会赛制，以增加运动员实战比赛次数、丰富比赛形式、提高比赛对抗能力为目标，完善分层、分类的竞赛体系，推进以赛代练、以赛促练，提高运动员参赛能力。⑥ 建立冠军运动员技术和专项素质模型。对比国外顶尖选手的身体形态、技术水平、身体机能和专项素质等，细化夺冠的成绩、技术、战术、体能、心智能力指标，获取提高专项能力的关键要素，发展重点运动员专项能力，实现精准夺冠。⑦ 提供个体化精准医疗服务。在个性化恢复、体能提高、伤病防治和营养补充等方面形成完整的保障体系，设立重点运动员医疗专家直通渠道，打造重点运动员"一人一计划"个性化精准服务方案。⑧ 构建赛时指挥和全方位应对系统。全面做好参赛服务，将赛场气象、对手分析、机能监控、心理疏导、营养保障、伤病治疗、兴奋剂检查等纳入参赛保障，做好运动员日常训练监控，及时发现队员临战前和比赛中出现的问题，减少伤病风险。

二、竞技体育体系化训练参赛策略

（一）利用奥运会塑造良好大国形象，展现中国特色"赢"的制度优越性

随着大国博弈日益激烈，未来的奥运会不仅是竞技体育的赛场，更是中美、中欧国力之争，是中国力量、中国形象的展示，要上升到国家利益、大国博弈的层面看待奥运赛场，通过奥运会塑造良好大国形象，展现中国特色"赢"的制度优越性。

一是在百年变局中锤炼"赢"的精神气质。以"赢"的目标完成奥运会备战参赛任务，不仅是竞技成绩的"赢"，也是国家制度体制的"赢"，要通过奥运会展现国家形象，塑造"赢"的大国实力与大国底气，在大国林立的西方世界占据更多话语权，在国际格局加速演变的百年变局中展现中国制度"赢"的优势，发挥为国争光、凝心聚气的独特作用。要塑造中国代表团良好国际形象，对国家队训练参赛、反兴奋剂、日常生活、个人行为、自媒体管理、商业活动、准入及退出等进行详细约定，绝不允许出现"特殊运动员""特殊教练员""特殊项目""特殊家长"现象，引导各项目锤炼"赢"的行为表现和精神状态。

二是发挥竞技体育在大国博弈中的平衡缓冲作用。风云诡谲的世界格局下，要利用好奥运会无烟战场的特殊作用，将参赛奥运会融入中国特色大国外交战略，进一步发挥各项目训练参赛在缓冲国际关系、消弭政治摩擦、加深国际沟通、促进民心相通等方面的作用。积极引导我国举办的一些奥运资格赛、单项赛等融入主场外交实践，借助参加各类赛事机会，与西方国家开展多层次体育交流，缓解与西方在国际政治、经济、文化主战场上的博弈困局，在国际体育舞台塑造中国负责任大国的良好形象。面对国际局势不确定性风险，要加强与国际体育组织沟通，与国际社会共同打造合理、快速、有效的突发事件应变机制，为奥运会筹办及时做出中国贡献。

三是提升各级备战系统为国争光的内生动力。引导全体备战人员站在展现国家形象、建设体育强国、为社会主义现代化建设凝聚力量的高度对待备战工作，强化国家队政治建队、思想建队。大力弘扬中华体育精神、新时代女排精神、北京冬奥精神，以"祖国在我心中"主题活动为主线，把爱国主义、集体主义教育与道德、纪律、法治教育相结合，激励各级系统为国而战、为国争光，提升打赢能力、锤炼敢赢作风，激发全体备战人员为国争光的内生动力，打造能征善战、作风优良的国家队。

(二)健全训练参赛风险防控预警机制,全面升级国家队体系化服务保障能力

面对复杂多变的国际形势,要以底线思维防范与化解各类风险隐患,针对奥运会以及各项国际单项比赛制定风险应急预案,健全奥运备战风险预警、监督、防范一体化机制,全面提升国家队抗干扰训练和风险应变识别能力。

一是以底线思维谋划奥运会风险防控预案。动态研判国内外环境与潜在风险,研制突发事件处置预案,包括大赛延期或取消应对预案、突发政治事件防范预案、流行性传染病应对预案、赛事临场抗干扰预案等,提高国家队风险预警、预判、预防、舆情抵御和应急处置能力。设计针对疫情防控、恐怖主义、出行安全、赛时饮食、媒介舆论等的风险防控计划,警惕国际政治意识形态风险,尤其针对一些归化运动员较多或聘请外教较多的队伍,要防范引入人员的潜在风险,加大海外人才意识形态、思想行为、价值观念考评,预防潜在意识形态风险。

二是提高赛前训练和赛时综合保障能力。强化国家训练基地在场地、器材、住宿、餐饮、医疗、康复等方面的服务保障功能,实施赛时一站式保障服务,确保运动员在赛前、赛间的专项训练、体能训练、状态调整、疲劳恢复、心理调控、膳食营养等方面与国内备战无缝对接。制定运动员国外训练风险应对应急方案,广泛组织开展风险防控和应对突发事件演练,建立交通、住宿、饮食、训练、参赛等一体化防范体系,引导各类运动队根据参赛情况设计针对性防控策略,避免赛时出现难以应对的局面和社会舆论。

三是全面升级奥运保障营的综合服务功能。面对新的国际局势,要提高赛前训练和赛时综合保障能力,可结合各项目实际,建立满足本项目训练、中转需求的海外训练基地。围绕运动员可能出现的传染病、饮食、出行安全等健康风险预案,改变原来主要以治疗、康复为中心的保障模式,加强国家队在传染病防范、奥运备战、伤病预防、科技攻关等重点领域的科学应对,为各运动队提供病毒筛查、风险防控、食宿安全、伤病治疗、娱乐休闲、心理咨询、航空交通等全方位体系化服务,保障运动员安全和发挥最高竞技水平。

四是优化运动员心理疏导调节服务。国际形势不确定性对国家队产生较大的心理压力,封闭环境、高强度身体负荷以及不可控因素容易导致一些运动员产生烦躁、懈怠、泄气、不安等消极心理。各单位要开设心理健康服务窗口,采用线上、线下等多种方式为运动员提供个性化心理辅导,实施运动员心理应激训练,为运动员压力疏导提供多样性服务。制定针对不同运动员的心理调节方案,帮助运动员用积极的心态应对训练节奏的调整,增强运动员参赛

心理韧性。

（三）聚焦训练备战重点领域和关键环节，统筹优化阶段备战方案和支持政策

围绕备战周期和训练节奏的调整进行缜密设计，针对奥运会出状态、出成绩目标分类优化阶段计划，强化重点项目和运动员短板个性化科技助力，争取将"周期压缩"造成的不利因素变为有益可为的备战实践，为每一块金牌配套精细获取方案。

一是针对训练参赛关键问题优化备战方案。聚焦备战的重点领域和关键环节，加强对有望夺金项目重点、难点问题的科技攻关，重点围绕体能、供能、技术、模拟、热身、恢复、营养、数据等环节进行全方位、地毯式问题查找，统筹考量不同项目训练节奏调整问题、国家队夏训与冬训衔接问题、多项赛事备战撞车问题、外赛外训队伍安排问题等，对不同项目备战的阶段目标、资格赛计划、参赛选拔、体能训练、科技助力等进行系统安排，分类打造针对不同项目、不同问题的提升方案。

二是有所侧重地制订重点项目备战计划。摸清、排查各项目训练参赛情况，"一项目一案"，分别制定备战方案，针对一些项目赛历拥挤、可能同时备战多个赛事的情势，各单位要以备战奥运会为重点，统筹协调各类赛事备战计划，抓重点赛事、重点环节备战，有所侧重、有所选择地制订各项目参赛计划，避免运动队疲于赛事奔波。此外，在奥运会女性平权背景下，要强化女性运动员专项支持，例如，可以将"瘦身项目"预投资金划拨给具有夺金潜力的新增女子项目，提升女性运动员竞争力。

三是优化备战时间表、路线图和动态督查体系。鉴于境外在时差、气候、饮食、环境、文化、语言等方面的不可控性，要重视落实"时间""场地""赛制"训练，精准找到和研究"奥运对手"，提供精细化"服务保障"。强化各项目训练过程监控和动态评估，对标《备战奥运会目标责任书》增加各项目督导考核频率，经常性地围绕各支队伍体能训练、科技助力、复合型团队、信息情报、反兴奋剂等进行量化督促，并将动态评价和过程激励进行结合，从而压实备战各方具体责任。

四是分类打造备战激励政策。根据各项目资格赛和年度赛季表现，实施重点项目、重点小项和重点运动员分类管理，加强训练津贴发放管理和监督，有区别地增加训练经费，优先保障最有希望获得金牌的重点项目运动员。引导各地完善优秀运动员、教练员支持激励政策，围绕运动员医疗恢复、场地维护、科技助力、饮食等强化支持，进一步调动各奖牌点运动员训练的积极性。

另外，结合奥运会参赛资格获取情况，及时调整备战经费投入预算，对获取奖牌希望不大的项目实施动态"瘦身"，将更多资源集中于重点运动员。

（四）实施动态训练调控策略，重视高强度训练参赛下的伤病问题

奥运会备战影响训练节奏和训练计划，有些项目赛季横跨全年，运动员不得不超负荷训练参赛。各级训练单位要打造专门训练调控策略，推动运动训练与损伤预防、机能再生、伤病康复一体化设计。

一是加强训练节奏调控及数字化检测。引导国家队重视高密集、大强度训练问题，遵循"调节奏、重恢复、稳突破"原则调控训练节奏，从整体布局上统筹协调训练参赛节奏，避免引发运动伤病风险。实施训练关键问题"数据驱动"，强化通过数据客观评估和分析运动员训练和恢复效果，将训练比赛负荷、赛事日程安排、训练负荷变化、跨区旅行、伤病康复、风险防控、应急处置、疲劳恢复等纳入综合检测指标，注重年度周期及其衔接过程中训练内容、训练负荷安排的系统性，引导团队通过数据指导训练实践，从而提高训练参赛、伤病预防的精准攻关水平。

二是发挥"冠军模型"的精准训练调控效能。结合参赛周期调整、运动项目实际以及不同运动员夺冠规律，细化每块金牌的数据采集和夺冠指标挖掘，对标世界冠军比赛成绩、训练节奏、动作难度和对抗难度，建立各项目体能、技术、战术、速度、心理等"冠军模型"。将运动训练与损伤预防、机能再生、伤病康复融为一体，利用数字化技术对运动训练负荷与过度训练进行精准调控，精准指导制定个性化训练备赛方案，分类打造以项目为导向的程序化训练模式，有效减少伤病，避免发生过度训练综合症，保障优质高效训练。

三是建立针对重点运动员、大龄运动员的健康档案。对重点运动员身体机能做精细排查，围绕训练节奏的调整提供个性化训练保障方案，打造针对不同项目大龄化运动员的精准化医务保障体系，确保重点运动员一人一档、一人一案。各国家队要科学判断运动员伤病情况，利用数字化技术精准调控运动训练负荷，建立"集技术诊断、体能训练、营养补充、医疗诊断、再生恢复于一体"的数字化训练模式，实现对运动员身体状况动态监控，有效减少伤病风险，避免发生过度训练综合症，确保运动员以最佳状态参赛奥运会。

（五）科学统筹重点项目参赛资格获取方案，分类提升不同项目"赢"的能力

深入分析不断公布的奥运会资格赛体系，结合不同项目实际进行"全链条"训练攻关，科学挑选综合实力最强的运动员参赛，坚持公开、平等、竞争原

则,围绕不同项目运动员身体形态、生理机能、专项技能等指标,细化技术、战术、体能、心理、智能等夺冠要素,高标准制定各项目优秀运动员入队标准,选出有潜力、有实力夺金的运动员。

一是细化各项目资格赛获取计划和组队方案。以"一切服务奥运会成绩"为标准,引导各类协会和中心结合项目特征和参赛实际,制定严格的参赛选拔办法和国家队选拔标准,细化各项目技术、战术、体能、心理、智能等夺冠要素,围绕运动员的核心竞争力、团队合作、以往表现、稳定性、职业态度等要素,针对性设计各项目训练参赛计划。对标不同项目奥运冠军身体形态、生理机能、专项技能等指标,分类制定各项目优秀运动员入队标准,设计国家队多元组合与配对方案,并向社会公布选拔标准,确保最优秀的运动员参赛。

二是科学调控落后项目备战布局。对于1/3难以获得参赛资格的项目,要大胆创新传统模式,依托地方和社会多方力量培育奥运"黑马"。要结合各项目历史成绩、当前实力和国际竞争格局,加快调整田径400米等65个难以获得参赛资格、"一轮游"小项的布局。其中,对在地方形成集团优势的项目可以与地方共建,对社会化、市场化较好的项目可以公开招标、委托社会力量承担备战任务,对没有任何优势的项目要着眼于长远,聚焦后备人才基础,通过断代培养方式进行备战改革创新,鼓励市场化好的项目探索"单飞"模式。

三是分类实施竞技水平提升计划。遵循项目制胜规律,对不同项目夺金能力分类强化,依据夺金潜力实行差别化投入,聚焦不同项目核心要素,提升竞争力。如实施交手对抗类项目"复兴"计划,引导摔跤、柔道、拳击、跆拳道等制定精准化、个性化体能标准;实施基础体能类项目"争气"计划,提升田径、游泳、水上、自行车等"硬碰硬"项目竞争实力;实施新增项目"破点"计划,对于攀岩、滑板、霹雳舞、小轮车等新兴项目,按照开门开放思路,支持地方政府、社会、企业、高校等参与备战,打造新的金牌增长点。

(六)加强与国际奥委会和单项组织沟通合作,重视信息情报收集与规则研判

世界百年变局和地缘政治博弈增加了信息情报的不对称性,国际关系瞬息万变造成潜在对手情报缺失,导致对奥运项目认识不清、规则情报研判不准。美国、日本等尤为注重对比赛规则、对手情报的搜集,设有专门的信息情报机构,为备战提供多方位信息技术支援。当前,各级备战单位要重视情报收集与规则研判,加强与国际奥委会和单项体育组织沟通,为精准参赛提供支持。

一是建立国外重点运动员跟踪数据库。强化对美、英、法、德等重点对手

备战信息的收集和研判,各项目要结合奥运会资格赛、入选赛以及单项赛事成绩,系统整理国内外重点运动员比赛资料信息,建立我国重点运动员与世界潜在对手比对数据库,从体能、技术、战术、速度、心理等方面进行大数据分析,对国外重点项目和重点对手备战信息进行精细化研究,及时获取国外重点项目的夺金策略、训练信息、运动员强化手段等信息,为我国提供针对性应对方法和备战策略。

二是强化奥运会新规则研判。密切关注国际奥委会和各国际单项协会规则调整动态,针对奥运会在项目设置、小项分布、资格赛方案以及参赛要求等方面的新变化,组织专家加强对新规则、新规律的研究,组建由信息、情报、法律等专业人员组成的备战智囊团,密切跟踪国外针对规则变化采取的训练方法和手段,尤其针对规则变动大的项目(如举重、拳击等)要重点分析,从而精准把握规则修改的精神实质,科学分析规则、主动适应规则、合理利用规则。

三是展现"赢"的精神风貌和大国形象。面对大国政治博弈日益深入,要利用参赛奥运会的机会塑造良好国际形象,发挥竞技体育在大国博弈中的平衡缓冲作用。一方面,积极与国际体育组织沟通,与西方国家开展多层次体育交流,对奥运会筹办过程中的疫情防控、风险防范、参赛安全及运动员保障等及时做出中国贡献;另一方面,塑造中国代表团良好国际形象,对国家队反兴奋剂、生活规范、参赛行为、商业活动等进行详细约定,规避可能出现任何有损国家形象的行为,塑造国家队"赢"的良好表现和精神状态。

课后思考题

1. 备战奥运会的训练参赛工作一般要从哪几个方面进行分析?
2. 我国竞技体育在奥运会训练备战过程中形成了哪些优势?存在哪些问题?
3. 世界竞技体育强国备战奥运会的训练参赛政策特征是什么?我国备战奥运会的训练参赛政策如何搭建?
4. 结合我国不同运动项目实际,谈一谈如何分类设计备战奥运会的训练参赛举措。

第六章 竞技体育的国际发展

当代国际竞技体育发展呈现出全球化、职业化、商业化、产业化、科学化等特征。竞技体育作为一个重要的文化载体和窗口,越来越受到世界各个国家和地区的重视,各国日益注重发挥竞技体育的综合功能和多元价值,愈加看重和关注本国在奥运会上的表现,对竞技体育的干预和支持力度不断加强。西方作为现代体育的发源地,完成了竞技体育从传统到现代的转型,并向非西方国家不断传播,形成竞技体育多元化发展格局。本章以美、英、俄、日等国家竞技体育为例,分析世界竞技体育的发展趋势,对比各国竞技体育的管理体制,归纳国际运动训练团队建设的特征,从而更好地以国际视野来认识和研究世界竞技体育发展趋势。

第一节 竞技体育的国际发展趋势

世界政治、经济、文化发展以及体育全球化的深入推进,对竞技体育发展水平提出新要求。在世界百年未有之大变局加速演变的背景下,当前国际竞技格局正在发生重大变化,国际竞争日趋激烈,世界大赛不确定性因素增加。在多重国际背景影响下,世界竞技体育呈现出全球化、多元化、智能化、娱乐化、精准化、商业化等发展趋势。

一、竞技体育的全球化

(一)资源配置的全球化

当代最伟大的变化首推全球化,无论是经济还是政治,无论是文化还是体育,都出现了明显的全球化现象,全球化冲击着地球上的方方面面。同样,全球化也是世界竞技体育发展的必然趋势。随着经济全球化的深入，各国在推动竞技体育融入国际化发展潮流的同时，积极调动全球资源提升本国竞技体育水平成为重要趋势，在人力资源、科技资源、场地器材资源等多个方面进行全球范围内的资源配置、整合与利用。最为典型的就是奥运备战的全球化，随着训练参赛水平要求的不断提高，奥运会常态化备战成为世界各国共识，出现了备战工作日常化、竞技人才国际化、训练攻关科技化、队伍管理团队化、项目发展职业化等国际潮流。例如，为备战2021年东京奥运会，我国提出了"全球备战思路"，坚持世界眼光，聚焦国际标准，整合世界资源，嫁接先进理念方法，从举国体制向全球备战发展，建立国际备战平台，加大人才引进力度，促进竞技水平持续提升。在全球备战思路引导下，我国各项目国家队采取了一系列举措，为备战东京奥运会加大"走出去、请进来"力度，积极贯彻"与狼共舞"计划，将出国训练与国内集训相结合，为国家队创造与世界强队训练交流的机会。又如，在东京奥运会备战周期，国家队实施奥运备战信息全球覆盖网络，加大东京奥运会在赛制、场地、器材、交通、饮食、裁判、环境等方面的信息情报收集，在日本、美国、法国分别建立中国奥委会备战联络处，派驻联络员，组织海外华人、留学生加强研究，准确把握竞技体育强国的政策动态、训练变化、对手信息等情况。另外，引导各项目提高信息情报意识，一些重点项目设置了专门信息情报员，收集掌握各国训练理念、训练方法和重点运动员训练参赛动态变化，提升了备战参赛效益。

（二）体育竞赛的全球化

竞赛是竞技体育的灵魂和核心表现形式，它不仅是竞技体育的发展导向，同时也是配置资源的"指挥棒"。体育全球化超越国界和地域，打破了地域环境与人文壁垒，使不同地域、民族的体育以丰富的个性进行多元融合、相互吸纳，发展成为新的世界文化模式。在全球化背景下，提供赛事产品的竞技体育加速实现资源国际化流动，高水平运动员、教练员的国际流动已成为常态。体育竞赛全球化主要表现为竞赛参与的全球化和竞赛举办的全球化。一是从赛事参与来看，当前全球范围内已经形成了一套包含奥运会、世界杯、世锦赛、洲际运动会、大奖赛在内的、超越传统国家界限的国际赛事体系，吸引世界各国广泛参与。以最具代表性的夏季奥运会为例，二战以前，参赛国家（地区）最多的是1936年第11届柏林奥运会，共有来自49个国家的1408名运动员参加，而2008年北京奥运会共有全球204个国家的11468名运动员站在了奥运会赛场上，2016年里约奥运会则有207个国家的10500名运动员参加。不仅奥运会如此，各类锦标赛、大奖赛、杯赛也吸引了许多国家的参与。二是从竞赛成绩提升情况来看,当前随着竞技体育的发展,竞赛成绩迅速提升已经成为一种普遍现象。尤其是亚洲、非洲、大洋洲的一些后发国家,都处在跨越式增长阶段,纷纷加入奖牌争夺的行列中来,打破了欧美强国瓜分奖牌的传统格局。传统欧美强国一统天下的局面也被打破,新兴国家也已经给老牌体育强国发出了强烈的挑战[①]。

(三) 人才流动的全球化

竞技体育已进入资源有国家、无国界的时代,并将继续对竞技体育的发展和运动技术水平的提升产生重大影响。人才的"无国界"流动是当代竞技体育发展的时代特征,竞技体育综合实力竞争说到底是人才竞争。世界范围的体育人才流动将继续成为竞技体育发展的潮流,对竞技运动发展和技术水平的提高产生重大影响。各国为迅速提高竞技体育水平,采取各种手段,以优惠的条件和"看得见的事业"吸引国外高水平教练员和运动员入籍和转会交流。在全世界范围内实现人才交流,人才引入、转会、培训的交流已经成为一种潮流和趋势。当前竞技体育人才国际化流动的渠道主要包括三种,即引进交流、转会交流和训练交流。引进交流是指通过"筑巢引凤",以各种优惠条件在全世界范围内网罗和吸引优秀的竞技体育人才,包括优秀教练员、运动员、科研人员以及管理人员。转会交流主要是依附于职业联赛而产生的一种人才流动方式,交流双方以契约的形式,通过支付巨额的转会费用网罗高水平竞技体育人才。例如,近年来,我国大力归化外籍运动员,2019年1月,原挪威籍球员侯永永、英国籍球员李可两名华裔球员率先加入中国籍,拉开中国足球归化外籍球员的序幕,随后,埃尔克森、洛国富、阿兰等无中国血统的球员相继入籍中国。中国足球拉开归化外籍运动员的序幕后,其他项目也紧随其后,启动了归化外籍运动员程序,如冰雪运动的谷爱凌等归化运动员在北京冬奥会上大放异彩等。

(四) 训练实施的全球化

人才的全球化流动催生了一批活跃在世界竞技体育舞台上的"国际教练员",他们打破了技术封锁的国界壁垒,使训练设施、方法、手段等资源实现了全球化流动,极大地促进了训练理论、方法与运动技术的国际化发展。在运动训练全球化演变和发展过程中,"借窝养鸡"是最典型的发展模式。所谓"借窝养鸡",就是指后发国家充分利用发达国家现有的训练资源来训练本国竞技体

---

① 何强,孙恒泽.当代国际竞技体育发展趋势及其启示[J].成都电子机械高等专科学校学报,2009,12(2):98-102.

育人才,使日常训练走出国门,提高训练效果。例如,击剑强国法国先后为韩国、中国备战奥运会提供了各种帮助。其中,韩国将击剑队全部派往法国训练,而中国则是聘请法国教练员作为训练指导人员。因此,当北京奥运会上中国运动员仲满击败法国运动员获得男子击剑金牌后,法国媒体称这是"一个法国人打败了一群法国人"。

近年来,我国加大"请进来、走出去"力度,实施与狼共舞、赛练结合,整合国际先进经验。例如,在东京奥运会备战过程中,国家体育总局按照世界眼光、国际标准的新要求,更加注重整合世界资源,学习国外先进训练理念和方法,推动备战模式从举国体制向全球备战转变。面向全球招募优秀教练员和科研人才,吸纳世界顶级训练资源和科研资源,借鉴和推广国际先进训练理念、经验和技术方法,打造国际备战平台。例如,在备战东京奥运会周期,我国教练员团队来自美国、德国、英国、法国等19个国家的30名外教,涉及田径、赛艇、水球、橄榄球等17个大项,占30个参赛大项的一半以上,还有一些外教担任国家队的训练、科研和保障人员,实现了人才引进的常态化,促使训练参赛水平有了实质性提高[①]。

二、竞技体育的多元化

(一)竞技体育功能和价值的多元化

现代竞技体育作为展示一个国家和民族的政治、经济、文化及科技等综合实力的"橱窗",集中反映出人类社会文明和向上、健康的生活追求。从现代奥林匹克运动诞生到今天,随着人类文明的进步,竞技体育的政治、经济、文化、教育等多元功能不断彰显,竞技体育已经越来越成为人类生活中一项不可缺少的重要内容。竞技体育所表现出的竞争越来越关乎国家形象、国家荣誉和国家利益。竞技的本质特征就是比赛与对抗,在直接而剧烈的身体对抗竞赛中,运动员的身体、心理和道德得到了良好的锻炼与培养,观众也得到了感官上的娱乐享受和潜移默化的教育。竞技体育又是一种人体艺术,可以使人体动作的力量、速度和优美充分地得到体现,人类的极限潜力得到发挥,使人有更高的希望和追求,使人得到美的享受和生活乐趣。竞技体育也能展现民族精神,在进行爱国主义教育、弘扬民族精神、凝聚人心、鼓舞士气等方面发挥着

---

① 杨国庆.中国备战参赛东京奥运会的制胜优势与经验启示——兼论2024年巴黎奥运会的备战形势与基本方略[J].体育科学,2021,41(12):18-29.

越来越重要的作用[①]。

(二) 竞技体育管理体制的多元化

世界各国竞技体育管理体制不同,当前世界竞技体育管理体制呈现出多元化趋势,包括政府管理型(集权型)、政府与社会体育组织共同管理型(混合型)和社会体育组织管理型(分权型)等(表6-1)。作为世界上公认的体育强国,美国、英国、俄罗斯等国家的竞技体育管理体制主要有政府管理型、结合型、社团管理型三种类型。政府管理型是政府设置专门的体育行政管理机构,对全国体育事业进行全面监控和管理;政府与社会体育组织共同管理型主要由准行政机构及体育社团承担,政府主要起宏观调控作用;社会体育组织管理型是政府不设立专门的体育管理机构,基本不干预体育管理事务,主要由社会体育团体负责体育管理。

表6-1 世界竞技体育管理体制的类型

管理体制的类型	主要国家	管理体制的具体表现
政府管理型	苏联、中国	政府设置专门竞技体育管理机构,通过各级行政管理部门对国家体育事业进行直接管理。在体育制度的制定上政府起主导作用
政府与社会体育组织共同管理型	英国、澳大利亚、西班牙、法国、日本	国家设置相应的竞技体育行政管理机构,但不直接负责体育治理,体育相关事务主要通过社会体育社团直接负责,政府起到宏观调控作用。在体育制度的制定上政府与社会共同发挥作用
社会体育组织管理型	美国、德国	政府不设立专门的竞技体育管理机构,政府对体育事务管理很少介入和干预,政府主要起到监督作用,通过社会市场机制,采用制度、法律、法规等进行间接实施。各社会体育组织往往采取自治的模式。政府不负责具体体育制度的制定,体育制度的制定主要由社会体育团体承担

(三) 竞技体育人才培养模式的多元化

当今世界各国形成了多种竞技体育人才培养模式,如美国以学校为中心的竞技体育人才培养模式;德国以体育俱乐部为基础的竞技体育人才培养模式;澳大利亚以体育组织为中心的竞技体育人才培养模式;俄罗斯以体育运动学校为基础的竞技体育人才培养模式;日本以学校和俱乐部为基础的竞技体

---

① 刘爱杰.竞技体育的时代价值与功能:2015年运动训练科学高峰论坛致辞[J].首都体育学院学报,2016,28(1):54-55+63.

育人才培养模式。美国依靠学校业余训练来培养后备体育人才,属于典型的"学校体制",即"中小学—大学—职业队或俱乐部"模式,中学是培养青少年运动员的摇篮,大学生运动员是美国竞技体育队伍的主要力量,大学成为培养优秀运动员的高级阶段。德国是俱乐部培养模式的典型代表。德国体育的基本组织形式是体育俱乐部,其体育俱乐部分为职业体育俱乐部和业余体育俱乐部。无论是学校设立的各类体育俱乐部,还是国家设立的各类体育单项或综合俱乐部,规模稍大的基本都设有青少年部,负责青少年后备人才的培养。澳大利亚竞技体育后备人才培养的基础是地方俱乐部、中小学校,以及州立体育学院。尤其是州立体育学院,成为竞技体育后备人才培养的重要阵地,它由政府投资建立,经费由政府支持,但运行模式是运用市场机制进行经营。俄罗斯的竞技体育后备人才培养模式是以体育运动学校(青少年竞技体育学校、奥林匹克后备力量学校、竞技运动职业网络学校和高水平运动技术学校等)为依托,以国家体育运动与旅游委员会、各行业系统及地方政府提供资金为保障,以青少年比赛体制来维系和控制,以及以俄罗斯各单项协会与奥委会牵头进行管理和监控的模式。日本的竞技体育后备人才培养主要是以学校体育和体育俱乐部为支撑,实行的是"中学—大学—企业队"的培养模式。韩国的竞技体育后备人才由政府(教育和体育部门)、财团、企业联合培养。[1]

(四) 政府干预方式的多元化

竞技体育是体现国家综合实力的一种重要方式,是提升国际地位、展示国家形象的重要手段,竞技体育越来越受到各个国家的普遍重视,各国都在进一步强化国家对竞技体育的管理和支持,通过权威而强有力的政府干预来提升竞赛成绩和推动竞技体育发展成为各国的共识。为有效提升竞技体育水平,各国采取了多元化干预方式,不断强化政府对竞技体育发展的宏观调控,重视政府与社会组织在竞技体育发展中的合作管理,积极发挥市场组织在竞技体育发展中的重要作用,重视竞技体育后备人才的培养和科技助力运动训练,大力支持职业体育。例如,我国制定实施了《奥运争光计划纲要》;法国青年体育部也制订了长达10年的"体育复兴计划";美国制订了"金牌行动计划""运动员奖学金计划""就业计划"等;澳大利亚则不惜重金向俄罗斯购买"奥运金牌计划",制订"奥运会运动员培训计划",并利用奖学金等形式激励运动员等。此外,日本推行了"全日本体制"备战政策体系,进一步强化了国家力量参与,

---

[1] 王海宏.竞技体育后备人才培养模式的对比分析及整合策略[J].首都体育学院学报,2011,23(6):531-535.

效仿中国和英国的"举国体制",实施以国家为主导的奥运备战组织和顶层设计,通过政府力量打造竞技体育的经济、制度和科技基础。可以看出,世界发达国家在发展竞技体育过程中都在不断强化政府干预和国家主导。

三、竞技体育的智能化

(一) 训练基地的智能化水平不断提升

科研、训练和保障一体化无缝衔接是世界体育竞技强国奥运备战的成功经验。为了提高科学化训练水平,增加训练中的科技含量,世界各体育强国都在大型训练基地或中心配备了现代化的科研设备和强有力的科研人才,直接为运动训练服务并解决训练中的实际问题,实现科、训、保一体化。如美国科罗拉多斯普林斯训练基地的运动医学中心、运动生物力学实验室和尖端水平的游泳模拟水槽,意大利体育学院(训练中心)科研所的风洞实验设备以及聚集在这里的世界一流的体育科学家,设在韩国泰陵训练基地的体育科学院等,都为提高本国的运动技术水平发挥了重要作用。澳大利亚、法国、俄罗斯等体育强国也都采取这种模式。目前德国全国共有20个训练基地,虽然大小不一,但都为运动员的训练和比赛提供"全面的和多学科的科学参与"。各个基地的开支比例方面,训练科学平均占到25.3%,运动医学和理疗占到36%,两项合起来占60%以上,可见科研服务对运动水平提高的支撑作用。例如,东京奥运会周期,在科技备战政策理念的影响下,各项目国家训练基地和训练单位重视场地、科研、医疗、康复、心理、营养等的综合功能,超前谋划进行先进数字化体能设备和专项模拟智能化训练器材配置,推进科技助力、智能餐盘、伤病预防、疲劳恢复等一体化攻关保障,提升了科技备战的支撑。

(二) 训练装备的智能化程度突飞猛进

科技发展推动的新材料革命在体育领域广泛应用,推动世界竞技体育训练装备的智能化水平不断提升。例如,在服装上采用的新型聚丙烯泳衣面料、自行车头盔合成材料、轻型跑鞋材料,能随人体和环境温度的变化而变化,从而自动存储和释放热量的智能服装材料等;在场地器材上采用的新型场地表面合成材料,以及用于自行车、赛艇、赛车等的轻型合金材料等,训练的针对性、有效性和学科性不断提升。又如,游泳项目在东京奥运会期间设计建立了数字化体能训练室,还与中国航天科技、清华大学等单位合作,运用"风洞"技术助力游泳成绩突破。场地自行车在2016年清华大学摩擦学国家重点实验室助力下,通过 3D 扫描与打印、空气动力学仿真、风洞实验、减阻机理运用等对自行车场地赛进行科技攻关,不仅助力钟天使、宫金杰获得里约奥运会冠军,还在东京奥运会进一步升级换代,再次助力钟天使、鲍珊菊等运动员夺冠。

(三) 竞技体育大数据爆发式增长

传统的技战术研究思路以录像和初阶数据为主要依据,动作统计设备和算法的制约使得传统技战术研究和论证缺乏有效的量化工具,教练员的洞察力成为运动训练技战术选择的唯一方式。随着世界大数据和人工智能技术的突飞猛进,从训练计划制订、监控训练过程,到技术动作的生物力学分析和模拟创新、训练器械的计算机控制等方面,大数据技术已被广泛运用,对竞技体育项目的排兵布阵和具体技战术形成关键指导。大数据正在对体育俱乐部、赛事运营单位、装备及系统制造商、科研及运动医疗机构、媒体、运动员乃至观众群体带来重大的影响。例如,国家队在运动员训练负荷监控上,以数字化兼顾运动训练的外负荷刺激和内负荷(心理疲劳感知)反应,实时监控和调适运动员机能状态。具体而言,通过人体运动学外负荷刺激,如训练量、频率、动作速度、幅度、加速度等,提高运动员的运动能力,同时调适内负荷反应,如氧耗、心率与心率变异性、血乳酸、肌肉与关节压力、自觉疲劳程度(RPE)、血乳酸与 RPE 比等,以此建立相互关联的训练强度冲量,精准设计具有项目特征的训练负荷。

四、竞技体育的娱乐化

(一) 竞技体育项目发展的观赏性

通过分析历届奥运会的项目变动情况,可以发现运动项目设置的娱乐化是奥运会的一大发展趋势。一是娱乐化项目进入奥运会成为新的趋势;二是原有项目中增加观赏性强的娱乐项目。奥运会大部分新增项目具有较高的观赏性,并且具有良好的发展势头。例如,2021 年东京奥运会在项目设置上为满足趣味性需求,新增滑板、冲浪、攀岩、棒垒球和空手道等 5 个大项,并增加游泳男女混合 100 米接力、田径 4×400 米混合接力等多项男女混合项目,不同性别组合和战术安排使比赛趣味性明显加强。此类项目具有自身的观赏性、娱乐性、健身性和竞争性等特点,以这些项目展开的各种联赛和锦标赛以及开展的各种群众体育活动,创造了极大的经济效益和社会效益。

(二) 竞技体育项目发展的女性化

国际奥委会批准一个项目进入奥运会的基本条件是,男子项目至少要在四大洲75个国家广泛开展,女子项目至少要在三大洲40个国家广泛开展。同时,前提是该项目的国际单项体育组织已经得到国际奥委会的承认。科学进步、商业需求,特别是女性角色社会化和男女平等观念不断改变着奥林匹克运动对女性角色的认知,并持续推动着女性积极参与奥林匹克运动。新的《奥林匹克2020＋5议程》规程下,国际奥委会大力推动"男女平权",优先设置便于女性选手参赛的项目,并削减男子项目、增加女子项目。2024年巴黎奥运会进一步通过项目改革提升女性比例,女子项目和男女混双项目大幅增加,预期实现男女设项和参与人数1∶1,将各有5 250名男、女运动员参赛,国际奥委会推进男女平权并大幅增加女性选手参赛名额,对长期女性运动员成绩占优势的中国代表团是一大利好。

（三）竞技体育项目发展的新潮化

世界竞技体育发展的一大趋势是参与群体的日益多元化,竞技运动项目不断从少数人的体育向全民体育转变,竞技体育不再只是少数精英运动员提高技能的舞台,更是成为人们生活中不可或缺的一部分,竞技体育不断走向社会,引导人们广泛参与。国际奥委会主席巴赫曾提出:"现在的年轻人有太多选择,我们不能再期望他们自动找上门,而应该主动地贴近他们。"现代奥运会在形式上承袭了古代奥林匹克运动的衣钵,就具体项目而言,多是继承古代奥林匹克运动流传下来的项目,如铁饼、标枪、跳远、赛跑、拳击、摔跤等。然而,随着现代奥林匹克的发展,许多新潮而炫酷的时尚运动项目,尤其是满足青少年群体的项目不断被纳入世界大赛中,越来越多新潮的、城市化的运动项目将会跻身于奥运会大舞台。

第二节　世界发达国家的竞技体育

一、美国竞技体育发展

美国是世界竞技体育强国,从1896年开始就一直雄踞夏季奥运会总奖牌榜前三名,在200多年的时间中,美国竞技体育已经形成了适合自身生存和发展的管理体制和运行模式,取得了巨大成功。从1896年雅典奥运会的开幕,至2021年东京奥运会的闭幕,现代夏季奥运会已先后举办了32届,除了1980年在莫斯科举办的第22届夏季奥运会之外,美国参与了每一届夏季奥运会,17次居世界金牌榜榜首,9次居世界金牌榜第2名,2次居世界金牌榜第3名,是世界夺得奖牌和金牌最多的国家,美国也因此被誉为当今世界竞技体育的"超级大国"。

(一)层次分明的"分权式"管理体制

治理体制包括治理机构设置、各组织体系间运作、职权分配与规范等有机系统。美国社会治理秉承"三权分立(Checks and Balances)"原则,分权与相互制衡成为国家治理的法律基础。作为有限政府,美国竞技体育的治理体制建立在国家治理制度之上,在长期发展中形成了分权治理模式。

在美国体育管理结构中,政府的权限被分割,州政府和地方政府享有高度自治权,本着"小政府"治理理念,联邦政府没有设立直接管理竞技体育的机构,主要由社会组织和市场负责竞技体育治理。在社会主导型管理模式导向下,竞技体育分化为业余竞技体育和职业体育,两者间具有相对独立的治理主体(图6-1),呈现出不同的治理特征。

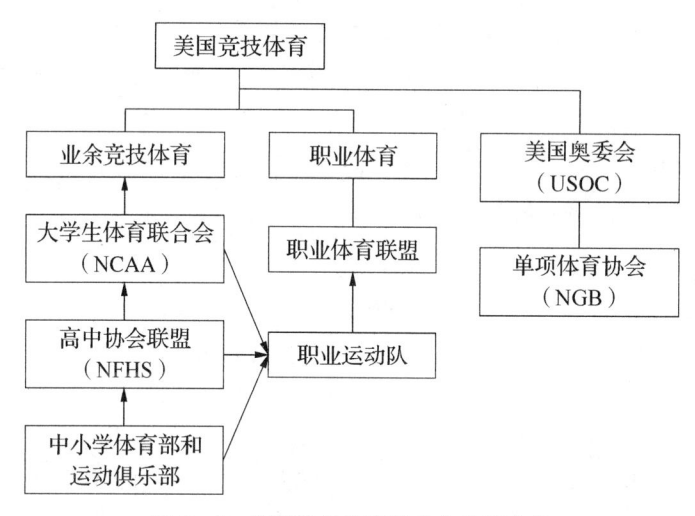

图6-1 美国竞技体育的分化治理主体

一是非营利性的业余竞技体育多元化治理。美国业余竞技体育组织分布广泛,具有自上而下的严密治理系统,其中各类大学是业余竞技体育的治理主体,主要由大学生体育联合会(NCAA)负责,通过全美1 200所大学、联盟和单项体育协会共同实施"分层分级"的协同治理。中学竞技体育由全美高中协会(NFHS)治理,负责全国中学举办的各类赛事、体育活动、体育文化交流和后备运动员输送等规范性治理。中小学竞技体育由学校体育部或运动俱乐部治理,面向在校学生、校友以及与学校有密切关系的适龄儿童,主要以学生全面成长为治理绩效目标,以各类竞赛为治理载体,保障所有参与者表现出良好的行为规范。

二是互利共生的职业体育商业化治理。职业体育是美国竞技体育的高级形式，实施"联盟体制"的顶层设计，以各类职业俱乐部和职业联盟为治理主体，以现代企业制度为治理手段，在各类体育社会组织和联合会的协助下，职业俱乐部实施"公司治理（Corporate Governance）"，通过协调多方利益相关者关系，促使多个治理主体围绕生产高质量赛事产品和获取最大利益两大目标，推动联盟内部俱乐部间的协调、合作、博弈和发展。

此外，美国奥委会（USOC）和各类单项体育协会（NGB）具有辅助治理效能，美国奥委会是竞技体育的协调机构，主要负责备战大型赛事运动员的选拔、组织与协调，以提高竞技成绩为治理目标。单项体育协会负责各运动项目治理，对全美举办的各单项体育赛事进行有效规制，并与NCAA合作共同推动竞技体育持续成长。

（二）组织贯通的"联动式"治理机制

美国竞技体育不仅具有社会主导型治理体制，而且其组织结构能保持在各个领域运行通畅，形成了一套以奥委会为主导治理层，以地方奥委会、单项体育协会、各州体育协会、职业联盟等为执行治理层，以各训练中心、大学生体育联合会、中学生体育协会、校际体育协会等为操作治理层，并附带技术机构和辅助部门组成的"联动式"治理机制（图6-2）。

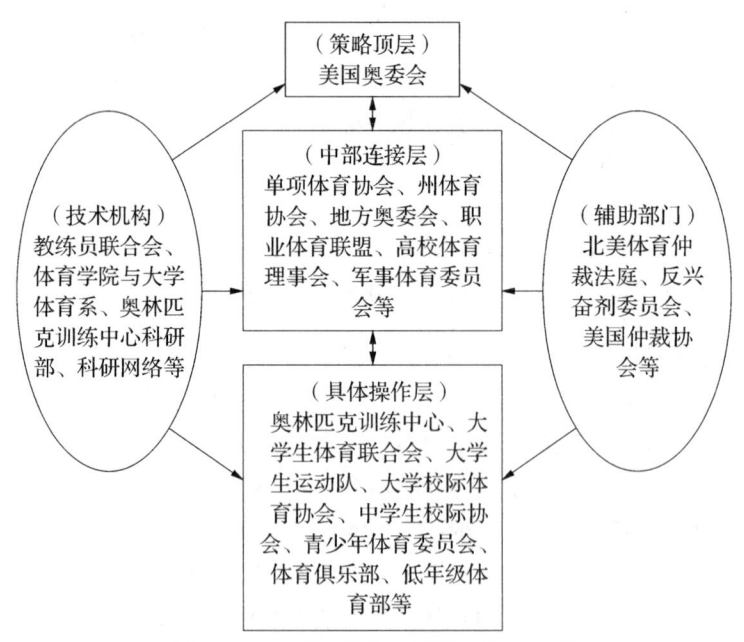

图6-2　美国竞技体育的联动治理机制

多元主体的协同合作和互利共生是推进善治的基础。作为一个典型的社会主导型国家,美国竞技体育注重引入多个治理主体,强调多中心、分权化和民权参与,多个治理主体在相互联系、相互配合的联动关系中保障了运作的持久活性,实现了多中心结构的协同共治。美国竞技体育遵循社会化治理理念,政府机构主要作为为体育服务的部门存在,政府和各州、地方政府均不设立体育管理机构,竞技体育主要由社会组织负责治理,政府只通过法律手段对其实施宏观调控。多元主体的贯通联动成为竞技体育治理的重要特征,竞技体育存在多个治理中心,通过多中心协同联动,共同搭建网络治理结构,共享资源和信息,实现治理目标最大化。这种治理结构建立在良好的制度基础之上,政府通过间接参与而不是掌控,权力分散于各级市场主体和非营利性组织,治理权限不受国家行政制约。此外,美国竞技体育的治理结构还具有"扁平化"特点,在不同主体的组织机构设置、权力划分和安排等方面强调沟通、协作,不同主体间不存在管辖制约关系,而是强调主体间"横向互动",在相互配合的基础上达成不同主体的利益诉求。在多元主体共同参与的制度框架下,美国竞技体育构建了不同组织贯通的"联动式"治理结构,实施不同主体的分权治理,如NCAA对联合会下属的会员学校以及各类联赛进行宏观治理,大学体育联盟负责联盟内部不同校际比赛的区间治理,各类会员学校负责各校运动队具体事务治理。此外,各治理主体间不存在管辖制约关系,而是相互配合的"横向互动"关系,充分尊重主体的个性化和多元化,通过主体间的互动和监督,整合多元利益诉求,最大限度地避免制度失灵,实现了治理绩效最大化。

(三) 自下而上的"学院式"人才培养模式

美国竞技体育成功的根源在于具有自下而上的人才培养治理体系。遵循"学院式"治理模式,强调运动员首先是学生,其次才是运动员,不允许把运动员作为获胜的工具。从小学、中学到大学一直由学校作为治理主体,人才培养自下而上层层推进,各类学校在保持充分自治的同时,将全面发展的人作为治理的绩效目标,实现了体育与学校教育深度融合。这种治理方式保障了学生始终在教育环境中从事训练竞赛,既能满足职业体育对高技能人才的需求,又能使运动员具有较高的文化素养。多元的"学院式"治理主体包括社区体育组织、校际体育组织、州市和地方政府组织等,一些州市青年体育组织、地方娱乐部门以及一些非营利性组织也承担了重要角色,如著名的小联盟(Little League)是美国国家级青年体育组织,小联盟主要负责各地区的青少年赛事治理,一些社会私人商业性组织也积极资助青少年体育。这种"学院式"治理体制充分挖掘了学校教育优势,提升了后备人才的培养质量(表6-2)。

表 6-2　美国高水平学生运动员的输送率

学生运动员的数量	棒球	橄榄球	男子篮球	女子篮球	男子足球	男子冰球	所有体育项目
高中学生运动员人数	486 600	1 083 600	541 500	429 500	432 600	35 900	7 800 000
大学生运动员人数	34 200	72 800	18 700	16 600	24 500	4 100	480 000
从高中进入NCAA的比例	7.0%	6.7%	3.5%	3.9%	5.7%	11.3%	6.0%
从NCAA进入职业联盟的比例	9.7%	1.6%	1.1%	0.9%	1.4%	6.6%	2.0%

注：基于 NFL、NBA、MLB、NHL、MLS 等数据。

美国竞技体育以业余训练为主,学校是竞技体育发展的中心,在长期实践中,学校与竞技体育成为一种共生与互惠的良性治理关系。在训练体制的纵向关系上,形成了一条从小学、中学、大学到俱乐部的科训医"一体化"治理体系(图 6-3)。从治理结构而言,"学院式"治理以文化教育和训练竞赛为两翼,利用教育理念促使运动员全面成长。在这种治理体系下,运动员从小学接受基础训练发展到

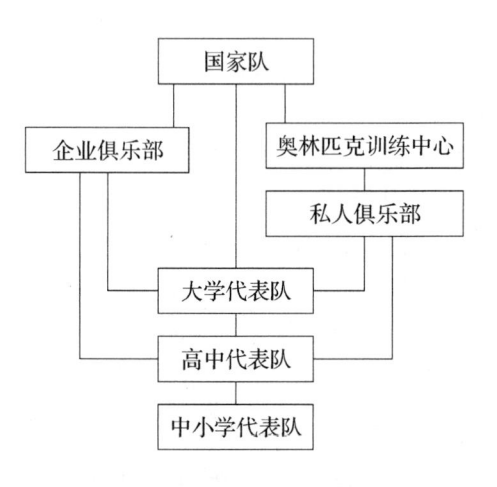

图 6-3　各级别运动队的组织主体

中学运动队,一直到进入大学体育联合会,不同阶段都在学校教育系统的治理下参与训练竞赛,在接受教育过程中学习运动技能。大学阶段,NCAA 扮演着重要治理角色,不断引导优秀的大学生进入高级别俱乐部。在自下而上"一条龙"治理体系的保障下,大学生运动员和职业俱乐部成为国家队组建的基础,高水平竞技体育人才基本来自高校,都要经历从中学联赛、大学业余联赛到进入职业联赛的培养过程。在"学院式"治理体制下,美国竞技体育呈"金字塔"式人才培养模式,各类学校体育"自下而上"与职业体育有效结合,实现了体育与教育融合的治理绩效。在治理过程中,后备人才培养依托各类学校,由大学生体育联合会、学校体育部或运动俱乐部、中学运动联合会等负责治理。青少年从小学到大学均有参加竞技体育的机会,在满足教育的基础上,形成了小

学—中学—大学—俱乐部"一条龙"的人才培养体系。其中,小学和初中是人才培养的基础阶段,主要通过开展多样性的体育活动培养兴趣;高中是人才培养的过渡阶段,有运动特长的运动员一般进入高中体育联合会;大学是竞技人才成长的高级阶段,通过各级竞赛来提升育人质量,并将优秀人才输送到职业俱乐部,在职业联盟的治理下促进高水平运动员迅速成长。

二、英国竞技体育发展

英国的体育发展模式颇具特色,早期是典型的社会主导型,后来为了快速提升竞技体育成绩介入了政府力量,逐步发展成为较为成熟的"政府—社会"结合型体育发展模式。英国作为老牌资本主义强国,近年来竞技体育取得了多次优异成绩,尤其是在近3届奥运会上,英国实行"特色举国体制",成功完成了政策导向与资源的有效配置,实现了颠覆性蜕变。

(一) 英国竞技体育管理体制

英国是现代体育运动的发源地,它与美国的球类运动和德国的体操运动一起,构成了现代体育运动的三大起源。英国的体育管理机构由内阁与英国体育理事会(UK Sport)构成。英国体育理事会与英格兰等区域体育理事会、各区域体育理事机构(项目协会)、教练员协会以及其他合作伙伴一起,共同肩负着英国竞技体育的管理工作。英国体育理事会从基层的体育俱乐部/训练团队抓起,重点改善训练条件和训练质量,通过加强场馆设施建设和增加体育器材、装备等改善训练条件,通过提高教练员水平来改善训练质量(图6-4)。

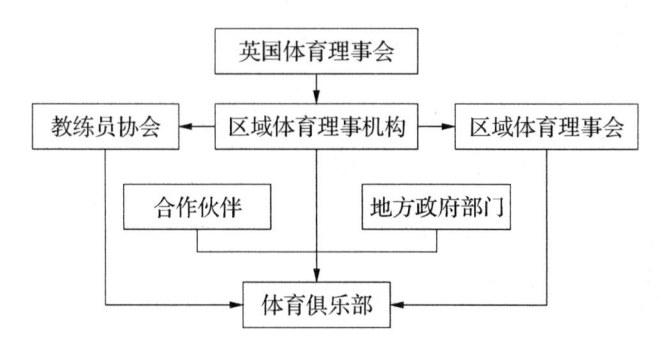

图6-4 英国竞技体育管理的组织结构

英国竞技体育管理体制的显著特征是政府(文化媒体体育部和国家彩票机构)投资,以高水平运动员为核心,以英国各单项体育协会和英格兰体科所为训练和科研服务提供方,多方机构(英国体育理事会、英国奥委会、英国残奥委会、英国教练员协会、英国运动员协会、英国体育纠纷解决委员会等非政府组织)共同协作[①]。英国具有管办分离、多元协作、运行高效的竞技体育管理体制与运行机制,包括成立主管竞技体育的英国体育局,设立国家彩票对竞技体育进行资助,制订世界级运动员计划和教练员计划,强化单项体育协会的纵向职能,成立英格兰体科所以提供高水平的科研服务,选用科学的选材模式促进运动员快速成材,整合多方组织和机构的资源为运动员提供全方位的保障。英国重视政府与社会组织在竞技体育发展中的合作管理,除了重视政府与体育社会组织在竞技体育发展上进行合作管理外,也非常重视市场组织在竞技体育发展中的作用发挥。英国竞技体育的具体实施主体是各单项体育协会,科研的实施主体是英国体科所(包括四个联合王国的体科所)。英国特色的"举国体制"投资覆盖整个奥运周期,虽然以政府公共投入为主,但不排除体育项目的商业运作,各项目除了获得体协的额外资金外,还可以利用自身的资源进行创收。

(二) 英国竞技体育训练备战举措

英国的竞技体育训练备战工作主要由英国体育理事会(UK Sport)负责,奥运选手的选拔、训练与参赛等事务由英国奥委会(BOA)实施。近年来,英国的自行车、赛艇、马术、水上等项目展示出强劲实力,2021年东京奥运会上,自行车项目表现出强垄断优势,获6枚金牌、13枚奖牌;帆船帆板和拳击项目实力快速提升,各获3枚金牌;马术、跳水、铁人三项、体操等项目发挥稳定,其中现代五项包揽男女金牌(表6-3)。为有效提升备战水平,近年来,英国颁布了《黄金赛事系列》(*Golden Event Series*)、《体育治理法规》及《世界级运动成绩计划》等多项政策,对优势项目重点支持,实现了竞技体育强势崛起。

表6-3 近3届奥运会英国主要夺金项目成绩

	自行车		赛艇		皮划艇		帆船帆板		现代五项		马术		体操		游泳		拳击	
	金牌	奖牌	金牌	奖牌	金牌	奖牌	金牌	奖牌	金牌	奖牌	金牌	奖牌	金牌	奖牌	金牌	奖牌	金牌	奖牌
30届	8	12	4	9	2	4	1	5	0	1	3	5	0	4	0	3	3	5
31届	6	12	3	5	2	4	2	3	0	0	2	3	2	7	1	6	1	3
32届	6	13	0	2	0	1	3	6	2	2	2	5	1	4	4	8	3	6

---

① 黎涌明,陈小平.英国竞技体育复兴的体系特征及对我国奥运战略的启示[J].体育科学,2017 (5):3-10.

英国近3届奥运会金牌数与奖牌数均呈上升态势,金牌稳定在25枚以上,尤其是在2016年里约奥运会上,英国凭借"后东道主"优势,金牌项目达到15项,奖牌项目达20项,创造了海外奥运征战最好成绩,成为举办奥运会后奖牌数不降反升的东道主国家。英国重点项目主要集中在自行车、赛艇、皮划艇、帆船帆板、马术、田径、拳击等,其中四大传统项目自行车、马术、田径和水上项目持续保持优势,伦敦奥运会四大优势项目夺得17枚金牌,贡献率高达59%,特别是自行车项目,在奥运赛场上一直成绩优异,获金牌与奖牌数均为各国之首。1984年以来,英国赛艇项目每届奥运会至少获得1枚金牌。此外,近3届奥运会上,英国在新兴项目上取得突破,体操、跳水、田径、帆船和高尔夫等均取得明显进步,在东京奥运会上都有夺金实力。备战举措主要体现在三个方面。

一是制订以夺牌潜力为导向的强化计划,建立系统的重点项目备战体系。英国体育理事会制订"领奖台计划""未来领奖台计划""发展计划",对可能夺奖牌的项目分类投资,为不同运动员提供走向世界舞台的机会。英国体育理事会积极承办世界大型赛事,针对奥运会女性运动员设项增加情况,英国体育理事会强化落实"女性教练员计划",发起"智慧女性(Smart Women)"活动,新增15个运动项目、27名优秀女教练员,制定专门的工作跟踪和指导方案,打造"高性能社区项目",为女性运动员提供专门化的世界级支持。围绕赛艇、自行车、马术等重点项目,形成了以运动员为核心、单项体育协会为载体的备战体系;围绕皮划艇等水上项目启动"2022—2026团结更强计划",建立备战信息高性能共享平台和复合型团队;围绕田径项目实施"团队建设计划",通过培养教练员、科技驱动、打造训练保障营等推动田径项目发展。加大对击剑、滑板、射箭、篮球等单项协会重点项目扶持和训练体系建设,在经费投入的同时,英国体育理事会严格对项目成绩开展"投入—产出"考核,根据成绩确定下一个周期的资金投入。

二是强化科技精准助力备战,提升训练参赛数字驱动水平。英国奥运成绩的突破离不开科技支持,英格兰体育研究所(EIS)不断将新的前沿科技与训练结合,以数据作为重点项目备战决策支撑,解决训练参赛中的关键问题。围绕重点项目,英国奥委会组建了多学科运动表现保障团队,制定了"高水平竞技系统数据战略",实现了训练参赛的数字化驱动,如英国游泳协会建成了数据分析平台,专门用于分析运动员竞技表现和"世界级计划"的投资效益,利用竞赛数据挑选运动员。英国奥委会组建了多学科运动表现保障团队,强化通过数据评估运动员训练和恢复效果,制定了"高水平竞技系统数据战略",精准保障重点项目备战,实现了训练参赛数字化驱动。英格兰体育研究所(EIS)围绕田径、足球、曲棍球、七人制橄榄球、举重、游泳、拳击、体操等项目,打造了以精英运动员为核心的训练、心理、医疗团队。针对自行车项目打造"风洞"训练场地,运用空气动力学、3D打印技术以及纳米材料,实现了运动员力量、技术、战术、环境等"一体化"跟踪服务,以数据化精准保障运动员训练效益。

三是实行"特色举国体制",建立了系统的重点项目备战体系。自伦敦奥运会周期开始,英国围绕竞技体育出台了多项改革举措,提出了更广泛的精英体育参与计划,主要强化国家参与,实施政府(文化媒体体育部和国家彩票机构)投资,突出政府与社会组织在竞技体育发展中的合作管理,并广泛引入国家彩票基金助力奥运备战,集中多方力量优先发展重点项目。近3届奥运会上,英国的优异成绩除了"东道主红利"影响外,关键在于围绕竞技体育实行的"特色举国体制",通过进一步强调政府在奥运备战中的主体作用,实现了将优势资源集中在最有机会成功的运动员和项目上。并且,英国各级政府部门围绕训练参赛的投资覆盖整个奥运周期,英国体育理事会、奥委会、教练员协会、运动员协会、体育纠纷解决委员会等多个组织都参与到备战之中。尤其是围绕赛艇、自行车、马术等重点项目,形成了以运动员为核心、以单项体育协会为载体的备战体系,通过整合多方资源全面支持重点项目训练参赛,成功完成了政策导向与资源配置的有效整合。

(三)英国竞技体育人才培养模式

英国竞技体育政策的一大特点是普遍重视后备人才的选拔和培养机制的创新,重视教练员和运动员保障体系建设,提倡竞技体育与学校教育相结合,强调运动员竞技训练与文化素质同步提升,制定了各种系统的人才培养政策和教练员培训保障方案。

英国竞技体育后备人才培养模式是以学校为基础,以俱乐部为载体,以社会的非营利性组织作为保障,形成了完备、顺畅的精英运动员培养体系(图6-5)。英国竞技体育后备人才培养主要有参加学校的体育活动、参加校外的体育活动、参加群众体育俱乐部三个基本途径。通过参加基层体育(包括校内外体育),接受体育锻炼和高质量的体育培训,发展潜力、成绩较好的运动员可以进入地方体育发展中心,进而进入区域优秀运动员培训中心,再接受世界级精英运动员培养计划的培训[①]。在此过程中,各级体育合

---

① 王英峰.英国竞技体育管理体系研究[J].沈阳体育学院学报,2013,32(05):21-25.

作伙伴提供必要的支持;教练员组织提供高质量的专业性和技术性的指导和支持;各级政府部门和有关的机构提供场地、器材和设备的支持。在较低水平上,地方体育发展基金为基层体育提供财政上的支持,保障基层体育俱乐部的正常运营;在较高水平上,国家理事机构的专项发展基金为高水平的运动员和运动训练提供保障。英国政府通过政策,以宏观引导与财政支持的方式间接参与、指导英国竞技体育人才培养;国家彩票机构提供大额资助金,两类非政府部门公共机构(英国体育理事会与英格兰体育理事会)与各利益相关者进行资源整合、关系协调与利益分配;各项目的国家单项体育协会(National Governing Bodies)具体负责本项目竞技体育后备人才培养的具体事宜;俱乐部提供人才基础;教育系统补充人才库;科研机构保障智库建设;私人部门组织以多元化的方式提供赞助,最终实现高效的多元共治式的竞技体育后备人才培养。

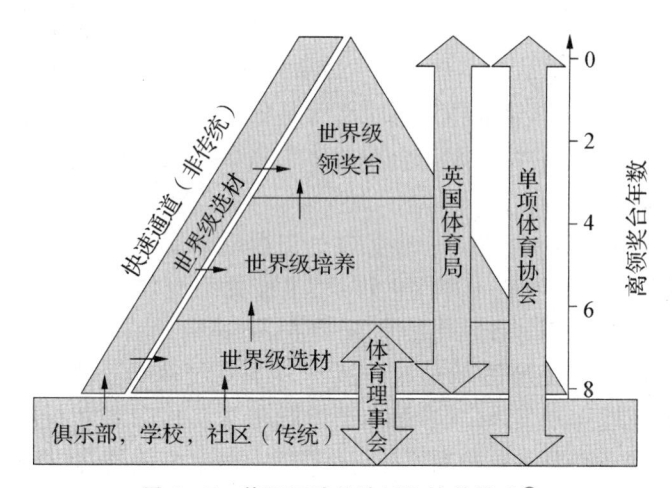

图 6-5 英国运动员选材和培养模式①

三、日本竞技体育发展

(一) 日本竞技体育管理体制

日本偏重于政府管理的结合型管理体制,政府和社会相结合的竞技体育管理体制为日本竞技体育发展提供了保障。其中,日本中央政府文部科

---

① 黎涌明,陈小平.英国竞技体育复兴的体系特征及对我国奥运战略的启示[J].体育科学,2017(5):3-10.

学省是竞技体育事业决策的中心机构,由日本奥林匹克委员会、日本体育协会、各竞技行政团体等负责具体工作,实现各自的功能,互相配合,共同促进竞技体育的发展。日本中央政府文部科学省是负责体育事业的最高行政机关,下设体育运动青少年局,该局又下设五个科室,分别为规划体育科、终身体育科、竞技体育科、学校健康教育科和青少年科。其中,竞技体育科负责的竞技体育行政管理工作主要包括提高体育运动技术水平、教练员资格认定、教练员培养、运动员培养、体育科学研究、体育社会团体的组织、体育设施设备的建设、体育经费的支持等。日本奥林匹克委员会主要负责奥运会和其他国际大赛的运动员派遣,具体职能方面包括以运动员强化事业为中心提高日本国际竞争力、奥运会运动员的选定、教练员的配置和培养、体育情报的调查分析及文部科学省的委托事业等。日本体育协会贯彻政府体育政策,承担政府较为零散的事务性工作,包括培养社会体育指导员、举办国民体育大会、开展体育科学研究、推动青少年体育的开展以及进行国际体育交流等。体育少年团是日本体育协会组织的重要后备力量,具有长期性和广泛性特点,以地域综合性体育俱乐部为基础,以一贯性指导体制进行指导训练,根据孩子的年龄特点组织合理的体育项目和运动形式,从儿童到青少年阶段进行系统的培养。

日本体育委员会(JSC)是一个独立的半行政体育机构,其主要任务是通过"体育促进基金会"和"体育促进彩票"来资助终身体育和竞技体育项目,帮助日本竞技体育建立多元化的资金渠道,如其中的"体育促进彩票"在开设以来经历初期的短暂波动后已经成为日本竞技体育资金的重要来源渠道。在这种管理体制下,日本参加大型国际比赛及其训练并不是国家包办,日本的竞技体育经费来源较为广泛,除了部分国家拨款外,体育振兴基金扶持金、体育振兴彩票扶持金和国营竞技等收入也被纳入体育训练与比赛经费的主要来源。这种政府和社会结合型的半"举国体制"既充分利用了政府的调控优势,也充分发挥了社会和市场的资源配置效率,促使日本竞技体育发展方式走上了政府主导下的社会高度参与的轨道模式,不仅大大提升了竞技体育的国际竞争力,而且提升了其与大众体育和学校体育之间的融合性、协调性和互动性[①](图6-6)。

---

① 浦义俊,辜德宏,吴贻刚.日本竞技体育发展方式转型、动力机制与启示[J].沈阳体育学院学报,2019,38(5):7-14+55.

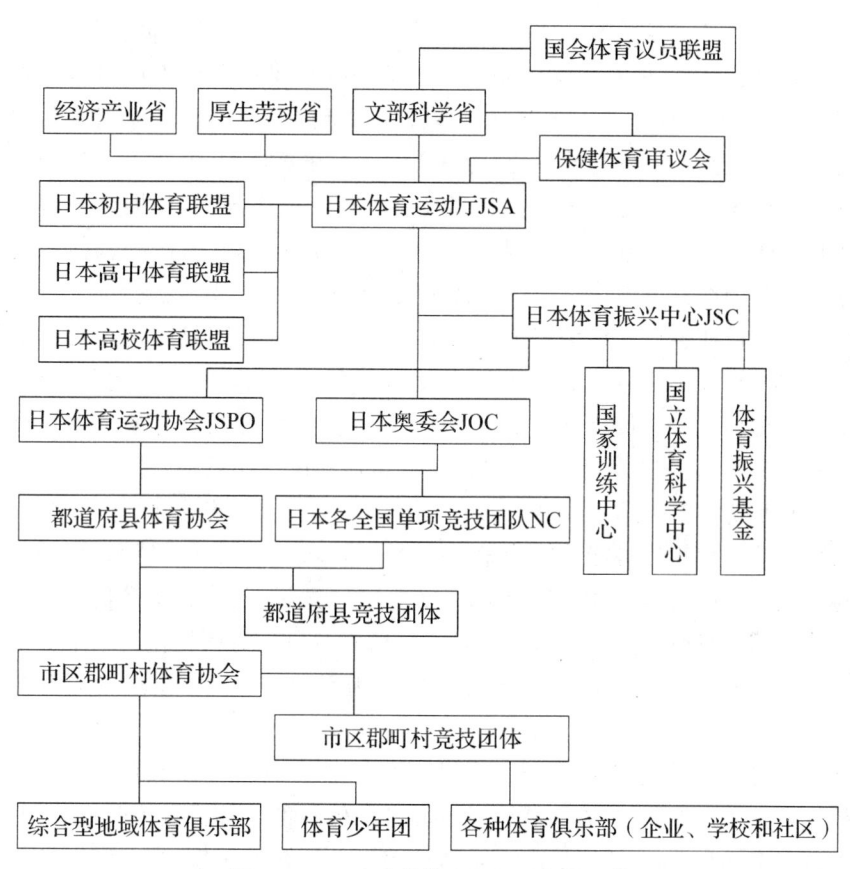

图 6-6 日本竞技体育组织运行体系①

---

① 陆小聪,王立志,蒋春黎.日本竞技体育发展及其东京奥运会备战研究[J].中国体育科技,2019,55(9):70-77.

(二) 日本竞技体育人才培养

日本高度重视高水平竞技人才工作，在各个时期的竞技体育政策中都有专门涉及人才选拔、培养与保障的举措，能够协同国家、社会和学校系统共同培养运动员，专门设立了"一贯指导系统"培养竞技人才，成功构筑了卓有成效的高水平运动员培养系统。1989年，日本文部省提出构建"一贯制"人才训练指导体系、成立国立体育科学中心及高水平训练基地等措施；2000年，日本制定了《体育振兴基本计划》，要求竞技体育管理部门和各类学校要携手共同培养运动员，打造以"一贯指导系统"为核心的人才培养体系，并贯穿于运动员培养的各个阶段。"一贯指导系统"是指在一贯理念的指导下，根据优秀运动员的成长规律，结合运动员的个性特点，采用科学指导措施，有组织、有计划、连续地发挥其个性特点，直至培养成为优秀运动员。

日本实行社会自治型培养体制，体育后备人才的培养是通过学校运动部（小学、中学和大学的运动部）和综合型地域体育俱乐部，在"一贯制"的指导思想下培养运动员，"一贯指导系统"的运动员培养体系是在教育系统中贯彻与实施的。日本"一贯指导系统"人才培养政策内容体现在三个方面。

（1）系统科学的运动员培养模式，分为导入、发掘、培养、强化四个阶段。导入阶段让青少年尽可能地体验竞技体育项目，增加竞技运动感悟，培养运动兴趣。发掘阶段实施多样化选材措施，通过竞赛选拔、与优秀运动员特征比对识别选拔、跨项选拔等方式实现科学选材；培养阶段分为项目化类型培养和非项目化类型培养；强化阶段以提高竞技水平为目的，有计划、集中地展开持续训练。

（2）青少年时期和成人时期分类培养。青少年时期利用教育系统优势在学校进行人才发掘，然后在学校运动部和各地体育俱乐部重点培养；成人时期培养地点多样化，包括大学、企业、县级代表队及体育俱乐部，当有国际性重大比赛时，会将优秀运动员进行集中训练，使之成长为顶级运动员。

（3）人才成长与保障。在日本体育协会的推动和支援下，最早从学校进行竞技人才挖掘，在小学、中学、大学阶段实施一贯指导计划，在学校运动部和俱乐部进行培养，训练计划适应运动员各年龄段特征，之后在企业、大学、县级代表队及俱乐部进行强化训练，并学习运动能力、身体、心理、社会适应及饮食等各方面知识，部分成为顶级运动员，其他退役运动员可以作为竞技体育指导者，整个实施过程突出连贯性，能够涵盖运动员生涯的各个阶段（图6-7）。

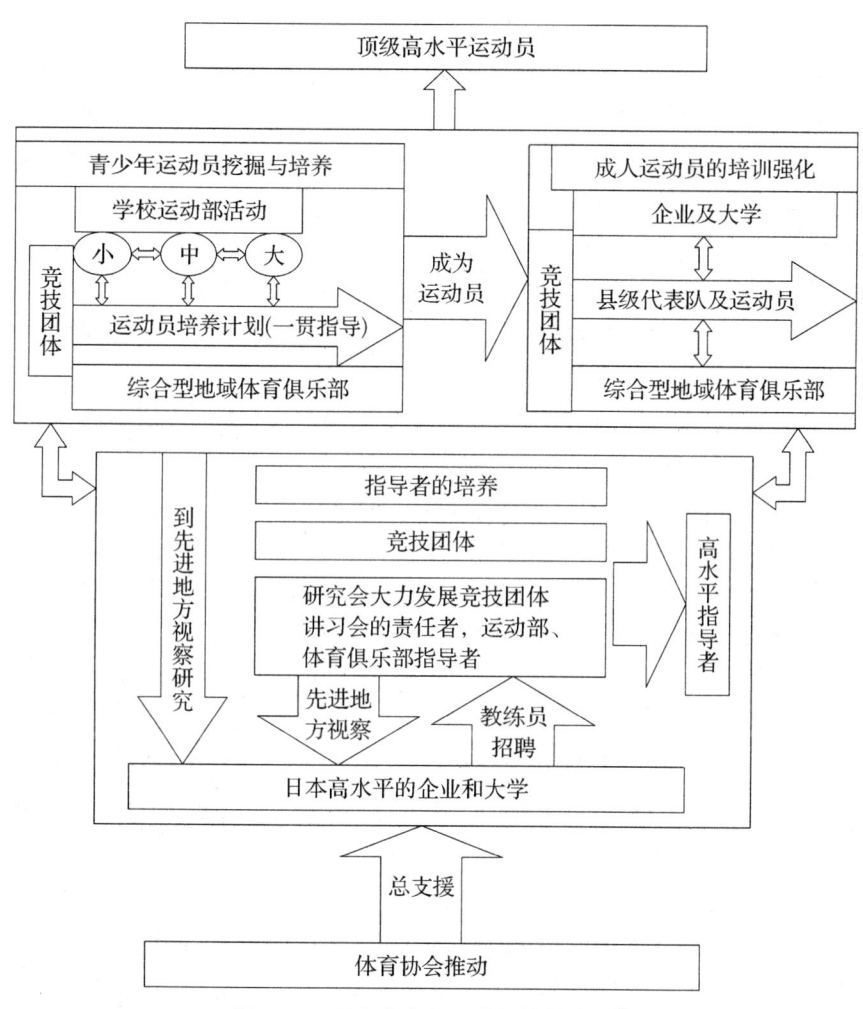

图 6-7 日本高水平运动员培养体系[1]

---

[1] 胡启林.日本竞技体育发展策略研究[J].武汉体育学院学报,2017(6):95-100.

（三）日本竞技体育支持政策

科技助力、运动员成长援助和训练竞赛等是不同时期日本竞技体育政策的重要组成部分。日本竞技体育政策始终围绕奥运备战，并将科技助力、运动员援助、训练竞赛等元素很好地融入了不同时期的竞技体育政策之中，通过打造竞技人才一体化援助体系、实施重点项目提升和弱势项目扶持、建立国家体育科学中心等，从竞赛、情报、医学、营养、科技等多个方面对竞技体育进行支持，保障了日本竞技体育成绩的快速提升。早在1961年颁布的《体育振兴法》就专门提出科学训练，建立科学化高水平训练基地，加强训练保障等举措；20世纪80年代，日本体育振兴中心设立了专门的体育振兴基金，对体育竞赛进行资金补助，对优秀运动员保障给予经费支持。随着科学技术的不断进步，1989年文部省颁布"面向21世纪的体育振兴政策"，提出成立国立体育科学中心，将科技引入运动员的援助体系之中。1998年实施了《体育振兴投票法》，提出运用法律保障竞技体育的投入。2000年出台了《体育振兴基本计划》，提出运用科技手段提高竞技体育综合竞争力，对运动员进行职业知识和技能培训等援助，将运动员保障体系更加详细化，提出确保培养体系，建立综合的服务保障系统。2001年，日本国家体育科学中心（JISS）开始运转，通过与日本奥委会、日本大学及运动研究机构协作，联合运动医学、运动科技、运动诊疗、运营部门、运动情报等部门，以提高竞技体育国际竞争力为目标，为高水平运动员提供训练、情报、医学、营养等多方支持。

日本竞技体育政策由体育协会、学校、企业及俱乐部等多元主体联合出台，并融入了运动员职业生涯的培养期、现役期、退役期等各个阶段。第一，在培养期，进行科学训练，提供先进的软硬件设施，对运动员生理生化指标实时监控分析，为日本运动员提供最适宜的运动技术和最合适的训练方法。同时，让运动员接受退役后第二职业生涯教育和业务培训，对运动员提供学习生活等方面援助，以备退役后生活需要。第二，在现役期，充分利用体育情报，建立了世界上规模最大的信息分析系统，将全世界的体育信息以最快的速度进行分析处理，汇总至研发体育数据库，根据需要提供给教练员和研究人员（图6-8）。在比赛备战时，充分发挥运动医学研究部作用，结合运动恢复和运动营养等相关知识，科学指导运动员饮食，从理疗恢复到生活保障提供精细化服务，为运动员健康和备战提供援助。第三，在退役期，将运动员与企业、大学、俱乐部等用人单位进行匹配援助，解决就业问题，通过培训促使运动员掌握职业技能，并进行跟踪调查，保障运动员退役后的生活。同时，培养体育职业生涯专家，对运动员进行多元化援助。

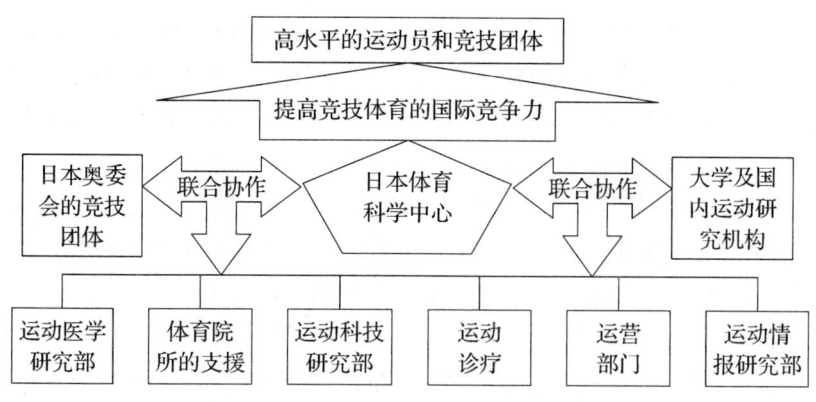

图 6-8　日本国家体育科研中心的主要任务及支持过程

第三节　国外运动训练团队建设

一、国外运动训练团队建设概况

世界竞技运动训练水平的提高不仅需要科技的快速发展,而且需要依托医疗、服务、信息、保障、管理等多个要素,通过多学科、多个专业人员的配合,实施世界大赛的协同备战。为了提高运动训练水平,美国、俄罗斯、英国、日本等世界竞技体育强国都强化了训练和科研的有机结合,通过运用复合型团队,转变管理模式和更新训练理念,加强了科研人员与教练员的有效合作,实现了训练、科研和保障的紧密衔接和高度融合。

美国竞技体育训练团队主要采用以主教练为核心的团队模式,主教练根据运动队的实际需求,聘请助理教练、体能教练、物理治疗师、医生、营养、情报收集等人员组成复合型团队。早在 20 世纪 20 年代,美国就开始了体育科技服务与保障工作,提出了"团队训练",其目的是让训练与科研紧密结合起来以保持优势项目的绝对实力。美国注重基地训练模式,基地包括生物力学实验室、运动生理学实验室、运动心理实验室以及医疗中心,集中了生物力学、运动生理学、心理学、医学等多学科专家团队,配合教练进行体能训练与技术训练,团队工作目的是提高运动成绩,开展实用研究和运动损伤的防治。美国高水平运动队的商业性质比较浓厚,注重发挥社会力量和俱乐部等多个主体合作,在备战的不同项目、不同周期,人员的组成有所不同。如美国游泳队一直处于世界之巅，其长盛不衰的原因是在研究游泳技术和运动生理方面拥有众多先进技术，除了主教练和专业教练外，还包括心理专家、营养专家、体能专家等20多名专业人员，当教练员发现问题时及时与科研人员沟通，共同研究解决实际问题。

英国是传统竞技体育强国，其奥运成绩的突破离不开科技支持和团队协作，英国奥委会不断强化科技助力备战，组建了多学科复合型服务团队。英国竞技体育复合型团队由横向专业领域主管和纵向体育项目主管组成，涉及体能主管、运动表现主管、生理学主管、运动分析主管、生物力学主管、运动员生活管理主管、物理治疗主管、心理学主管等多学科人才，其运动训练水平的提升是多学科人员通力合作的结果。英格兰体育研究所（EIS）不断将新的前沿科技与训练结合，以数据作为重点项目备战决策支撑，解决训练参赛中的关键问题。近年来，英国奥委会围绕重点项目组建了多学科运动表现保障团队，训练团队主要是体科所的科研人员，与主教练、运动表现主管进行合作，为其提供运动生理学、生物力学、体能训练、物理治疗、医疗、营养学等的服务，打造了以精英运动员为核心的训练、心理、医疗、保障团队，其多学科康复团队实现了"伤病康复训练＋心理辅导＋职业规划"三合一，为精英运动员提供伤病康复支持，帮助教练员提升训练的针对性和科学性。东京奥运会周期，英国自行车组建了有史以来最全面的复合型国际化团队，通过复合型团队弥补教练员业务水平的欠缺，提升备战工作的整体效率。

日本竞技体育能力快速提升的背后是科研力量对运动训练的支持，能够为奥运级别的选手提供一切训练保障需求。日本体育科学研究所是集训练、科研、情报收集为一体的科研组织，设有运动研究部、运动科学部和医学中心等，日本围绕重点项目打造了立体化保障体系，成员包括运动生物力学专家、运动生理学家、体能训练专家等多学科人才，通过部门、人员之间的协调，围绕运动临床、损伤康复、损伤预防等重点问题，进行科技支持、科研攻关、运动员保障工作，助力运动员在国际赛场、奥运会等比赛中取得优异成绩。为备战2021年东京奥运会，日本政府制订了《2020年奥运会运动员育成与强化计划》，实现这一政策的主要手段是强化竞技体育的科技助力，加大教练员队伍国际化和复合式团队建设的力度，围绕体操、羽毛球、棒球等打造了多个智能型综合训练基地，成立了"国家训练中心"，一些训练中心设有多元功能，可以同时满足多个项目集训，支持小项较多的射击等项目训练，通过研发高科技训练器材，设立参赛保障营，广泛运用营养学、医学、心理学、生理学等复合型人才，对重点项目运动员实施竞技状态监控、营养调配、心理调控等多方保障（图6-9）。

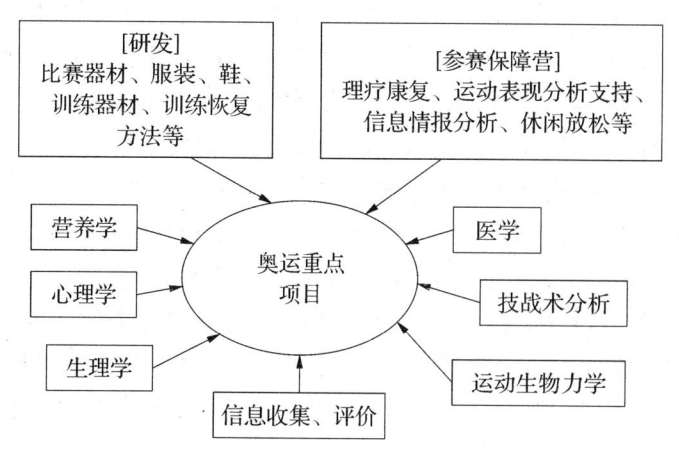

图 6-9　日本重点项目的复合型保障体系

俄罗斯是传统竞技体育强国,其科研和训练的有机结合具有多年历史传统。近几年,俄罗斯开始着重对竞技体育训练的科技保障,注重加强重点项目的训练基地建设,科技攻关注重项目的全面性,目前俄罗斯有7个研究所和7个研究院,以及41个综合科研小组,这些科研小组直接对接运动队,进行长期跟队服务,基本上每一个高水平运动队都会有一个科研小组长期跟队。从运动员的训练、营养、服务、康复、医疗等多方面实施科技精准助力,通过打造更有效、更个性化的训练方式,确保每一名选手发挥出最大潜力。俄罗斯体育大学、莫斯科大学等训练团队介入科研训练工作中,高等院校也成了俄罗斯竞技体育训练团队的重要组成部分。此外,2021年东京奥运周期,俄罗斯通过国家和社会联合加强训练基础设施建设,打造了"科训一体化"团队,围绕重点项目扩大了训练基地,针对全国重点项目分布,对7个奥林匹克训练基地、20个单项体育训练中心进行了改善,重建了莫斯科多功能体育中心,建立了集医疗、营养、训练、康复等数据为一体的比赛分析中心,不断为国家队提供康复、医疗、技术保障等创新方案,并采取个别方式为重点运动员提供药理和康复支持。

二、国外运动训练团队建设经验

美、英、日、俄等国家竞技体育复合型训练团队在提升运动员训练水平、竞技参赛能力等方面特色明显,都建立了多学科和国际化的高水平研究团队和平台,借助团队协作和科技助力对训练进行指导,通过团队训练取代个体执教。虽然各国在团队的组织结构、机制、形式上有所不同,但是都以体能、恢复、康复、营养、赛前训练等具有共性的学科为主体,注重援助重点项目备战参赛,取得了显著效益。各国竞技体育复合型团队具有共同特征。

一是多学科、多层次、多成员的集体攻关。以团队形式对运动训练进行全方位支持是各国竞技体育发展的共同特征,在训练基地中集合了多领域专家,实现对训练的有力支持,通过整合多方组织机构,强化团队合作,形成了横向专业训练领域和纵向体育项目主管的多学科"复合型团队"。在整个备战训练过程中,目标高度明确,针对教练员提出训练中的实际问题,由管理者统一协调科研人员和教练员共同进行研讨,促使训练与科研紧密结合,打造训练、科研、管理一体化团队,实现了多学科、多层次、多成员的集体攻关。

二是以主(总)教练为主导。复合型团队运行的基础是提高运动训练科学化水平,世界竞技体育强国复合型团队都有一个领导核心,通常由具备运动训练专业和较高领导才能的教练员担任。在国外训练团队中,通常主教练占主导地位,其他学科人员在各自领域提出训练中遇到的实际问题,在主教练的统筹协调下,将多学科的知识、技术有机融合在一起,协同科研和各类保障工作共同确定各类问题的解决方案,推动复合型团队形成强大的工作合力。并且,主教练员还负责协调团队内部人员的关系,通过促进多学科人才合作,实现最佳训练效益。

三是重点依托训练基地和高等院校。国外复合型训练团队多以基地为依托开展工作,重视综合训练基地和高等体育院校的科研攻关作用,高校具有较多的科研师资,这些人员具有扎实的专业知识基础,同时对领域内的前沿性研究比较熟悉,可以及时以训练中的实际问题为研究素材,为科学训练提供支撑。并且,各国都建立了大型国家训练基地或科研机构,通过利用高校的科研优势,不断为国家队提供康复、医疗、技术保障等创新方案,提升了科学训练效果。

四是覆盖多领域、多学科专门人才。竞技体育训练团队成员具有复合型特征,各国的训练团队中除了技术教练与医生之外,还有其他领域的专家学者,包括体能训练专家、物理治疗师、营养师、运动生理学、运动生物力学、心理咨询师等,多采用民主集中制的决策形式。如日本的训练团队中配备专门的情报收集人员,英国自行车训练团队中配备有工程师等,多学科、跨领域的团队的组建,能够弥补教练员和科研人员的知识盲点,形成"集体决策"的工作优势。

课后思考题

1. 当代国际竞技体育的发展趋势体现在几个方面？如何理解竞技体育的全球化？

2. 世界发达竞技体育管理体制有什么区别？你认为美国、英国、日本的体育后备人才培养模式各有什么特点？

3. 国外运动训练团队建设情况如何？我们可以从国外运动训练团队建设中得到哪些经验？

4. 思考中国竞技体育发展趋势与世界竞技体育发展趋势的异同点。

第七章 竞技体育与全民健身

　　竞技体育与群众体育作为体育事业的核心部分,两者之间相互影响、相辅相成、共促发展,是"普及与提高"的关系。党的二十大报告提出,"促进群众体育和竞技体育全面发展,加快建设体育强国",为推动竞技体育与群众体育均衡、协调、可持续发展指明了方向。随着体育强国和健康中国战略的深入实施,进一步协调竞技体育与群众体育的关系,更好地发挥竞技体育对全民健身的带动和引领作用成为一项重要任务。竞技体育助力全民健身发展,即发挥竞技体育对全民健身的带动引领作用,引导竞技体育积淀的优势资源和先进成果向全民健身转化,推动以"奥运争光"为核心的竞技体育与以"全民健身"为主旨的群众体育协同发展,从而形成均衡、协调的体育事业高质量发展新格局。在加快建设体育强国进程中,本章探讨竞技体育助力全民健身发展的时代价值、现实困境与创新路径,对于科学引导竞技体育成果与全民共享,推动体育强国和健康中国建设具有重要意义。

第一节 竞技体育助力全民健身发展的价值

一、竞技体育与群众体育协调发展是落实国家重大战略决策的有效载体

　　习近平总书记十分重视体育事业均衡发展,多次针对竞技体育与群众体育发展做出重要指示。2013年8月,习近平总书记提出,"我们要广泛开展全民健身运动,促进群众体育和竞技体育全面发展"。2016年8月,总书记提出"竞技体育能有力带动群众体育发展,群众体育具有厚植竞技体育基础的重要

作用"。2017年8月,总书记再次强调"推动群众体育和竞技体育全面平衡发展,推进全民健身事业,不断提升人民健康水平"。在总书记看来,建设体育强国既需要优异的运动成绩,也需要群众体育的蓬勃开展,要协调好竞技体育与群众体育的关系。党的十八大以来,我国体育系统积极贯彻落实习近平总书记关于体育的重大战略决策,以申办2022年北京冬奥会引领冰雪运动发展、以创新全运会办赛模式带动群众体育发展、以运动项目协会实体化改革助推全民健身开展,为新时代竞技体育与群众体育协调发展奠定了基础。

在推进中国式现代化进程中,深入贯彻落实习近平总书记关于体育的重要指示,推动体育事业全面协调发展,对于加快体育强国建设具有重要意义。一方面,能够推动体育自身发展和促进发展相统一,从世界范围看,世界体育强国都较好地实现了体育内部互促和体育融入社会的协调发展,说明竞技体育不仅要提高自身为国争光的能力,而且要发挥对全民健身、体育产业、青少年体育的促进效应,推动竞技体育成果向经济社会转化,在经济发展、文化建设、环境保护、产业升级等方面发挥综合价值。例如,打造更多服务人民业余文化生活的群众性赛事,发展以竞赛表演、场馆服务、赛事转播等为主体的服务业,最大限度地释放竞技体育外部效应。另一方面,能够实现体育优势资源共享,聚焦满足人民群众的体育需求和促进人的健康全面发展目标,利用竞技体育特有的精神魅力和激励效应,在全社会营造良好健身氛围,点燃广大群众投入体育运动的激情,把竞技赛事打造成为丰富民众生活方式的重要途径,从而引导竞技体育在改善青少年体质、促进青少年人格养成和社会化等方面发挥新作为。

二、竞技体育助力全民健身发展是践行以人民为中心发展理念的基本要求

坚持人民至上是中国式现代化的根本目标。党的二十大报告要求深入贯彻以人民为中心的发展思想,习近平总书记多次强调体育对人的全面发展的促进作用,曾指出,"加快建设体育强国,就要坚持以人民为中心的思想,把满足人民健身需求、促进人的全面发展作为体育工作的出发点和落脚点"。竞技体育与群众体育协调发展,就是将竞技体育和群众体育在长期发展过程中积淀的优秀成果落实到人民群众之上,实现发展为了人民,发展成果由人民共享。党的二十大报告多次强调要深入贯彻以人民为中心的发展思想,人民美好生活需要不仅要求具有丰富的物质生活,而且体现在健康生活方式和良好

精神文化氛围的营造上。竞技体育附带的健身、休闲、娱乐、促进交流等多元功能,是沟通人际、亲和社会最自然有效的途径,通过参与体育赛事活动,能够丰富人民业余文化生活。

随着中国式现代化对精神文明要求的不断提升,社会各层面开展的全民健身运动将不断多元化,提升人民身体素养,协同构建更高水平的全民健身公共服务体系,为社会培养健康积极的合格公民成为重要任务。一方面,要求竞技体育与群众体育将更多先进成果应用于广大民众之上,更加注重满足人民健身、健康利益,把打造"人民满意的体育"作为根本目标,紧密围绕"六个群众身边工程",发掘竞技体育在科技、设施、人才、精神文化等领域的资源优势,充分释放其特有的健身、娱乐、文化、教育等多元功能。另一方面,要求竞技体育助力全民健身,共促全民健康,发挥竞技体育在赛事活动、体育文化、竞技标准、科技助力等方面的引领和带动作用,为人民健身提供文化氛围、物质资源、科学方式以及专业指导,为人的全面发展和经济社会全面进步提供服务和支撑。例如,推动高科技训练场馆向社会开放,引导竞技体育训练康复手段用于全民健身运动,鼓励体育明星"下沉"基层社区指导民众进行科学健身。

三、竞技体育助力全民健身发展是加快推动体育强国建设的重要基础

竞技体育与群众体育全面发展是2035年建成体育强国的基础。体育强国是量与质的全面发展,不仅包括金牌数量、冠军人数以及单个运动项目的竞技水平,还包括体育人口数量、体育公共服务水平、体育消费以及体育文化普及等整体攀升。《体育强国建设纲要》将均衡作为重要原则,除了要求提升竞技水平外,国民体质、体育文化、体育场地、体育服务等均列在内。其中,竞技体育综合实力和群众体育服务水平是衡量体育强国的基本标准,可以"体育强国金字塔"来展示两者的关系(图7-1)。竞技体育属于少数精英群体,是体育强国建设的显性指标,具有周期短、易衡量、社会关注度高等特点,同时也是国家综合实力的重要体现,因此竞技体育处于"体育强国金字塔"的塔尖,在体育事业内部具有带动和引领作用。相对于竞技体育,全民健身面向社会全人群,具有见效长、社会参与覆盖面广等特点,是体育强国建设的塔基。群众体育决定体育强国建设的宽度,竞技体育决定体育强国建设的高度。

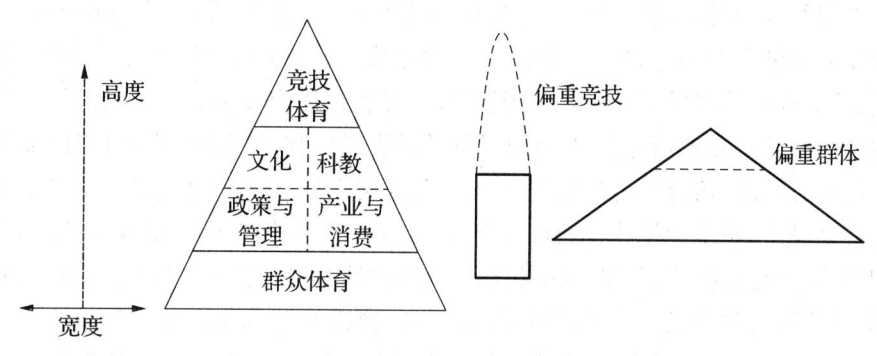

图 7-1　体育强国的金字塔架构

到 2035 年,要建成"宽塔基、高塔尖"立体型体育强国,只侧重于竞技体育或群众体育的"偏态"结构不适合高质量发展标准,不利于"体育强国金字塔"的长久稳固,也不符合体育现代化的标准。因此,要处理好竞技体育与群众体育的关系,发挥竞技体育"塔尖"对群众体育"塔基"的带动作用,促使体育强国在宽度和高度上实现立体化发展。客观而言,在体育大国向体育强国迈进过程中,我国群众体育在普及度、体育人口、体育设施规模等方面,与竞技体育取得的优异成绩相比存在较大差距。要利用竞技体育集聚的优势资源带动全民健身协同发展,助力解决全面健身场地设施不足、指导人才短缺、运动康复不科学等现实问题,利用赛事资源提升广大群众对体育运动的兴趣,通过竞技运动和全民健身深度融合,促进体育事业协调发展。

四、竞技体育助力全民健身发展是服务健康中国建设的实现方式

《全民健身计划(2021—2025 年)》将全民健身作为健康中国建设的有力支撑和建成小康社会的国家名片。《"健康中国 2030"规划纲要》提出"全面提升中华民族健康素质、提高人民健康水平以及促进经济社会协调发展",确立了追求民族素质、人和经济社会完全健康的"大健康"观,传统单一的健康上升到"人的健康、社会健康、民族健康"三维层面,体育等行业要主动适应"大健康"需求,满足人民群众不断增长的健康需求。竞技体育作为体育事业中最活跃的组成部分,不仅具有健身、娱乐、文化、教育等多元功能,而且集聚了丰富的科技成果、先进的场馆设施、专业的指导人员、多元的赛事体系、积极的精神文化等特有资源,与"大健康"关系密切,在增强人民体质、维护社会和谐、促进国家健康等方面具有独特功能。竞技体育要融入"大健康"需要,通过助力全民健身共促健康中国建设。一是助力人的健康,通过推动竞技体育的训练、康复、营养等科技成果向全人群健康转化,引导竞技体育设施、人才、赛事等资源服务全民健身开展,利用竞技运动精神价值促进人格养成和社会化提升,促进人的身心健康,培育具有良好身体素养和健康生活方式的时代新人。二是助力社会健康,利用竞技体育助推社会健康产业、健康教育、健康服务、健康环境建设,从转化科技成果、推广精神文化、打造赛事产业、促进生态体育发展等方面,助力社会健康教育开展、健康环境治理、健康产业升级和社会服务能力提升。三是助力民族健康,丰富竞技体育为国争光新内涵,推动竞技体育精神文化、优秀运动员形象向民族精神和国家形象转化,深挖竞技体育在增强民族意志、民族自信和民族凝聚力、塑造民族形象、促进民族融合等方面的特有价值,利用竞技赛事平台及文化活动增强民族认同、促进民族团结,依托竞技体育为国争光的带动作用为中华民族复兴提供精神力量。

五、竞技体育助力全民健身发展是适应群众体育内涵不断丰富的有效举措

我国体育事业发展的终极目标是全民身心健康,全民健康的基础在于群众体育。全民健身是民众为达到增强体质、愉悦身心、增进健康目的而从事的全民性健身活动。从范畴而言,全民健身是群众体育的重要部分,是 20 世纪 90 年代中期国家根据社会发展需要制定的一项阶段性任务,是相对于竞技体育"奥运战略"提出的群众性体育发展战略。同时,全民健身作为群众体育工作的补充和配套工程,是群众体育发展到一定阶段的产物。随着 2014 年全民健身上升为国家战略、《全民健身计划(2021—2025 年)》颁布以及健康中国战略的实施,群众体育的内涵发生了深刻变化,全民健身的内容体系更加精细化,目标任务更加多元化。在社会进步、经济发展和人民生活水平日益提高的背景下,人们利用闲暇时间强身健体,追求健康、幸福生活的理念渐入人心,这对群众体育背后的休闲、娱乐和健康文化生活等提出了更高要求,更加强调运动与健康促进的关联、全民健身与娱乐休闲的融合以及体育消费与经济文化的联动,更加强调参与健身的过程性体验,即落实到提高人民的健康水平和生活质量上,更加注重通过健身强体引导人们塑造健康的生活方式,休闲、娱乐、健康、消费、文化、教育等元素将全面纳入全民健身,通过全民健身实现全民健康,不断满足人民日益增长的健康需要。全民健身将被提升为打造民众健康

生活方式的重要途径,成为人民健康投资和休闲娱乐的重要手段。随着群众体育内涵的不断丰富,竞技体育助力全民健身发展面临新的要求,科学统筹竞技体育与全民健身的关系,既是处理竞技体育与群众体育关系的创新和升华,也是对新中国成立以来凝练的"在普及基础上提高,在提高指导下普及"重要经验的继承、完善和丰富。与以往相比,竞技体育助力全民健身发展的功能价值将不断拓宽,推动群众体育从"全民健身"到"全民休闲娱乐"再到"全民健康"深化发展。

第二节 竞技体育助力全民健身发展的问题

一、竞技体育体制机制与全民健身的协同联动能力不强

中国式现代化进程中,我国体育面临"两个发展"并重的新任务,体育不仅要加快补齐自身发展短板,而且要提升"促进发展"效益,通过竞技体育与全民健身协同联动,助力人和经济社会全面发展。长期以来,我国竞技体育受国家主导和行政管理的影响较大,短期内表现出与群众体育发展联动能力不强、示范和带动作用不足的现实问题,竞技体育与全民健身之间的分化现象明显。

一是竞技体育融入经济社会和人的全面发展的能力不足。长期受国家行政管理的惯性影响,我国竞技体育囿于政府驱动型管理,社会化、市场化水平不高,在政府"自上而下"的刚性制度管理下,竞技体育与经济、社会、文化、生态、民生等领域联系不足,竞技体育自身的溢出效应不高,短期内难以适应经济社会转型升级的新要求。在长期封闭机制影响下,竞技体育与经济社会的关联不深入,社会、市场、协会等主体共同参与竞技体育的渠道狭窄。我国竞技体育内部缺乏与群众体育、体育产业和学校体育的联动,在竞技体育外部难以与健康、教育、医疗、产业、民政等领域协同,竞技体育与人的全面发展相对应的娱乐化、生活化和平民化属性较低,主动服务全民健身和社会发展的能力不足。例如,在为国争光目标导向下,竞技体育带有较强的专业属性,难以将其集聚的场馆、人才、科技、赛事、精神等优势资源向全民健身转化。

二是竞技体育与群众体育协同发展的内生动力不强。我国竞技体育发挥综合效能的机制动力主要依托政府部门,以行政手段管理体育事务,依靠政府政策和保障要素实现驱动发展,长期固化的管理模式导致竞技训练、竞赛、人

才、科技等元素主动融入全民健身的渠道有限。例如，竞技体育集聚的科学训练方法、高端医疗手段、专业化团队、精良地场馆设施等难以向全社会开放，运动训练科技成果多局限在竞技体育系统内部，尚未广泛应用于大众日常健身服务，多数训练基地、中心、体校常出现季节性、赛季性闲置。另外，竞技体育体制社会活性不足，缺乏引导社会广泛参与的内生动力，政府、社会、市场组织之间缺乏良性互动，国家与社会共同发展竞技体育、人民群众广泛参与的运行机制还未形成，导致竞技体育与全民健身协同发展的内生动力不足，短期内不能很好地适应全民健身战略的多元要求。

二、竞技体育集聚的优势资源和先进成果与全民健身多元诉求不适应

全民健身是以体育参与为基本手段，服务全人群、全周期健身需要的文化活动，需要政府和社会多方资源共同参与。一直以来，我国竞技体育背负着沉重的政治使命和国家目标，竞技体育资源和成果主要围绕"争光体育"进行积累，与人的全面发展要求不适应，不能很好地融入全民健身战略需要。

一是竞技体育优势资源与群众体育的实际需要不一致。竞技体育是以攀登运动技术高峰、创造优异成绩、夺取比赛优胜为目标的专业体育，群众体育是以增强人民体质、提高健康水平、促进休闲娱乐为主旨的全民体育，两者的参与对象、目的、性质、场地、组织形式等差异明显。① 参与主体上，竞技体育主要由国家和市场组织实施，包括为国争光的专业竞技体育和依托俱乐部的职业体育，两种类型的竞技体育对参与群体要求较高；群众体育主要在政府主导下由社会组织实施，政府、社会、市场以及各类民间体育组织等都参与其中。② 参与要素上，竞技体育作为竞争性身体活动，其发展受选材、训练、竞赛、科技、保障等因素影响；群众体育作为休闲性身体活动，主要受参与意识、场地设施、余暇时间等要素影响，具有活动方式灵活、实施途径多元等特点。③ 参与条件上，两者开放性不同，辐射范围和作用人群差别明显，竞技体育相对封闭，要在专门场地开展，对参与者的体能、技能有较高要求；而群众体育组织相对松散，适用于各类人群和多种场地。

二是竞技体育集聚的先进成果难以向群众体育全面转化。传统竞技体育被赋予强烈的政治使命，以取得优异成绩为主要目标，以"争光体育"为基本形式，强调塑造国家形象、彰显精神风貌、振兴中华的国家使命，担负国家层面的"工具"角色，把金牌作为重要指标，这与群众体育倡导的提高人民健康水平、

丰富人民业余文化生活的目标背离。在为国争光的价值谱系下，将本可以自我发展、发挥综合效益的体育变成了资源消耗型专业体育，竞技体育服务人和经济社会全面发展的功能不足，竞技赛事体系和训练参赛方式不适应人民群众的广泛需要。并且，竞技运动项目参与途径比较单一，例如，钢架雪车、跳台滑雪、体操、举重、柔道等竞技项目的业余性较低，对参与者要求较高，难以有效发挥其休闲、娱乐、健身等多元价值，不能很好地满足人民日益增长的业余文化生活需要。

三、竞技体育项目融入全民健身的大众化普及和社会化推广不深入

中国式现代化将资源整合、协同共享和全面发展作为重要目标，要求各项事业打破壁垒，实现开放融合。竞技体育与群众体育虽然有着千丝万缕的联系，但两者在资源聚集、社会推广、功能价值等方面差异明显。同时，社会大众对竞技体育的认识和参与渠道有限，导致竞技体育资源难以向全民健身转化。

一是竞技体育项目的大众化普及度不高。我国竞技体育项目多是在相对封闭和独立的空间中开展，竞技体育项目受众多是特殊的专业人群，对训练、科技、保障、场地设施等要求较高，运动项目的参与方式、竞技标准、赛事体系等与全民健身的要求不适应，导致运动项目难以下沉到普通大众群体，不能将其附带的多元价值普惠于社会。并且，受传统狭隘竞技观影响，社会对竞技体育项目的价值功能认识比较局限，依然多停留在争金夺银、追求卓越的"锦标主义"之上。普通大众很少有机会参与体验奥运会、全运会赛场的竞技项目，加之一些项目如跳水、射击、举重、体操、赛艇、短道速滑等运动技术专业性强，导致运动项目的社会化普及面受到限制，广大民众难以广泛参与到竞技项目赛事之中，无形中加剧了竞技体育与全民健身之间的隔阂。

二是民众参与竞技体育项目缺乏有效途径。我国大部分竞技体育项目的社会参与率低、群众基础比较薄弱，根本原因在于普通大众缺乏有效参与方式。同时，竞技体育项目对参与者有着较高要求，其高难度、高门槛与大众健身需求不适应。并且，当前缺乏针对不同竞技项目推广的专门指导人员，一些高规格训练场地、器材、设施等难以向社会开放，也没有专门适合普通大众的竞技运动项目标准，难以广泛调动广大民众参与的积极性。另外，一些竞技体育项目如冰雪运动、射击、高尔夫、击剑等具有资金投入大、运营成本高的特点，这进一步提高了社会参与门槛。据调查显示，跑步、篮球、羽毛球、乒乓球

等依然是我国社区居民经常参加的运动项目(图7-2),而冰雪运动、体操、击剑、轮滑等项目,普通大众缺乏有效参与方式,难以广泛融入人民生活之中。

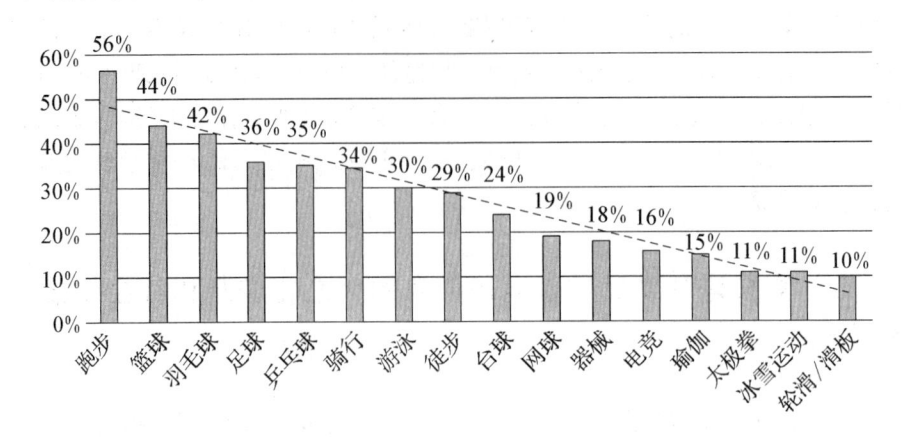

图7-2 我国社区居民运动项目参与趋势

资料来源:2017—2022年中国社区体育市场运营态势及"十三五"投资动向研究报告。

四、竞技体育助力全民健身发展缺乏政策体系保障和赛事体系嫁接

竞技体育与群众体育协调发展涉及赛事搭建、组织体系、竞技标准、科技助力等多个层面,需要专门政策保障,其中赛事作为拉近与全民健身距离的载体,在满足不同人群健身和精神文化方面具有特殊作用。然而,当前在竞技资源转化、赛事融合等方面尚未有政策支持,缺乏面向全民的竞技标准和赛事体系。

一是竞技体育与群众体育协调发展缺乏操作性政策引导。我国颁布的《全民健身计划(2021—2025年)》《关于构建更高水平的全民健身公共服务体系的意见》《竞技体育"十四五"规划》等政策,虽然都对竞技体育与全民健身资源共享提出了新要求,但相关政策比较宏观,还没有专门针对竞技体育与全民健身资源共享的操作性政策,导致两者集聚的优势资源未能在政策范畴内实现共享流动。目前,竞技体育助力全民健身发展依然多驻留在口头规划层面,难以真正形成系统的政策执行与保障体系。例如,围绕如何转化竞技体育科技成果、如何推动退役运动员进社区、如何打造共享赛事平台、如何开放优质场馆设施、如何开发体育资源、如何打造业余竞技标准等缺乏专门的操作性政策,导致竞技体育的先进成果依然服务于系统内部,不能及时向经济社会全面

开放和深度转化,群众体育中涌现的优秀体育后备人才也难以被发掘和利用。

二是竞技体育赛事与大众体育赛事资源存在沟壑。体育赛事天然具有跨界联系、聚集资源的作用,是参与群体进行健身和交流的载体,借助不同规格的赛事平台,可以在竞技体育与群众体育之间架起沟通的桥梁,从而扩大赛事参与人群。受传统竞技目标影响,我国竞技体育赛事与大众体育赛事处于相互隔离的状态,传统的竞技赛场主要是精英体育的领地,是少数专业运动员展现运动风采、超越人类极限的平台,竞技赛事的专业化、职业化水平要求较高,以"三级训练网"为主导的赛事体系,影响了竞技体育按照自身规律和社会需要进行自发组织和有序发展。当前,还没有建立与专业赛事相衔接的全民健身"同质赛事"及其标准体系,一些民间业余赛事的竞技色彩较弱,主要是满足大众化的健身、休闲、娱乐等基本需要,其赛事体系与竞技体育专业赛事存在隔阂。

第三节 竞技体育助力全民健身发展的路径

一、构建竞技体育与全民健身协同联动机制,激活群众体育内生化动力

随着新发展理念深入实施,我国体育系统内部整合和外部跨界融合的趋向日渐明显,竞技体育、群众体育、学校体育、体育产业等之间的条块壁垒不断趋于开放性、整体性和跨界性,亟待需要从战略、资源、文化、治理等方面,在体育系统内部构建相互支撑的协同联动机制,激活体育事业发展的内生动力(图7-3)。

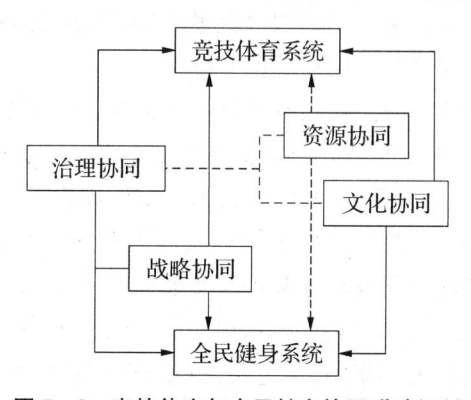

图7-3 竞技体育与全民健身协同联动机制

一是战略协同机制。站在加快建设体育强国的战略高度,对竞技体育与全民健身协同发展做出全局性和长远性谋划,制定竞技体育资源向全民健身转化的实施方案,促使竞技体育与全民健身发展的阶段目标、内容、任务等相协同。战略定位上,细化2035年建成体育强国的时间表和路线图,分解不同阶段竞技体育助力全民健身的目标、内容和举措,拓展两者的共融性发展空间,制定竞技体育助力全民健身行动计划。战略举措上,打造竞技体育要素融入全民健身的具体方法和实现机制,要覆盖竞技体育全结构要素,包括科技成果、优秀人才、项目推广、赛事体系、场地设施等多方面的转化策略,促使两者融合联动效益最大化。

二是资源协同机制。竞技体育聚集了丰富资源,其中非核心资源(如二线运动员、退役运动员、折旧器材等)无法发挥最大作用,但其在全民健身中可能是优质资源,具有施展作用的广阔空间。可以整合竞技体育与全民健身的现存资源,重点在物质、人力、信息、技术等资源方面打造共享平台,引导两者优势资源互补。如探索竞技体育场馆分时段开放机制,制定专业训练场地向社会服务开放管理办法,强化大型运动场馆设施多功能改造升级,合理设置运动训练与全民健身功能区,将全民健身公共服务时长纳入场馆运营年度考核,从而提升资源利用率。

三是文化协同机制。竞技体育凝聚了丰富的精神文化,诸如中华体育精神、北京冬奥精神、女排精神等都是优秀竞技文化的重要体现,其倡导的竞争性、公平性、拼搏性等特质,能激励人们不断超越、努力拼搏、公平竞争、完善自我,可作为全民健身的文化内聚力。通过打造文化协同机制,凝聚运动项目文化精神内核,引导竞技体育集聚的优秀精神文化、正向竞争文化向民族精神和国家形象转化,把竞技体育特有的规则遵守、公平竞赛转移到对社会秩序、法律规范认同中,促使竞技文化与健身文化相互借鉴、深度融合,从而激发民众健身意识,鼓舞更多民众参与竞技体育项目。

四是治理协同机制。打造"政府引导—社会参与—市场支撑"多元协同治理体系,建立竞技体育与全民健身共治共享运行机制。一方面,引导项目协会、社团组织、市场等共同参与,如围绕资源共享磋商事宜,成立竞技体育和全民健身合作领导小组,共同解决两者协同发展的难题。在体育共享资源配置中转变政府职能,推动从行政指令型转变为服务指导型,从政府主办转变为政府主导、部门协同、全社会共同参与,从单一供给转变为多方服务。另一方面,设立合作办公室,负责统筹规划、信息传递、合作指导、资源共享等工作,共同开发合作项目。以政府组织间"互动"、协会团体间"互惠"、参与人员间"互利"

为导向,出台多元主体参与治理的行为准则,促使竞技体育与全民健身主体协同发力,共同推动体育事业融合发展(图7-4)。

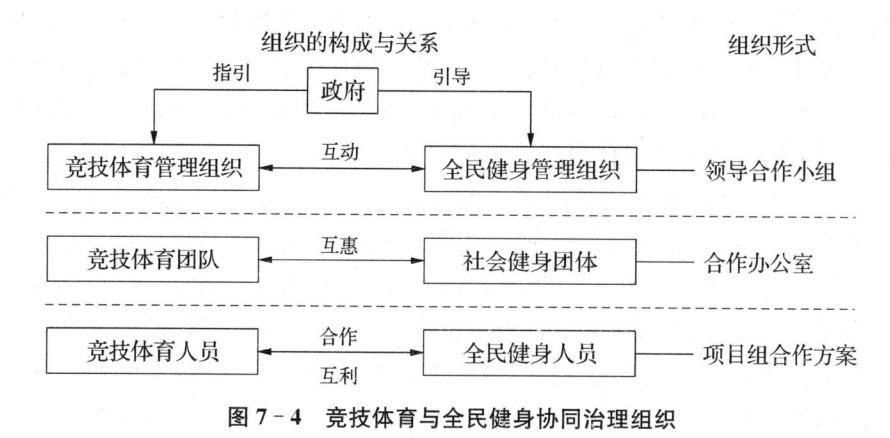

```
              组织的构成与关系                    组织形式
         指引    ┌──────┐   引导
       ┌────────│ 政府 │────────┐
       │        └──────┘        │
       ▼                        ▼
┌──────────────┐   互动   ┌──────────────┐
│竞技体育管理组织│─────────│全民健身管理组织│── 领导合作小组
└──────────────┘         └──────────────┘
─ ─ ─ ─ ─ ─ ─ ─ ─ ─ ─ ─ ─ ─ ─ ─ ─ ─ ─ ─ ─ ─ ─
┌──────────────┐   互惠   ┌──────────────┐
│ 竞技体育团队 │─────────│ 社会健身团体 │── 合作办公室
└──────────────┘         └──────────────┘
─ ─ ─ ─ ─ ─ ─ ─ ─ ─ ─ ─ ─ ─ ─ ─ ─ ─ ─ ─ ─ ─ ─
┌──────────────┐   合作   ┌──────────────┐
│ 竞技体育人员 │─────────│ 全民健身人员 │── 项目组合作方案
└──────────────┘   互利   └──────────────┘
```

图 7-4　竞技体育与全民健身协同治理组织

二、引导竞技体育项目社会化、大众化转型,助推全民健身项目化发展

运动项目是体育活动开展的载体,项目化是推动全民健身向更高层次发展的内在要求。通过竞技体育项目大众化转型,引导各类竞技项目回归社会,并逐渐下沉到群众体育中,如马拉松、体操、跳水、击剑、举重等项目不仅具有竞技属性,还具有强身健体、磨炼意志等社会属性,适当改进可成为大众健身项目。

一是加强对竞技体育项目的宣传和科学引导。一方面,向社会推广竞技项目的功能价值和参与方式,规正人们对竞技项目的曲解,广泛宣传竞技项目在促进身心健康、文化教育、休闲娱乐等方面的多元功能,增强项目吸引力。可以依托高校、单项协会等共同编制运动项目健身指南,引导竞技项目进校园、走社区、上街头,通过体验、培训、赛事等不同形式普及运动知识,实现竞技项目的大众化、平民化和生活化融入。另一方面,重视竞技项目的精神塑造和文化引领,深挖竞技项目的文化符号,如"女排精神""登山精神"以及优秀运动员的良好品质,将运动项目凝聚的拼搏精神、刻苦精神和为国争光精神,打造成为民众参与运动的价值尺度和道德榜样。

二是推动竞技运动项目协会组织的社会融入。运动项目协会是推动竞技体育资源向全民健身转化的主体,要利用协会推动运动项目的推广和普及。一方面,引导运动项目协会服务全民健身,发挥全国性单项体育协会主体作用,根据不同竞技项目的市场化程度分类打造推广模式,探索不同项目大众化参与标准体系,调动不同人群的参与积极性,更好地服务于人们日益增长的体育需要。另一方面,以项目协会实体化改革推动竞技项目走向基层、走向民间,带动更多运动项目下沉到社会,支持基层协会发展个人会员,让更多群众广泛参与到协会中,把运动项目普及纳入单项协会绩效评价,通过协会定期组织民间体育活动,把群众体育广泛带动起来。

三是创新竞技体育项目的大众参与形式。一方面,做好竞技项目"竞转民"推广,对竞技运动项目进行加工和升级,在项目规则、内容、形式等方面实施大众化改造,增强运动项目的游戏性、趣味性和普适性,围绕项目规则科学性、技术动作规范性、锻炼方法系统性等,打造多种类指导方案,降低群众参与的盲目性。另一方面,丰富竞技项目的内容形式,推动项目社团化发展,强化各类民间社团推广项目的社会责任。建议结合大众健身需求拓宽运动项目参与主体,引导学校、社会、企业、家庭等多主体共同参与运动项目推广,为民众创造更多接触竞技项目的机会和条件,吸引广大群众尤其是青少年学生科学参与。

四是以非奥运竞技项目为载体发展群众体育。非奥运项目主要指未进入奥运会的竞技体育项目。我国正式开展的100多个运动项目中有46项是非奥运项目,占有很大比例,非奥运项目多具有民俗性和群众性,如武术、轮滑、龙狮、龙舟、登山、拔河、毽球等,社会基础较好,具有健身、娱乐、休闲等丰富价值。可以非奥运项目为载体,大力推广民间民俗体育活动,广泛推进民间体育项目化发展,并充分利用奥运优势项目(如乒乓球、羽毛球等)引领全民健身,以激发全民参与体育的积极性,带动更多民众投身全民健身运动。

三、推动竞技体育先进成果向全民健身转化,提升全民健身科学化、智慧化水平

竞技体育在运动训练、营养、康复医疗等方面集聚了丰富资源,引导竞技体育先进成果向全民健身转化,促进训练、膳食、康复方法和科技助力方式社会普及,推动竞技体育在实现"为国争光"的同时,服务全民健身"六边工程",更广泛、更安全地惠及人民群众。

一是推动训练科技成果与全民共享,建立服务全民健身转化机制。引入训练科技成果市场开发机制,梳理竞技系统中适合全民健身的服务方式,开发竞技体育在运动训练、营养、医学、体能训练、康复等方面凝聚的先进科学技

术，促进优势训练科技成果向全人群健康转化。如利用运动损伤康复、高精尖训练、人工智能、生物技术等运动训练中的新科技，打造覆盖不同人群的健康指导方案；借鉴国家队数字化训练与监控模式，开发数字化健身软、硬件产品，搭建智能化健身平台，辅助提高全民运动技能水平，从而实现以"运动"非医疗手段促进人民健康，弥补群众体育项目竞技性和科学性不高的问题。

二是发挥竞技体育科技服务的辐射效益，促进全民健身科学化。优秀竞技运动员在攀登体育竞技高峰过程中，在身体与心理训练、膳食营养、康复技术、科技助力等方面积累了全周期的科技成果，在科学化训练领域形成了系列成熟的手段，广泛应用这些先进成果指导群众科学锻炼，把科学训练方法、康复手段推广到大众中，对民众健身提供科学指导，可以避免健身锻炼的盲目性。如推动高强度间歇训练在多种慢性病康复中的应用、推广运动营养技术和"智慧餐盘"在医学中的应用、制定个性化训练方案和运动处方等，为临床医疗和全民健身精准化干预提供服务。

三是推动优秀竞技人才走入群众体育，提供全民健身专业指导。第一，建立高水平运动队帮扶基层健身的方案，鼓励体育科技专家、世界冠军以公益形式走进学校、医院、社区，面向不同年龄、不同人群开展科学锻炼科普活动，讲授科学健身方法，在锻炼调节、日常食谱、康复技巧等方面形成向社会推广的教程，提供科学、专业的指导。第二，向全民健身输送高端指导人才，将退役运动员纳入全民健身指导队伍，鼓励退役运动员走入群众体育，通过对退役运动员进行专门培训，将其运动技能转化为为社会服务的技术，在健身指导方面成为生力军。第三，建立国家队、省队运动员进校园、进社区制度，支持竞技人才下沉社区、学校开展健身知识交流活动，传播中华体育精神和奥林匹克精神，如可规定现役国家队、省队运动员每年在中小学或社区开展不少于一定时间的健身指导。

四是引导竞技体育先进场馆设施服务社会，提供全民健身资源。制定专业训练场地设施向社会开放的管理办法，将训练场馆闲置期的开放信息及时纳入全民健身信息服务平台，引导先进训练场地、器材等向社会开放，探索竞赛场馆或训练场馆分时段有偿开放办法，用于居民体育锻炼需要。引导各地项目协会和训练中心的场地设施与全民健身共享，探索训练场馆开放服务多元补偿机制，可分类采取个人预约、PPP模式等形式向社会开放，鼓励将全民健身公共服务时长纳入场地运营年度考核。大型场馆建设要立足于多种体育功能的充分利用，要结合人们长期的健身、休闲需求，充分利用竞技体育资源弥补群众体育资源的不足，各类训练中心和基地在完成训练任务的同时，可以向群众开放,为广大群众提供基本公共体育服务。

四、塑造竞技运动全民参与的同质赛事,打通竞技体育与群众体育标准化体系

体育赛事具有跨界联系、聚集资源、整合组织等重要功能,以赛事为载体的运动水平标准是激发群众参与体育的直接动力。以竞技运动全民参与为手段,打造适应全民参与的赛事体系,制定多元运动水平等级标准,能够推动竞技运动与全民健身融合发展,更好地实现全民健身、体育强国和健康中国战略目标,从而形成相互依存、相互促进的目标共同体(图7-5)。

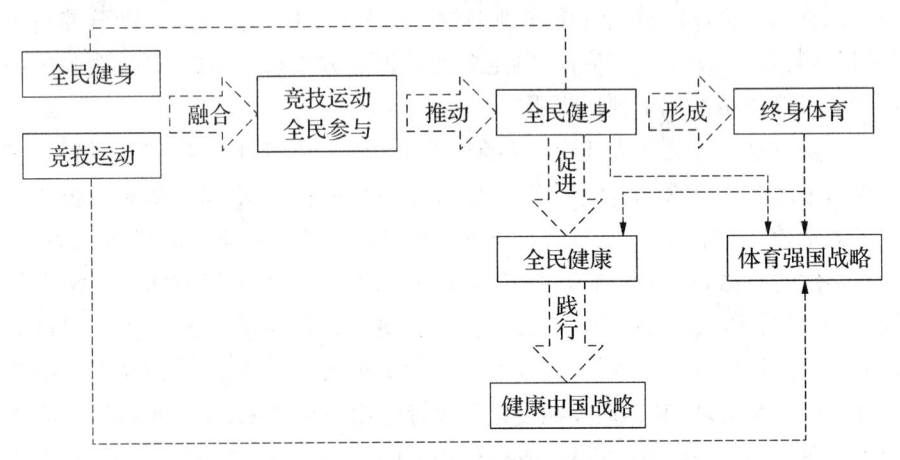

图7-5 竞技运动全民参与的多元目标共同体

一是打通竞技体育与群众体育的运动技术标准。建议体育相关部门根据我国不同运动项目的社会化、普及化情况,制定具有项目特色的运动标准,建立面向全社会不同人群的运动水平等级制度,从而打通业余与专业选手间的壁垒,推动各类运动项目更好地普及。各单项协会要打造全民健身指导员与竞技训练专业教练员互通的资格认证体系,科学设定运动水平等级测评方式,实现对不同等级标准参与人群的个性化指导。各单项协会要研究并组织具有项目特征的运动水平等级测试赛,引导地方单项协会、社会体育组织、俱乐部等开展不同级别运动水平的等级达标测试,对赛事成绩优秀者发放运动水平等级证书,让运动业余爱好者每年都有新的上升目标,激发群众参与运动的积极性。

二是构建适合不同人群的多层次赛事体系。以赛事为抓手,组织以竞赛为主要形式的全民性体育活动,促使体育赛事回归社会,让更多民众享受竞技

赛事乐趣。一方面,做好赛事活动嫁接,一些传统优势竞技项目要搭建更为广泛的群众性比赛平台,如在全运会、青运会和各类单项竞技赛事中进一步扩大群众项目和人数,通过专业赛事把业余赛事带动起来,促使传统赛事从少数人的体育不断向全民体育转变。另一方面,体育相关部门要科学把握不同项目全民健身赛事的特征,以促进群众参与,满足不同水平、不同人群多样性参赛需求为目标,提供更多具有竞技性与娱乐性的体育赛事,打造既符合竞技项目发展和市场化需要,又适合不同人群的多层次竞赛体系。

三是推动国内重大竞赛体制机制改革。一方面,深化竞赛体制改革。推动全运会、青运会、城运会等综合性运动会改革,将竞赛规模、项目设置、竞赛编排等对接全民健身需要,搭建更多适合社会人群的"中低端赛事体系"。如天津、陕西两届全运会增设的群众比赛项目,以及"全民参与"的高水平马拉松赛事,目的就是让竞技体育更贴近百姓、回归群众。另一方面,建立群众性竞赛激励机制。以赛事为载体,加快城市体育基础设施建设,推进健身场馆、健身步道等设施改造,为民众提供更多内容丰富、形式多样的竞技赛事,营造崇尚运动的社会氛围,使赛事文化更贴近人们生活,通过赛事提高人民参与体育的主动性。

四是提升赛事"品牌"和"明星"效应。建议各地结合地方经济社会发展和赛事需求打造同质化、区域化品牌赛事,组织开展分区域、分类别、分项目的赛事活动,加大新闻、网络和媒体对区域性赛事的包装和推广,向社会宣传本土体育名人、竞赛知识、体育精神等,形成具有地方特色的赛事文化,利用特色赛事吸引群众参与运动。此外,利用体育明星引领赛事推广,挖掘和打造社会"草根"明星,发挥优秀运动员的明星效应,组织开展体育明星进学校、进社区等公益活动,广泛向民众普及运动常识、推广运动项目。借助赛事平台宣传运动骨干、"草根"达人等代表性人物,以榜样效应调动全民参与体育的热情。

课后思考题

1. 在体育强国建设中如何协调竞技体育与全民健身之间的关系?竞技体育助力全民健身发展的价值体现在哪几个方面?

2. 竞技体育助力全民健身发展的现实困境是什么?竞技体育集聚的优势资源和多元功能体现在哪些方面?

3. 竞技体育助力全民健身发展的路径如何规划?你认为如何推动竞技体育先进成果向全民健身转化?

4. 思考如何结合我国国情打造竞技运动全民参与的同质赛事。

第八章 竞技体育与体育强国

竞技体育在体育强国建设中具有重要的带动和引领作用。在推动中华民族伟大复兴新征程中，现代化强国建设、经济社会转型升级、全面建成小康社会以及健康中国、体育强国、全民健身等一系列国家战略对竞技体育发展提出了新要求。要求竞技体育更加积极主动地融入经济社会发展大局，积极补齐竞技体育发展的"短板"，增强竞技体育综合实力，全面提升为国争光能力，将实现竞技体育自身发展、助力人和经济社会共同发展作为重要方向，在体育强国建设进程中履行新担当、发挥新作为。本章通过探讨竞技体育与体育强国建设的关系，分析解决体育强国建设进程中竞技体育面临的形势，规划竞技体育的发展思路和目标，提出推动竞技体育高质量发展的创新路径。

第一节 体育强国进程中竞技体育的发展机遇

一、国家对体育事业的高度重视为竞技体育发展提供了新契机

习近平总书记提出："体育承载着国家强盛、民族振兴的梦想。体育强则中国强，国运兴则体育兴。"进入新时代以来，以习近平总书记为中心的党中央高度重视体育事业发展，把体育作为中华民族伟大复兴的标志性事业，总书记在不同场合对体育工作做出重要指示批示，其中包括众多有关竞技体育的理论和实践。总书记出席重大体育赛事活动、会见国际奥委会主席巴赫、接见东京奥运会中国体育代表团、视察2022年北京冬奥会筹备情况、给北京体育大学研究生冠军班回信等，表达出对实现体育强国梦的主张和愿望，为竞技体育

发展指明了方向。2022年4月8日,习近平总书记在北京冬奥会冬残奥会表彰大会上要求,"增强我国竞技体育综合实力和国际竞争力,加快建设体育强国步伐",将竞技体育发展与体育强国建设紧密联系在一起,赋予了新阶段竞技体育新的使命。在国家对体育事业的高度重视下,《体育强国建设纲要》将更好、更快、更高、更强作为竞技体育发展的战略目标,要求竞技体育在国际赛场上取得优异成绩、提升综合竞争力,以及在实现中华民族伟大复兴强国梦的征程中为社会提供强大正能量,丰富了竞技体育为国争光的新内涵。随着体育强国战略的深入实施,党和国家对竞技体育的支持将更加有力,为竞技体育发展不断注入新理念、创造新条件,竞技体育与体育强国梦和中国梦息息相关的定位将会更加牢固,竞技体育必将更加深入地融入中华民族伟大复兴新征程,为实现"两个一百年"奋斗目标发挥新的作用。

二、以人民为中心的发展思想为竞技体育发展提供了新理念

以人民为中心就是把实现好、维护好、发展好人民群众的根本利益作为出发点和落脚点,这是各项事业的思想主旨和行动指南,以人民为中心的体育成为新阶段竞技体育发展的基本导向。一方面,立足于人民需要,发展成果由人民共享。竞技体育的结构要素和优势资源与人的全面发展关系密切,新阶段的竞技体育要以人民生活质量的提高和社会文明进步为重要目标,在践行以人民为中心的发展理念中担当新角色。客观而言,以人民为中心的核心是人的身心健康,竞技体育在促进健康、丰富业余文化生活和提高民众生活质量方面具有积极作用。需要竞技体育更加主动地融入经济社会的发展大局,将发展成果和综合功能落实到人民群众之上,发挥对群众体育和青少年体育的带动作用,服务人民文化生活需要。另一方面,顺应社会主要矛盾转变,发挥综合功能和多元价值。面对人民日益增长的美好生活需要和不平衡不充分发展之间的矛盾,竞技体育要积极顺应社会主要矛盾的转变,加快补齐"短板",解决自身发展不平衡不充分问题。要拓宽服务人民美好生活需要的范围,推动由"唯金牌""唯成绩"观向全面发展观转变,由以举国体制为核心向举国体制与社会市场相结合的体制机制转变。另外,人民日益增长的美好生活需要对竞技体育的多元价值有着更高诉求,需要竞技体育不断顺应人民群众的根本需求,由服从国家政治需要的单一价值向服务经济社会发展的休闲、娱乐、文化、教育等多元价值转变。

三、"两个大局"交织叠加的时代形势为竞技体育发展提供了新平台

新发展阶段,中华民族伟大复兴战略全局和世界百年未有之大变局相互交织,赋予了国家各项事业新的机遇,也为竞技体育发展提供了新的平台。一方面,竞技体育服务中国特色大国外交的要求将更加迫切。新型大国外交战略为展现竞技体育文化软实力提供了新的舞台,大国博弈的全面加剧和地缘政治竞争,将对发挥竞技体育外交助力、国际交流、促进民心相通等方面的综合作用提出更大诉求,需要竞技体育全面融入中国特色大国外交战略,在大国博弈中发挥平衡和缓冲作用。此外,竞技体育应对国际"大循环"和百年变局的风险挑战可能不断增多,面对巴黎奥运会等世界大赛举办的不确定性,竞技体育将进入发展任务更重、发展质量要求更高、发展目标更加多元的改革攻坚期。另一方面,竞技体育融入中华民族伟大复兴战略全局的要求不断提升。面对"两个大局"叠加下的经济社会改革,竞技体育要积极适应新的国内形势,在增强人民体质、服务社会民生、助力经济转型中发挥积极作用,为构建满足人民美好生活需要的现代循环体系做出新贡献。此外,随着一系列国家战略的出台,文化强国、教育强国、人才强国、体育强国、健康中国等与竞技体育密切关联,竞技体育要全面融入国家战略布局,服务国家发展大格局,促进竞技体育的综合实力有新的突破、为国争光能力有新的提升,发挥引领体育事业共同应对"两个大局"挑战的综合作用。

四、国内国际双循环建设新格局为竞技体育发展提供了新动力

党的十九届五中全会指出,加快构建以国内"大循环"为主体、国内国际"双循环"相互促进的新发展格局,要求推动经济发展质量变革、效率变革、动力变革,提升各项事业发展的融合力。一方面,"双循环"建设格局将激活竞技体育发展活力。新阶段,建设现代化市场经济、优化产业结构、推进产品升级、丰富经济新业态等成为社会改革的重要内容,市场经济发展模式的创新为拓宽竞技体育与经济社会的联系提供了新机遇。新的经济循环体系将为竞技体育创新驱动发展提供抓手,要求竞技体育降低循环成本、完善循环结构,在以"双循环"为主体的经济体系中发挥多元价值。面对"双循环"形势,竞技体育

要担当起服务经济社会发展的多元角色,要完善服务国内"大循环"的结构体系,加快推动科技引领工作,通过引入人工智能、大数据、生物科技、虚拟现实等尖端技术,为运动训练科学化发展提供新动力。另一方面,国内"大循环"将强化竞技体育与各项事业联动。国内经济"大循环"下的体育事业要突出联动效益,需要竞技体育立足于"体育+"打造融合发展新业态,积极与社会密切关联的部门、协会、企业等协同耦合,与"体教""体旅""体卫""体医""体康""体文"等跨界整合,要更加深入地融入教育、医疗、卫生、产业、环境等领域,发挥适应社会需要的经济、文化、教育等多元价值。也就是说,新阶段竞技体育的功能价值将随着"双循环"发展不断转变,竞技体育的教育、休闲、娱乐以及对人的健康促进价值将会体现得越来越明显。

五、"五位一体"国家总体建设布局为竞技体育发展提供了新载体

在加快建设社会主义现代化强国进程中,国家经济、政治、文化、社会、生态文明"五位一体"建设布局同步推进,为各项事业的改革创新提供了更加宽广的平台。"五位一体"总体布局成为体育事业融入国家建设大局的载体,也为全面拓宽竞技体育发展定位和功能价值提供了新机遇。竞技体育与经济社会的联系将更加紧密,发挥竞技体育的综合效能,助力"五位一体"总体布局成为中国特色社会主义建设的必然要求。一方面,竞技体育要在国家建设大局中发挥新作为,"五位一体"总体布局需要竞技体育全面拓宽功能价值,科学统筹在国家建设中的责任和使命,更好地发挥助力国家经济、政治、文化、社会、生态文明建设的多元价值,推动竞技体育与"五位一体"相关的医疗、卫生、教育、民生、产业、生态等领域密切关联,通过竞技体育带动人的全面发展和经济社会的全面进步,为中华民族伟大复兴提供多方支持。另一方面,竞技体育要更加紧密地融入国家重大战略,"五位一体"总体布局和现代化强国建设为竞技体育发挥在打造健康中国、助推经济转型、增强国家凝聚力、促进社会生态建设等方面的独特作用提供了新机遇。要求竞技体育加快转变发展方式,更加深入地服务国家战略布局,在促进形成政治民主、社会公平、经济富裕、文化繁荣、生态良好的发展格局中发挥新作为;要求竞技体育主动担当起服务实现中华民族伟大复兴中国梦的新使命,更加有力地促进国家强盛、人民富裕、社会和谐。

六、全面提升国家治理能力现代化水平为竞技体育发展提供了新活力

国家治理能力现代化是实现社会主义现代化的重要标志，是各项事业改革发展的基本导向。体育治理作为国家治理的重要部分，在推进国家治理现代化和建设体育强国的双重背景下，挖掘举国体制与市场机制相结合的治理效能，打造适合我国国情的体育治理体系，提升体育治理能力现代化水平是一项重要任务。竞技体育作为体育工作中最活跃的组成部分，国家治理能力现代化建设亟待健全竞技体育治理体系，全面增强竞技体育治理能力。党的十八大以来，国家体育部门围绕建设体育强国的要求，不断完善竞技体育举国体制，通过推进全运会赛制改革、国家队和后备人才选拔方式改革、运动项目协会实体化改革、"放管服"改革等，不断提升竞技体育治理活力。全面提升国家治理能力现代化将丰富竞技体育治理理念，进一步激发竞技体育发展的内生动力，降低各类市场主体参与竞技体育的门槛，将会调动运动项目协会、市场组织、高校等更多主体参与竞技体育，推动从单一行政治理主体向多元主体转变。同时，国家治理能力现代化将对竞技体育与经济社会融合发展提供新的载体，有利于更加科学地统筹与协调运动项目协会、市场、俱乐部等主体的关系，不断丰富举国体制的时代内涵，打造与经济社会相适应的政府主导型竞技体育管理体制，为举国体制减负增能，形成政府、社会和市场构成的协同治理体系。

七、高质量发展的时代主题为竞技体育发展提供了新方位

党的二十大报告提出，我国经济社会由高速增长向高质量发展转变。高质量发展注重发展方式变革和发展理念创新，要求质量第一、效益优先。高质量发展成为新阶段竞技体育发展的基本趋向，也是转变发展方式，提升竞技体育为国争光能力的内核。一方面，注重创新驱动、均衡协调和可持续发展。要求竞技体育注重整体效益，突出高质、高效和内涵发展，推动由规模速度型向质量效益型转变、由人力密集型向科学密集型转变；要求竞技体育更加注重均衡发展，合理统筹运动项目布局，推动各项目优势互补、协调发展；要求竞技体育更加注重开放性发展，通过开门开放办体育，进一步推动运动项目协会实体化改革，鼓励各单项协会举办高水平赛事活动，为竞技体育社会化改革提供新

载体;要求竞技体育更加注重引领性发展,更好地发挥对全民健身、体育产业、青少年体育的带动效应,助力体育事业均衡发展。另一方面,实现自身发展与促进发展相协调。我国竞技体育处于"两个发展"并重的新阶段,竞技体育不仅要在后备人才培养、训练竞赛、科技助力、服务保障等方面有新的突破,而且要通过自身发展推动经济社会共同进步,要聚焦更好、更快、更高、更强的发展目标,引导竞技体育在提升国际竞争力的同时,深度融入国家建设。也就是说,竞技体育要实现自身综合实力有新的突破、为国争光能力有新的提升,要在提质增效、全面发展进程中,发挥对经济促进、外交助力、文化交流、形象塑造等方面的多元价值。

第二节 体育强国进程中竞技体育的发展规划

一、竞技体育的发展思路

以习近平新时代中国特色社会主义思想为指导,全面贯彻党的二十大报告精神,落实习近平总书记关于体育工作的重要论述,立足中华民族伟大复兴的战略全局和世界百年未有之大变局,围绕统筹推进"五位一体"总体布局和协调推进"四个全面"战略布局,积极服务我国国家发展战略大局,引导我国竞技体育主动融入以国内"大循环"为主体、国内国际"双循环"相互促进的新发展格局。坚持以人民为中心,挖掘竞技体育外延性功能,将实现我国竞技体育自身快速发展、带动人的全面发展和社会全面进步作为重要方向,服务健康中国和体育强国建设,发挥竞技体育在全面建成小康社会进程中的综合功能;坚持"世界眼光、国际标准、中国特色、高点定位",整合国际国内优势资源,完善奥运战略,丰富奥运备战体系,提高竞技运动的训练水平和训练综合效益,全面提升我国竞技体育的综合实力;坚持中国特色社会主义竞技体育发展道路,遵循竞技体育发展规律,以创新为驱动力,以优化结构为重点,以人才强体为支撑,推动竞技体育实现高质量发展;坚持开放共享发展理念,推进举国体制与市场机制有机融合,构建更加开放、更有实效、更可持续、更高水平的竞技体育发展新体系;坚持改革创新,加大科技助力,注重体能训练,创新训练保障体系,将实现优异竞赛成绩和不断提高国际竞争力、国际影响力作为核心目标和重要任务,持续提升我国竞技体育为国争光能力;坚持依法治体、科学规划、协同联动,奋力实现竞技体育全面、协调、可持续发展,推动竞技体育在社会主义现代化强国建设的伟大征程中具有新担当、发挥新作用。

二、竞技体育的发展方式

(1) 从垂直管理向扁平化治理转变,推动开放共享发展。把新发展理念贯穿于竞技体育发展全过程,以更为"开放"的理念创新竞技体育发展方式,全面深化"放管服"改革,统筹运用计划和市场两种手段,协调好政府与社会的关系,建立举国体制与市场机制相结合的新体制,构建政府和社会多元主体参与的竞技体育大型赛事备战新体系,最大限度地拓展发展空间,增强竞技体育发展的内生动力。

(2) 从数量规模型向质量效能型转变,推动内涵式发展。注重竞技体育发展的综合效益,强调高质、高效和可持续发展,加快转变竞技体育发展方式,以供给侧结构性改革为主线,提高在国际赛场上"争金夺银"的能力,更加强调竞技运动员在赛场上展现出的综合素质和精神风貌,更加凸显竞技体育对经济社会的带动和引领作用,更加深入地发掘竞技体育的综合功能,不断增强我国竞技体育可持续发展的动力,推动其实现内涵式发展。

(3) 从粗放式增长向集约化发展转变,推动创新驱动发展。创新竞技体育发展理念,推动竞技体育发展方式从以规模扩张为特征的外延式发展,向以依靠科技引领、机制创新、制度保障、理念创新等为核心的内生式发展,形成更加开放多元的发展方式。推动竞技体育从依靠资源倾斜投入的要素驱动向机制耦合型创新驱动发展转变,提高竞技体育单位资源投入的产出率,通过改革创新解决难题、激发活力,实现竞技体育内涵式发展。

(4) 从人力密集型向科技创新型转变,推动科学化发展。创新竞技体育的运动训练和参赛方式,推动"科技攻关"与竞技体育的运动训练紧密结合,建立与竞技体育运动训练实践密切结合的科技服务体系;加强科研攻关、科技服务和医疗保障,将训练、科研、医疗、康复、保障等多个要素融入竞技体育训练参赛的整个过程,推进多学科专家团队攻关;加快竞技体育训练场地、体育器材、体育设施等的智能化,全面强化科技创新对竞技体育高质量发展的支撑和保障作用,让科技赋能竞技体育,提升运动训练科学化、智能化水平,实现科技引领发展。

(5) 从突出优势运动项目向各运动项目总体水平提升转变,推动均衡协调发展。优化运动项目结构,扩大和巩固优势运动项目规模,加强基础运动项目人才储备,全面促进"三大球"振兴,从突出优势运动项目水平向各运动项目水平协调发展转变,恢复各运动项目间的"生态平衡",提高运动项目的总体发展水平和综合效益;统筹国内区域间竞技体育协调发展,促进业余体育与职业体育、奥运项目与非奥运项目、夏季运动项目与冬季运动项目的协调发展,建立各运动项目分布合理、均衡协调的新发展格局,实现运动项目全面均衡发展。

(6)从体教结合培养竞技体育人才模式向体教融合培养竞技体育人才模式转变,推动体教融合联动发展。更好地发挥竞技体育的综合育人功能,优化"体教融合"三级训练网络,将竞技体育后备人才培养与国民教育体系对接,将体教融合贯穿于竞技运动员培养全过程,建立体育领域、教育领域和社会力量多元主体参与的新型竞技体育后备人才培养体系;推动竞技体育后备人才培养从单一主体培养向多方协同培养转变,广泛与各领域、各行业、各层级开展深度合作,鼓励和推动社会力量共建联办竞技运动队,实现"市州自建""省市共建""体教共建"等多元主体创办运动队的竞技体育后备人才培养体系。

(7)从以奥运争光为先向全面服务社会转变,推动引领,带动发展。突出竞技体育在人的全面发展和促进社会进步中的引领和带动作用,更好地发挥竞技体育对全民健身、体育产业的促进作用,助力我国体育事业全面、均衡地发展。充分发挥竞技体育的综合效能,引导竞技体育科研成果在我国经济社会建设中进行转化,在经济发展、文化建设、产业转型等多个方面发挥多重作用,在助力构建国内国际"双循环"新发展格局中做出新贡献,最大限度地释放竞技体育发展的外部正效益。

三、竞技体育的发展目标

(1)全面提升竞技体育的综合实力和为国争光的能力。做好各届夏季和冬季奥运会备战参赛工作,继续保持参赛奥运会的竞争优势,不断实现全项目参赛目标,提升各个项目为国争光的能力;在奥运会赛场保持和巩固既有运动项目的优势和竞赛成绩的排位,扩大参赛规模,竞赛成绩稳中有升;其他国际综合性运动会和单项赛事在保持现有水平的基础上竞赛成绩有所提升,以良好的精神风貌和道德风尚展现中国的国家形象,实现竞赛成绩和精神文明双丰收。

(2)打造竞技体育协同治理新体系。转变竞技体育发展方式取得显著成效,举国体制与市场机制相结合的发展模式不断完善,逐步建立与中国新发展阶段经济社会协调发展相适应，更加开放、充满活力的政府主导型管理体制和运行机制，各级竞技体育治理体系中的政府主导、社会力量协同以及市场主体参与的特色更加凸显，竞技体育综合治理效益和发展活力大幅提升。

（3）塑造竞技体育项目均衡协调发展新格局。竞技体育核心竞争力有新的突破，竞技体育项目结构更加优化，运动项目布局和结构更加合理，基础大项、"三大球"、冬季运动项目等发展水平有更大提升。巩固和扩大传统优势项目的优势，挖掘潜优势项目的"金牌"增长点，提高基础项目"争金夺牌"的数量，缩小集体性运动项目的竞赛成绩与世界体育强国的差距。

（4）形成竞技体育与经济社会融合发展新局面。竞技体育服务国家发展新格局的引领作用明显增强，竞技体育更加深层地融入"五大建设"和人的全面发展，竞技体育社会化和职业化水平大幅提升，发展规模、发展动力不断增强，单项体育协会的社会化、市场化、实体化程度明显提高，努力形成具有领先性、时代性、国际性的中国特色社会主义的竞技体育发展新格局。

（5）建立竞技体育智能化新平台。加快提升运动训练的智能化水平，建成高效办赛、便捷参赛、舒心观赛的一流智慧化信息服务保障体系和国家级竞训科研中心，打造竞技体育科技协同创新体系和支撑服务体系，建立"训、科、医、教、服"一体化复合型训练管理团队和"世界一流"的竞技体育训练基地。

（6）建立竞技体育多元人才培养新模式。体教融合模式不断融入竞技体育优秀后备人才培养全过程，打造多元主体协同参与的竞技体育后备人才培养新机制，培养和造就一批新的"世界冠军"和竞技体育后备人才梯队，体教融合型现代化竞赛体系不断完善。

四、竞技体育发展的重大任务和重大工程

聚焦竞技体育重点领域和关键环节，着力解决竞技体育发展的"堵点""痛点""难点"问题。围绕我国经济社会发展全局和体育事业发展的实际情况，以重大任务和重大工程为载体，推动竞技体育实现高质量发展。

（一）竞技体育发展的重大任务

（1）提升竞技体育治理体系与治理能力水平。以更为"开放"的理念创新竞技体育发展方式，全面深化"放管服"改革，依法推进竞技体育治理体系和治理能力现代化，逐步形成举国体制与市场机制相结合的新机制。推动举国体制与市场机制优势的功能性互补，建立政府主导、社会参与、协会自主的协同治理新体系。大力推行条块结合的"扁平化"管理，全面推动全国性单项体育

协会改革，充分调动社会资源、依靠社会力量，建立向社会开放的国家队运动员选拔新机制，推动形成共建、共治、共享的治理新格局。

（2）优化竞技体育项目结构。立足于解决竞技体育项目发展不平衡、不充分的实际问题，优化奥运会项目布局和资源配置，推动奥运会项目与非奥运会项目、夏季运动项目与冬季运动项目、优势运动项目与潜优势运动项目、基础运动项目与弱势运动项目协调发展，努力恢复各运动项目之间的"生态平衡"。实施"集体球类运动项目振兴战略"和"体能项目全面提高战略"，全面推动"三大球"振兴，恶补冰雪运动项目短板，以政策杠杆引导区域间竞技体育的协调发展，促进不同运动项目之间优势互补，提高运动项目发展的总体效益。

（3）促进优秀体育后备人才培养。贯彻落实《关于深化体教融合促进青少年健康发展的意见》，实施"体教融合育人工程"，完善学校、社区、家庭相结合的青少年体育联动机制，打造多元主体协同参与的竞技体育后备人才培养新体系。实施"青少年体育拔尖人才建设工程"，统筹推进竞技体校、普通学校和青少年体育俱乐部三大竞技体育后备人才培养阵地的建设，优化"体教融合型"训练网络体系，厚植竞技体育人才培养根基。加强竞技体育特色学校的建设，建立贯通"小学—初中—高中—大学—职业体育"一体化竞技体育人才培养输送体系，推动竞技运动员文化教育的常态化，稳步扩大我国竞技体育后备人才的输送规模。

（4）统筹重大国际体育赛事的备战参赛。加快推进体育强国建设既需要继续在国际赛场取得优异成绩，提升综合竞争力，也需要丰富为国争光新内涵。以赢的目标做好2024年巴黎奥运会、2026年米兰冬奥会、2028年洛杉矶奥运会等世界大赛备战工作，广泛调动社会力量支持备战，构建国家和社会多元参与的备战新体系。以赢的节奏提升运动训练科学化水平，实施"国际一流训练基地建设工程""铁人塑造工程""国家训练体系升级工程"，组建各项目复合型训练团队，建设一批集"训、科、医、教、信、服"于一体的区域化、特色化高水平科学训练基地。打造政府和社会多元主体参与的体育赛事备战新模式，建立多元主体参与的"扁平化"备战组织体系，提高奥运备战工作的社会化、专业化、市场化水平。

（5）建设中国特色职业体育联赛体系。深化职业联赛改革，探索与经济社会相适应的职业体育发展方式，挖掘不同运动项目的职业化发展潜力，加快推进市场化、社会化程度较高的运动项目建立职业联赛。制定加快发展职业体育的政策措施，不断完善中国特色职业体育联赛制度体系，健全职业体育俱乐部法人治理结构，逐步提高职业体育的成熟度和规范化水平。培育具有国际影响力的职业体育赛事,形成不同类型、不同层次的高水平职业赛事。

(二) 竞技体育发展的重大工程

(1)"三大球振兴"工程。实施"集体球类运动项目振兴战略",加强对"三大球"发展规律的研究,加强对青少年"三大球"赛事的重点扶持,推动"三大球"的普及和提高。提升"三大球"的职业化水平,积极探索"三大球"的专业训练和职业体育融合发展新模式,构建政府主导、部门协同、社会力量参与的"三大球"竞技人才培养体系。开启青少年"三大球"运动计划,完善"三大球"优秀竞技后备人才发现与选拔机制,开展"三大球"进学校、进社区、进企业等活动,不断提高"三大球"的职业赛事市场化程度。

(2)"科技助力奥运"工程。实施"科技助力行动计划",推动科技与运动训练的深度融合,强化科技创新对竞技体育发展的支撑作用,最大限度地提高科技赋能效益。实施"科学训练复合型团队建设工程",加强科研攻关、科技服务和医疗保障服务,组建各运动项目复合型科研医疗团队,建设"世界一流"的"训、科、医、教、服"一体化高水平科训基地。广泛吸纳社会力量参与"科技助力"工作,构建跨学科、跨地域、跨行业、跨部门的科技助力奥运会协同创新平台。

(3)"优势运动项目示范区建设"工程。根据全国不同地区运动项目发展的区域优势,进一步统筹运动项目的地理区域布局,围绕不同区域经济、文化、人力资源等优势有针对性地培育特色运动项目,打造以若干优势运动项目为载体的发展示范区,总结优势运动项目发展经验,并以示范区的运动项目结构优化与引领整个区域的运动项目结构调整。通过优势运动项目的推广经验带动潜优势运动项目的发展,推动各运动项目优势互补、协调发展,形成具有地域特色的集聚型运动项目发展新格局。

(4)"冬季运动项目跃升"工程。围绕冬季运动项目的"短板"问题进行顶层设计,完善国家队组建、选拔、训练、管理等各项制度,调整全国冬运会和年度竞赛政策,加大冰球和高山滑雪等落后项目的专项扶持,大力发展雪车、雪橇和北欧两项等新开展的运动项目,巩固和提高短道速滑、花样滑冰、速度滑冰、空中技巧和单板滑雪等运动项目的竞技水平。落实《冬季项目后备人才培养中长期发展规划》,实施冬季运动项目后备人才培养工程,加大冰雪运动项目的选材力度,加强冰雪运动项目的场地与设施建设,推进冰雪运动"南展西扩东进"战略的实施。

(5)"国家体育训练体系构建"工程。深入推进训练、科研、医疗、教育、服务一体化,推动竞技体育科学训练中心场馆的智能化升级改造,加快运动装备、训练器材和科研仪器等的更新迭代,加强高科技、新科技、新装备和新材料在科技助力竞技体育工作中的应用,进一步提高训练过程的科学化、信息化水平。推动重点运动项目"科技引领"行动和智能化场馆升级改造,建设国家队训练大数据管理系统,以智能化、数字化进一步促进训练科学化。

(6)"青少年体育拔尖人才建设"工程。引导体教融合助力优秀竞技体育人才的培养,培育基层青少年体育训练组织,鼓励各地区兴办多种形式的青少年体育训练机构,进一步发挥竞技体校和职业体育俱乐部培养竞技体育后备人才的优势。建设体教融合的新型青少年体育赛事平台,推动竞技体校、学校运动队、业余体校、职业体育俱乐部有机结合,支持普通学校与各级各类竞技体校联办运动队、创建青少年体育俱乐部,加强青少年文化知识学习与运动训练的系统性和连续性。

第三节 体育强国进程中竞技体育的发展路径

一、打造多元主体参与的备战新模式,提升训练参赛科学化水平

奥运备战是一项系统工程,随着新时代我国体育体制改革的深入,大量的社会力量将介入竞技体育领域,我们要利用好竞技体育社会化改革的趋势,借助社会力量,吸收更多的社会主体参与奥运备战,构建国家和社会多元参与的奥运备战新体系,最大限度地提高训练备战整体效益。

(1)建立"扁平型"备战组织管理体系。在原有政府部门组织架构的体育赛事备战领导小组基础上,扩充运动项目协会、体育俱乐部、运动项目管理中心等成员,建立由国家体育总局、训练单位、体育协会等共同参与的体育赛事备战工作团队,吸引更多社会力量加入重大体育赛事备战参赛工作,尤其在运动器材与设施、复合型训练团队组建、训练保障营建设等方面要强化社会支持,最大限度地提高体育赛事备战组织工作的专业化与社会化水平。

(2)根据运动项目的社会化程度进行分类备战。为更好地统筹体育赛事备战资源,建议对体育赛事按照运动项目分类,例如,对于羽毛球、网球、乒乓球、足球等社会化程度较好的运动项目,要进一步调动社会优势资源,选取一些运行较好的体育俱乐部承担体育赛事备战任务,加大国家体育彩票基金对

体育赛事备战工作的资金投入,支持高校、个人等广泛参与重大体育赛事的竞赛训练工作,鼓励多元主体参与构建新型训练基地和国家队训练参赛数据库,推动大型体育赛事备战参赛资源的共建与共享。

(3) 实施"科技助力行动",强化多主体协同科技攻关。引导各类高校、高新技术企业等参与竞技体育科技攻关工作,聚合政府、社会力量、体育协会等多元主体的优势资源,建立开放型竞技体育科技攻关创新平台,推动科技攻关与运动项目的训练与竞赛深度融合,运用大数据和体育人工智能技术,建立复合型训练团队大数据管理系统,加快训练场地、运动器材、体育设施等智能化升级改造,通过大数据提升竞技运动员训练效果评估的精准度,提升竞技运动训练的科技赋能效益。

二、深挖竞技体育的带动和引领功能,推动竞技体育与经济社会融合发展

竞技体育是一个庞大体系,不仅具有健身、娱乐、教育等多种功能,而且在科技、场馆设施、竞技人才等方面集聚了丰富资源。新发展阶段,我国经济社会发展的新常态要求竞技体育全面融入"四个全面"战略布局和"五位一体"总体布局,更好地助力人的全面发展和社会全面进步。这就要求突破对竞技体育的单一认知局限,丰富竞技体育的内涵,引导竞技体育优势资源服务国家战略、赋能城市发展、融入经济社会新发展格局。

(1) 引导竞技体育资源转向全民健身,通过竞技体育凝聚的优势资源弥补群众体育资源的不足,打通群众体育和竞技体育之间的壁垒,构建多层次、多结构、多区域体育赛事体系,打造从业余到职业的运动员等级标准体系和业余竞赛体系,更好地满足人民日益增长的健身、休闲、娱乐等多样体育需求。例如,各类训练基地在完成训练任务的同时可以向群众开放,大型运动会的场馆建设要立足于多种功能的充分利用,更好地结合人们的体育需求进行场馆布局和设计,推动竞技体育场馆资源实现社会共享。

(2) 发动"体育明星"服务社会公益事业,组织开展"体育明星"进学校与进社区活动,引导"体育明星"参与社区活动,通过他们的身体力行,普及和推广全民健身活动和运动项目。同时,研究和设置不同运动项目的业余标准,发挥运动等级标准对群众健身的带动作用,使不同运动项目的业余参与者每年都有新的目标,对从事的运动项目有更高的要求,让更多体育爱好者享受竞技运动乐趣。

此外，引导竞技体育训练竞赛资源和科技成果向全人群健康促进转化，把竞技运动员的训练方法、康复手段推广到群众中，运用运动损伤康复方法、体育人工智能技术等运动训练中的新科技打造覆盖不同人群的健康促进方案，以"体育运动"这一非医疗手段促进人民健康。

三、发挥"新型举国体制"优势，建立政府主导型治理新机制

举国体制蕴藏着中国社会主义国家集中力量办大事的政治优势和制度优势，是中国竞技体育实现为国争光目标的重要保障。随着社会主义市场经济体制改革的不断深化，要坚持和完善竞技体育的举国体制，既要发挥好举国体制集中力量办大事的制度优势，也要顺应时代发展新要求，打造更加符合竞技体育发展规律、更加具有活力和综合效能的"新举国体制"，构建举国体制与市场机制相结合的新机制，更好地发挥举国体制在竞技体育赛事中"攀登顶峰"的重要作用。

（1）发挥举国体制与市场机制优势互补的综合效能。以竞技体育资源配置最大化为目标，把集中力量办大事的制度优势和市场配置资源的优势有机地结合起来，最大限度地推动举国体制与市场机制的系统性耦合和功能性互补。各级体育行政部门要协同教育、医疗、卫生等相关部门，共同制定专门的强化制度，促进优势资源形成合力，更好地发挥社会力量在运动员选拔、训练竞赛、复合型团队构建及科技助力等工作中的作用，通过社会力量激发运动项目协会改革发展动力，最大限度地发挥政府主导的多元主体集中力量共促竞技体育发展的制度优越性。

（2）建立与我国经济社会相适应的政府主导型管理体制。充分发挥我国新发展阶段经济转型赋予体育事业发展的新动能的作用，引导竞技体育与社会发展密切关联的政府部门、体育协会、企业等协同耦合，推动由政府主导的单向度竞技体育管理模式向政府、市场主体、社会力量多向度治理竞技体育模式转变，强化多元主体协同参与的"扁平化"竞技体育治理效能。根据我国新发展阶段政府职能的转变，强化调控型服务式治理，进一步协调政府、企业与非营利性组织等在竞技体育发展中的资源配置关系，打造以竞技体育核心利益者为主、多元利益相关者协同治理的机制，为竞技体育发展增加新活力。

四、化解竞技体育结构性矛盾，推动竞技体育高质量发展

竞技体育高质量发展的根本手段在于转变发展方式，注重发展整体效益，

强调高质、高效和可持续发展,这就要求立足于竞技体育发展不平衡与不充分的现实矛盾,优化竞技体育发展方式,推动竞技体育由要素驱动向创新驱动转变、由投入规模型向质量效能型转变、由"赶超型"向"可持续发展型"转变,建立均衡协调的新发展格局。

（1）化解竞技运动项目分布不协调矛盾。系统研究与分析我国奥运冠军和世界冠军的地域分布规律,实施"优势运动项目示范区建设"工程,研究制定专门政策调动不同区域发展其优势运动项目,进一步规划运动项目的区域结构,发掘全国各地具有优势的特色运动项目,鼓励各省（市、自治区）重点发展符合自身实际、具有区域特点的运动项目,引导区域间竞技体育的协调发展。

（2）化解竞技体育后备人才培养阻滞矛盾。我国体育领域、教育领域和市场主体要协同打造"青少年竞技体育拔尖人才建设"工程,构建多层级的"体教融合示范区"。广泛调动全国各地聚集的优势学校体育资源,对运动项目进行分类培育,对不同运动项目的竞技运动员进行分类选拔,整合各类学校举办的体育赛事、U系列竞赛等各级各类青少年体育赛事,打造社会力量、体育领域、教育领域等多方投入的新型竞技体育人才培养体系,共同推进各级各类竞技体校的改革。通过建立运动项目特色学校拓宽竞技运动员的培养途径,畅通"小学—初中—高中—大学—职业体育"的竞技体育人才输送渠道,实现优秀竞技体育后备人才培养模式多元化。

（3）化解竞技运动项目社会化不足的矛盾。运动项目职业化程度是体现竞技体育发展活力的重要标志。要加快推进我国运动项目职业化改革,扩大职业体育赛事的社会参与度,加强对职业体育发展的引导和行业监管,分类推进运动项目职业化发展,尤其是对市场化程度较好的运动项目,要更加突出体育协会在运动项目职业化发展和职业联赛构建中的主体作用。根据不同运动项目的特征和职业化水平,打造灵活多样的现代化竞技体育运动项目竞赛体系,逐步提高我国职业体育的成熟度和规范化水平。

五、强化科技引领,加速数字化转型点燃竞技体育变革新引擎

新科技革命的核心是数字革命,数字革命的本质是以数字为基础和结构重新定义一切,是一种决策革命和工具革命。科学化、智能化水平是衡量体育强国的重要指标,随着现代科技的发展,科学技术已经成为提高运动训练水平的关键因素。要大力提升运动训练的科技元素,推进"科技助力"工作,提升运动训练的科学化、智能化水平。

面对体育强国建设进程中竞技体育发展面临的关键问题,在数字化浪潮中有望获得新的解决方案,开拓新的增长极。

(1) 运动训练的数字化转型。大数据科学被认为是一种新的复杂性科学,其具有特色的技术特征给科学解决复杂性问题提供了新思路,科技引领运动训练的工作涉及建立多学科综合性科学训练、科学研究和科技保障于一体的高质量"科技冬奥、夏奥"服务保障体系,需要控制的因素呈现出多元、多重、异构、混杂等特征,亟待借助于跨学科、跨行业、跨部门的协同合作。对此,要建立大型赛事科医保障营工作机制,提升训练、竞赛科学化水平。并且,数字化转型可以将运动训练实践(物理世界)中任何复杂系统的超维度信息,实时映射到数字世界,进而利用数据、算力、算法对复杂性训练问题中的诸多要素和过程进行状态描述、原因分析、结果预测、科学决策,保证最小化运动损伤和最优化训练适应,为科学、实时、有效、个性化地组织训练与保障提供更大可能。建议基于"整合分期"理论模式的数据框,以生成集合的数据为支撑,科学分析、指导运动训练参赛工作。

(2) 提升运动训练的现代化科技含量。实施"科技助力"和科技支撑计划,引进大数据和人工智能技术,加强国际信息情报收集,动态分析和掌握各国竞技体育大数据;围绕运动训练的实际需求展开科技开发,以科技为手段,组织多元力量对重大竞技体育科研项目进行攻关,推动高新技术在运动训练实践中的应用;加强技战术训练大数据分析,提高专项体能训练和科学恢复再生水平,加快生物技术、体育装备、训练器材和科研仪器等更新换代,加强科学训练、营养恢复、状态调控以及多学科科技攻关,提高训练过程和状态监控的科学化、信息化水平,通过器材的创新、设备的改造升级等逐步提高项目的科技含量。

六、全面推进竞赛体制改革,构建中国特色现代化竞赛体系

构建多层次学校体育竞赛体系是筑牢体育强国建设根基、迎合新时代人才培养工程的重要载体。通过打造多元化学校体育竞赛体系,有利于培养学生体育意识和体育兴趣,提高运动技术水平,从而更好地实现竞技体育在新时代体育强国建设进程中的育人功能。

(1) 打造围绕国际大赛参赛目标、服务奥运战略的竞赛体系。积极适应国际上以奥运会、冬奥会为中心的奥运资格竞赛制度和以市场为导向的职业竞赛制度,坚持全运会与奥运会接轨,年度赛事与全运会挂钩,通过开展形式

多样的系列赛、大奖赛、分站赛等，将国内比赛和国际比赛进行有机结合。以利于奥运会参赛为出发点安排国内比赛，根据奥运项目的规律特征以及项目的市场化、社会化程度，协调年度竞赛计划，积极发挥竞赛的杠杆作用，形成科学、合理的奥运备战竞赛体系。要以满足奥运需求为目的，扩大赛事规模与数量，构建既符合项目发展和市场化、社会化、多元化赛事需要，又符合青少年运动员成长规律要求，与国际接轨的竞赛制度，通过打造多元竞赛体系挖掘不同项目运动员的最大竞技能力，让竞技状态最好的运动队或运动员脱颖而出。

（2）完善多层次、多样性的学校体育竞赛体系。国家、省、市、县要建立常态化的校园体育竞赛机制，构建相互衔接的县、市、省、国家四级学校体育竞赛体系。可以根据不同项目特征，实行国家投入、市场运行的纵向分级混合赛制，明确不同部门的权责分工，体育部门管运动竞赛，教育部门抓人才培养，通过两大部门的不断协同，形成相互配合、齐抓共管的新格局。可以根据我国学校的地域分布，在全国范围内构建相对固定的校际体育联盟和竞赛区域，使校际体育联盟成为推动区域竞技体育赛事发展的新生力量，并逐步形成辐射能力强的全国学生精品赛事。

（3）构建多元参与的学校体育竞赛体系。推动教育系统、体育系统、社会组织共同投入学校体育竞赛体系，形成青少年竞赛体系、学校竞赛体系、职业竞赛体系有机融合的新型竞赛体系。科学设计学校运动竞赛内容，完善学校体育竞赛管理办法，明确青少年比赛要以体能类竞技为主，随着青少年的年龄增长逐步增加竞赛难度，运用挑战赛、对抗赛、大奖赛、等级赛等多种形式，吸引青少年广泛参与，并要不断创新竞赛内容，增强竞赛的娱乐性与观赏性，充分发挥学生参与体育竞赛的主体作用。

（4）建设中国特色职业体育联赛体系。国际上的竞赛制度已经形成了以奥运会、冬奥会为中心，具有周期特征的奥运资格竞赛制度和以市场为导向的职业竞赛制度。我国要积极与世界职业赛事接轨，进一步创新职业体育赛事的发展方式，建设中国特色职业体育联赛制度，不断提升职业赛事的国际化水平。进一步深化运动项目协会改革，打造不同级别的职业联赛，根据项目特点，将国内比赛、世界大赛与市场化职业赛事的品牌建设进行有机结合，打造符合中国国情的多样化、多层次的职业体育联赛体系，建立具有中国特色的职业联赛发展模式。

课后思考题

1. 谈一谈体育强国建设进程中竞技体育的发展机遇。如何利用新机遇推动竞技体育高质量发展？

2. 你认为体育强国建设进程中竞技体育如何科学化发展？如何转变我国竞技体育的发展方式？

3. 竞技体育发展过程中的重大任务和重大工程体现在哪几个方面？你认为如何提升竞技体育综合实力？

4. 思考体育强国进程中如何规划我国竞技体育的发展路径。

第九章 竞技体育与现代化建设

中国特色社会主义现代化是物质文明、政治文明、精神文明、社会文明、生态文明全面提升的现代化,也是全面实现中华民族伟大复兴的现代化,加快现代化建设为各项事业发展指明了方向。竞技体育作为体育事业中最活跃的组成部分,与社会主义现代化建设关系密切,深入挖掘竞技体育在促进社会文明、推动经济发展、增强国家凝聚力等方面的独特价值成为一项重要任务。本章对接新发展阶段社会背景,分析竞技体育在国家政治、经济、文化、社会、生态文明"五位一体"现代化建设全局中的多元价值,提出将竞技体育集聚的优势资源转化为政治影响力、经济生产力、社会凝聚力、文化传播力和国民健康力的新思路,推动我国竞技体育全面助力社会主义现代化建设。

第一节 竞技体育助力现代化建设的形势

在世界百年未有之大变局加速演变的趋势下,竞技体育面临国际政治、经济和社会环境裂变动荡的冲击,训练备战和参赛存在风险性和不确定性,提升竞技体育为国争光能力面临新的挑战。另外,在中华民族伟大复兴的征程中,随着新发展格局加速构建,竞技体育面临被动应对国家战略调整和社会主要矛盾转变的新挑战,竞技体育融入经济社会新发展格局存在新的困境。

一、复杂多变的国际形势

(一)国际政治形势

随着百年未有之大变局加速演变,国际政治环境日趋复杂,单边主义、霸权主义、退群主义、甩锅主义等深度影响世界和平与发展,世界多极化进程和全球化逆流快速演化。俄乌战争加剧了大国博弈,未来大国之间可能进入长时间对抗状态。在当今世界以人民为中心与以资本为中心的制度博弈下,西方大国对我国实施多方围堵,竞技体育面临复杂多变的国际环境。

第一,竞技体育领域可能成为大国博弈的替代性"战场"。当前世界大国在政治、经济、文化等领域的竞争不断升级,国家力量对比深刻调整,奥运会等世界大赛名次是大国实力的象征,竞技体育领域可能成为综合国力较量和国际政治博弈的无烟战场。例如,受体育政治化影响,西方世界主导国际体育组织对俄罗斯实施锁链式"制裁",禁止运动员、裁判员参加国际赛事,打压俄罗斯竞技体育发展。在大国博弈日趋激烈的格局下,西方国家可能进一步强化竞技比赛"热战场"效益,更加强化利用奥运会等大型赛事的成绩来显示其制度优越和国力强大。我国作为体育价值观与西方相左并"威胁"美国霸主地位的国家,未来中西方在世界赛场上的竞技博弈可能更加激烈,我们的体育外事活动可能遭遇更多挑战。

第二,新冷战思维将干扰我国的国际参赛、办赛秩序。今后一段时期,国际动荡形势影响下的世界体育秩序和治理体系可能发生深刻变革,体育单边主义和集团政治"回潮",以美国为首的西方大国以意识形态划线,频繁干预国际体坛的事件增多。例如,2019年,美国火箭队总经理达瑞尔-莫雷错误涉港言论,导致中美双方舆论博弈及外交较量。面对西方恶意舆论侵扰和"双重标准"的意识形态权谋,我国竞技体育参赛办赛面临严峻挑战,我国运动员在世界舞台上可能遭遇更多非公平的竞争、制裁、挑衅和舆论风险,国际单项体育组织可能将一些大赛甩锅给我们举办,而我国即将举办的一些国际赛事可能面临西方势力抵制和政治阻挠,恶意诋毁中国形象。

第三,我国竞技体育的国际话语权可能遭遇西方更多压制。随着人类命运共同体理念和"一带一路"倡议深入实施,尤其是2022年北京冬奥会的成功举办,促使我国体育的国际地位不断上升。同时,未来2024年巴黎奥运会、2026年米兰冬奥会、2028年洛杉矶奥运会等世界大赛多集中在欧美举办,很长一段时间内,中国乃至亚洲将进入奥运办赛休眠期,这为西方国家主导国际体育事务提供了契机。并且,国际单边主义横行,在新一轮"打压""拉拢""离间"等政治环境下,我国有效融入国际体育发展的渠道受到挤压,竞技体育的国际话语、地位、声望、影响力或将被西方遮蔽,为我国训练备战和参赛工作带来巨大挑战。

(二)国际经济形势

大变局下的全球经济复苏乏力,社会经济乱象纷呈,经济全球化陷入逆流漩涡。俄乌冲突促使经济制裁成为新常态,国际贸易战、金融危机和全球产业链、供应链政治化切割频发。联合国发布的《2023年世界经济形势与展望》指出,俄乌冲突、能源危机、通货膨胀等重创全球经济体,2023年世界经济增长将从2022年的3%降至1.9%,2024年也只能回升至2.7%,未来的全球经济发展充满不确定性。这对世界体坛发展、大型赛事举办、体育跨国运营和赛事经济等将产生重大影响,国际体育赛事产业链将承受内、外双重压力,深度影响竞技体育发展效益。

第一,对竞技体育前沿科技创新的自主化提出更高要求。世界新一轮科技革命和产业变革对体育领域实现高水平科技自立自强提出新要求,而我国竞技体育科技相关产业处于全球产业链的中低端,一些应用于运动训练智能化的新科技、新材料产品对国外依赖性较大。在大国博弈日趋激烈的形势下,美国等西方国家对芯片、生物科技、人工智能等核心技术实施战略收缩,竞技体育领域的高新尖技术国际贸易壁垒可能增厚,我国竞技体育的数字化、智能化发展将受贸易保护主义牵制。因此,集聚力量在运动训练、科技助力、智慧参赛等方面进行原创性、引领性科技攻关,降低科技助力的对外依存度,提升竞技体育领域的科技转化和自主创新能力面临新挑战。

第二,竞技体育领域的跨国劳动力可能出现短缺。因新冠疫情、世界经济下行和国际贸易战影响,体育相关产业和关联企业遭受国际市场打压,跨国体育企业或将出现供应链断裂和债务危机,跨国公司的体育投入或赞助面临被动下滑。表现在世界工厂的跨国劳动力供应不足,体育领域的国际高水平教练团队、高水平外援人才、复合型训练团队等技术人才的流动受阻,我国竞技体育行业可能面临被动应对国际体育劳动力市场收缩的风险,亟待建立竞技体育优秀人才内循环体系,提升竞技体育相关产业链、资金链、人才链深度融合的活性。

第三,大型体育赛事和职业联赛办赛成本将进一步加大。随着新冠疫情常态化以及国际贸易战、恐怖主义事件等频发,国际大型赛事和职业联赛的组织难度和办赛成本不断提升,全球主要职业体育联盟、联赛将步入运营收缩期,可能出现观众锐减、票房下降、赞助商流失、赛事活性下降、运营风险增加等问题,举办大型赛事的风险性和不确定性增加。例如,杭州亚运会、成都世界大学生运动会延期以及汕头亚青会等大型赛事取消,将对我国赛事经济带来巨大影响,未来国际形势的不稳定性可能大幅提升办赛难度。

(三) 国际社会形势

随着百年变局和世纪疫情交织叠加,人类社会将进入一个变动不居的高风险时代,除了面临政治、军事、外交等方面的传统安全风险外,极端气候、传染病、非自愿移民、网络攻击等非传统安全风险也不断涌现,国际社会发展的不稳定性增加。在西方单边霸权影响下,未来一段时间,国际社会持续动荡的主旋律可能不会改变,全球地区间冲突与合作相伴而行,国际体育组织将承受更多源于国际政治、经济、文化动荡的冲击,对全球体育的掌控力可能下滑,国际环境的不稳定必然波及竞技体育领域。

第一,大国主导的国际体育等级秩序可能进一步强化。当前,尽管全球体育治理主体呈多元化态势,但治理过程难以同时满足所有利益相关方和参与者的诉求,同时,国际体育治理标准相对模糊,全球体育治理秩序依然依赖综合实力强劲的大国来主导,治理理念带有浓厚的等级化色彩。如美、英、德、法等西方大国往往凭借在国际体育组织中占据的高势能优势攫取更多利益,大国政治博弈下西方主导的霸权秩序可能被进一步强化,短期内我国难以改变国际体育治理格局,竞技体育的全球化进程将受限于国际话语权和影响力不高的制约。

第二,我国参与国际竞技体育议程迎来新考验。随着国际社会霸权主义横行,全球体育治理赤字日趋严重,以美欧为主导的西方发达国家占据国际体育话语优势,无论是国际体育组织任职的官员数量、职位,还是国际竞技体育议程设置,发展中国家依然处于弱势。在西方社会的偏见主义影响下,短期内我国可能难以掌控国际体育领域中的秩序和规则,随着大国博弈日益深化,我国竞技体育可能遭遇更多来自西方价值观和游戏规则的约束和牵制。

第三,我国竞技体育的社会责任面临更高的国际期待。当前世界百年变局和世纪疫情使人类社会对健康安全、和平发展、命运与共的认知更加深刻,世界各国对人类健康和经济社会稳定发展的关注将不断上升,人类可能更加注重体育对健康、生态环境和经济社会的多元价值,"运动是良药""运动是疫苗"理念不断深入,通过竞技体育引领生态体育、绿色赛事、低碳体育发展,以及对人类健康、休闲娱乐的促进功能备受期待。中国式现代化要求人与自然和谐共生,倡导打造人类物质、政治、精神、生态文明统一的命运共同体。作为负责任的世界大国,我国竞技体育在人类社会发展中的角色可能被国际社会所期待,在和平发展、健康促进、全球治理、国际体育援助等方面将被赋予更多责任,可能被动承受更多不合理的国际愿望和舆论风险。

二、机遇与挑战并存的国内形势

(一)经济社会改革对竞技体育提出新要求

新发展阶段,我国经济将由高速增长不断向高质量发展转变,加快建设现代化经济体系助推社会大发展、大变革，市场经济体制改革的不断深化对各项事业转变发展方式、转换增长动能提出新要求，新发展格局下的竞技体育亟待加快创新发展理念、转变发展方式。

第一，"双循环"发展。构建国内国际"双循环"新发展格局对竞技体育发展方式变革提出了新要求，需要竞技体育更加主动地加强与经济社会联动，全面提升发展活力。一方面，亟待打造竞技体育内循环体系，畅通国内"大循环"、构建循环经济体系对赛事产业和赛事经济提出新诉求，要求加快发展竞技运动项目产业，提升体育竞赛表演业、职业体育等比重，需要竞技体育尽快升级运动项目产业链，降低自身循环耗能成本，发挥市场在资源配置中的主体作用，从而激活发展的内生动力。另一方面，需要构建更加开放的竞技体育外循环体系，外循环市场需要竞技体育加强对外合作，更加深入地融入人类命运共同体和"一带一路"倡议，利用我国在制造、科技、人才、资源等方面的优势，构建更高层次的开放型体育外交格局，深度融入世界竞技体育大循环体系。

第二，融合性发展。构建新发展格局强调各项事业交融联动和结构升级，面对"双循环"体系的新要求，社会行业跨界整合和业态重构对竞技体育与经济社会的融合发展提出了新要求，立足"体育＋"打造"大竞技"融合发展新业态，推动竞技体育与教育、文化、旅游、卫生、生态、民生、健康等领域跨界整合成为新趋势，竞技体育服务国民经济体系转型、助力产业结构升级的诉求将不断提升。

第三，集约化发展。新发展理念强调优化发展动力和发展方式，加快推动质量变革、效率变革和动力变革。贯彻新发展理念，要求加快提升竞技体育发展效益，实现更有效率、更加均衡、更加可持续的高质量发展，提高单位资源投入的产出率。要求依靠科技引领、组织创新、制度保障、理念创新等激发竞技体育发展活力，加快实现从要素驱动向创新驱动转变、从资源倾斜粗犷式投入向机制耦合集约化发展转变。

第四，科学化发展。新一轮科技革命和产业变革要求竞技体育加快科学化、智能化进程，对科技引领奥运备战、创新训练参赛方式、科技驱动竞技人才培养等提出更高期待。需要竞技体育深度融入国家科技革命和数字化战略，推动科技攻关与运动训练实践紧密结合，要求加快运动训练场地、器材、设施等智能化、数字化改造，尽快打造与训练实践密切结合的科技服务体系，提升选材、训练、竞赛、科研、医疗、保障等领域的科技赋能能力，增强以智能科技为支撑的科学备战效益。

(二) 国家战略调整赋予竞技体育新使命

中国式现代化进程要求加快建成教育强国、科技强国、人才强国、文化强国、体育强国、健康中国，以及实施数字中国、平安中国、乡村振兴等多项战略，现代化建设下的经济社会将进入改革攻坚期和质量提升期，可能产生巨大的改革外溢效应，为竞技体育发展输送叠加红利，同时也需要竞技体育全面融入国家战略大局，更好地发挥"促进发展"的多元功能。

第一，竞技体育要深度融入国家外交、健康中国、文化强国战略。一方面，需要积极适应全方位、立体化外交新格局，聚焦构建人类命运共同体、"一带一路"倡议，搭建更加多元的赛事交流平台和更多层次的赛事外交活动，在展现国家形象、增强文化自信、促进民族交流、提升国家形象等方面发挥新作为。另一方面，需要最大限度地释放带动和引领效能，助力人的健康发展和社会文化建设，挖掘竞技体育的休闲、娱乐、文化、教育等多元功能，在服务人民美好生活、国民健康和青少年身心发展方面发挥新作为。

第二，竞技体育要与科技强国、数字中国、"双碳"任务相衔接。科技强国建设需要竞技体育深化科技引领和数字赋能，提升创新驱动能力，实现竞技体育运动训练、备战竞赛、服务保障等全场景"科研助力""数字引领"。碳达峰和碳中和目标要求引导竞技体育向绿色低碳发展转轨，基于"双碳"目标转变要素资源投入模式，优化竞技运动项目产业结构，建立运动项目生态循环体系。例如，通过拓展"竞技赛事＋康养"市场，促使"竞技体育项目或赛事＋康养"转化为全新的业态体系。

第三，竞技体育要与平安中国、制造中国和乡村振兴战略协同。需要竞技体育更好地发挥促进社会稳定、凝聚民心、成果转化、提升民众素养等方面的特殊作用，在构建和谐社会、平安社会中发挥积极作用。竞技体育要在运动健身装备、场馆建设、新型运动器材制造等领域开发新产品，推动制造中国转型升级，通过运动项目改造、乡村运动项目文化植入、优秀竞技人才驻村服务等方式助力乡村振兴发展。

(三) 社会主要矛盾转变对竞技体育带来新挑战

新发展阶段，我国社会的主要矛盾已转变为人民日益增长的美好生活需要和不平衡不充分发展之间的矛盾，新的社会矛盾将对我国经济社会改革产生重大影响，要求各项事业探索更有利于满足人民美好生活需要的发展方式。不平衡不充分是生产力供需阻滞和发展质量不高的表现，这一矛盾同样贯穿于竞技体育领域，即竞技体育产品和服务供给不平衡不充分与人民日益增长的美好生活需要不适应之间的矛盾,如何满足人民群众更高水平、更高质量、更优条件的美好生活需要,成为竞技体育发展方式变革的重要目标。

第一,发展不充分。竞技体育在结构、效益等方面存在不充分不平衡的矛盾,例如,竞技运动项目社会参与不充分、区域发展不协调、运动项目布局不均衡,举国体制与市场机制相结合的耦合能力和综合效能不高,体教融合培养竞技体育后备人才的机制不健全等。传统优势项目金牌贡献率拓展空间饱和,除优势和潜优势项目外,一些依托社会市场发展的项目的运动成绩不理想,运动项目职业化进程缓慢,存在夏季与冬季项目、男子与女子项目、职业与专业体育、"三大球"与基础大项等发展不充分问题。例如,近6届奥运会上,我国乒乓球、体操、举重、羽毛球、跳水、射击六大传统优势项目共获154枚金牌,但基础大项和"三大球"仅获20枚金牌。

第二,发展不平衡。竞技运动项目核心竞争力不平衡,"锦标主义"与运动员全面发展目标不协调,运动项目结构布局不协调,竞技体育资源省市分布、城乡发展以及运动员成绩不平衡等。例如,从1984年洛杉矶奥运会到2021年东京奥运会,我国共产生女性奥运冠军190人,占64%,男性奥运冠军105人,只占36%。竞技体育与大众体育、学校体育之间发展不平衡,竞技体育优先发展与全民健身滞后发展矛盾突出。在体育系统外部,竞技体育与其他行业协同发展的阻力较大,与经济社会发展不适应,竞技体育服务社会民生的内生动力不强,短期内难以满足人民日益增长的美好生活需要。

第二节 竞技体育助力现代化建设的问题

一、竞技体育与国家经济社会发展不适应、不协调

(一)竞技体育体制机制与国家治理能力全面提升的要求不适应

国家治理能力现代化是实现社会主义现代化的重要标志,也是完善体育治理体系、提升体育治理能力水平的基本导向。加快治理能力现代化关系着竞技体育的结构改革、效能提升和新旧动能转换,亟待打造举国体制与市场机制相结合的"新举国体制"。随着国家政治、经济、文化、社会、生态改革发展的不断深入,竞技体育赖以生存的社会环境发生深刻变化,经济发展新常态和供给侧结构性改革对竞技体育与经济社会协调发展提出了新要求。然而,长期

以来,我国竞技体育发挥效能的机制主要依托政府部门,短期内举国体制的制度惯性依然占主导,竞技体育主动融入经济社会发展的内生动力不足。

第一,治理结构社会活性不足。囿于"强政府、小社会"的治理局限,以行政手段管理事务、以计划手段配置资源是竞技体育治理的显著特征,多年来竞技体育系统的运转主要服从层层下达的政策、文件指令,高投入、高消耗、高成本、低效益特性依然明显,短期内竞技体育还表现出较强的体制依赖性,政府刚性治理依然占主导,而自身治理结构内生动力不足、治理体系联动能力不强,导致社会和市场协同治理绩效不明显,市场配置体育资源的作用难以有效发挥。

第二,多元主体协同参与的治理格局还未形成。竞技体育自身的内循环体系尚未建立,主要还是依靠外循环的政策刚性介入和政府主导治理,社会和市场主体投入竞技体育的门槛仍然较高,导致竞技体育自我造血功能不足。在缺乏有效的制度规范下,竞技体育不同参与主体间存在利益冲突,体现在行政部门与社会市场、项目管理中心与协会、项目协会与俱乐部的矛盾与冲突等,竞技体育参与主体存在利益分化,政府主导下的社会、市场、协会、学校、家庭等多元主体参与的协同治理体系还未形成。

(二)竞技体育功能价值与人民身心素养全面发展的需求不适应

中国式现代化要求全面落实以人民为中心的发展理念,把满足广大人民群众的根本利益、服务人民生活实际需要作为根本目标。随着全面建设小康社会的逐步深入,通过体育促进人和经济社会全面发展的诉求日益明显,贯彻共享新发展理念,发展以人民为中心的体育成为转变竞技体育发展方式的基本导向。一直以来,我国竞技体育被赋予了较强的政治使命和国家目标,从2008年北京奥运会到2022年北京冬奥会,竞技体育所承载的为国争光、民族振奋、外交宣传、形象展示等政治诉求得到了充分彰显,服务国家发展的政治意志得到了高度实现。进入新发展阶段,面对人民日益增长的美好生活需要,传统竞技体育功能价值与国民素养提升和人的全面发展需要不适应,短期内竞技体育呈现出的政治意志和国家目标依然占主导,导致其难以全面融入经济社会发展,服务人的全面发展的综合效能不足。尤其是面对健康中国战略新要求,竞技体育在人才、科技、服务、保障等方面集聚的优势资源难以全面向全民转化,难以满足人民群众日益增长的休闲娱乐、健康促进、文化教育、消费升级等多元需要。例如,竞技体育集聚的科学训练方法、高端医疗手段、专业化团队、精良的场馆设施等资源多局限于运动训练系统,有效融入全民健身的渠道受限。竞技体育还存在体系封闭性、运转独立性、资源高耗性等现实问题,尚未与群众体育、学校体育、体育产业形成融合共生的局面,难以走进国民社会经济和生活方式的序列,竞技体育的社会活性、国民亲和力和经济融合力亟待提升。

(三)竞技体育发展方式与经济社会结构转型升级的趋势不适应

构建新发展格局要求创新现代经济体系和优化产业结构,通过丰富循环经济体系促进社会结构转型,这对推动体育产品转型升级、增强体育与经济社会的融合力提出新要求。《2022年中国社会形势分析与预测》指出,共同富裕发展战略正在引领我国经济社会转型,其中最为重要的特征是社会结构"多轨化",传统的事业边界趋于模糊,生产要素特别是人、资本、就业在多向流动和转换,不同事业间的融合联动正加速推进。这种形势下,社会融合、产业融合、城乡融合、文化融合的巨大浪潮将席卷而来,要求竞技体育加快转变发展方式,构建更加适应社会多元融合趋向的发展模式,助推经济社会转型升级。实际上,我国竞技体育本应依托自身强大的带动性、吸引力和观赏属性,从体育竞赛表演、体育观赛旅游、体育消费引领、职业体育等方面,为国民经济创造更多综合价值。但多年来,我国竞技体育主要沿袭政府政策和保障等要素驱动发展,在国内"大循环"经济体系中依然以外延式扩张和粗犷式发展为主导,依托社会市场推动、科技助力、制度创新、组织保障等创新驱动发展的内生动力不足,竞技体育内部效能的溢出效应狭窄。这表现在竞技体育的社会化、实体化、扁平化改革不深入,管办分离、内外联动、各司其职的体制结构还未形成,竞技体育缺乏与经济社会融合联动的制度基础,短期内跟不上经济社会转型升级的节奏等方面。

二、竞技体育提升为国争光能力的内生动力不足

(一)现代科技引领训练参赛转化不足

当前,世界新一轮科技革命和产业变革正加速进行,以人工智能、量子通信、生物科技、虚拟现实等尖端技术为代表的第四次科技革命竞赛拉开序幕,云计算、大数据、区块链等新一代技术将在未来的运动训练和竞赛中应用集合。英国权威学者库兹韦尔表示,从21世纪开始,大约每3到5年就会发生科技创新变革,科技创新速度超过了人的思维能力极限。这种背景下,数字化、信息化和智能系统的紧密结合将对现代运动训练带来新变革,以新科技革命思维抢占竞技体育科技驱动制高点,将赢得竞技体育制胜的先机。然而,我

国竞技体育尚存在科技助力训练和参赛质量转化不足、现代科技引领和前沿技术运用滞后等问题。一方面，竞技体育科学化训练管理机制不健全，存在科技转化、激励机制不充分等阻滞，难以充分推动经验训练模式向科学训练模式转型，训练参赛科技贡献率不高。另一方面，前沿科技成果引入运动训练不及时、不全面，竞技体育融入新材料、新装备、新技术、云计算、人工智能等高精技术不足，在数字赋能智能化场馆改造、高分子科技助力训练器材和装备升级、人工智能嵌入高新训练仪器迭代等方面还比较缓慢。

（二）体育后备人才培养体系不健全

优秀人才是大国博弈的生产力，未来国际竞争的根本在于人才的竞争。竞技体育的国际竞争力，很大程度上取决于优秀体育后备人才的数量和质量，即各项目人才培养的广度和厚度。然而，当前我国部分运动队后备人才储备不足、成才率不高，例如，2010—2020年，我国二级运动员保持在较高水平，年均30 731人，但国家级健将、国际级健将年均分别只有1 673人、171人，每年获世界冠军的人数占比不足1%（表9-1），人才晋升率较低。我国体育后备人才培养面临新旧体制机制冲突与人才培养模式转换问题，多元投入的体育后备人才培养体系还未形成。一方面，一些优势项目如乒乓球、跳水、举重、射击、体操等后备人才多出自体校系统，但体校招生困难以及体校"学训矛盾"突出，传统体校与体教融合新要求不适应，体校萎缩趋势正在持续，而短期内新型体校建设并不彻底。另一方面，学校、社会和职业体育系统的竞技人才培养机制缺乏有效衔接，"小学—初中—高中—大学—职业体育"一体化体育后备人才培养输送体系不健全，"政—家—校—社—职"多元联动人才培养模式亟待建立。此外，我国体育后备人才培养面临系列固化问题，例如，性别结构失衡，项目失衡，区域分布不均，退役运动员安置困难，学校、社会、协会、俱乐部联合培养后备人才的投入不协调，"跨界、跨项、跨地域"多元人才选拔方式升级迭代不畅通，基础大项人才不足，新兴项目人才短缺等。

表9-1　2010—2020年我国二级运动员分布及获世界冠军情况

年　份	2010	2011	2012	2013	2014	2015	2016	2017	2018	2019	2020
二级/人	35 370	28 825	34 735	40 479	32 694	28 834	23 777	27 565	25 355	32 948	35 248
世界冠军/人	180	198	140	164	206	214	154	248	222	305	4
占比/%	0.51	0.69	0.40	0.41	0.63	0.74	0.65	0.90	0.88	0.93	0.01

资料来源：国家统计局官方网站、国家体育总局官方网站。

（三）体能训练标准和认证体系滞后

体能是国际竞技博弈的动力源，是体现运动员核心竞争力的基本要素。一直以来，我国多注重发展技能主导类项目，如羽毛球、乒乓球、跳水、射击等优势项目，依靠精湛技能短期内实现了快速发展。但多数项目运动员存在体能不足的问题，尤其是专项体能的长期"欠债"造成运动员难以突破大负荷训练上限。国家体育总局于2020年2月颁布了《关于进一步强化基础体能训练恶补体能短板》，强化补齐体能"短板"。2021年东京奥运会上，我国体能类基础大项实现了新突破，田径、游泳、水上项目及自行车4个大项斩获9枚金牌，高于前两届的7枚和4枚，但与世界竞技强国相比差距仍然明显。一方面，我国体能类基础大项竞争基数不足，田径、游泳、水上等体能大项基础薄弱，例如，东京奥运会上，我国体能类大项参赛人数和设项数比仅为0.96，远低于美国的1.78、德国的1.41、英国的1.35、澳大利亚的1.34。另一方面，一些项目存在体能训练理论与实践割裂问题，教练员对专项体能训练理论未达成共识，体能教练行业认证跟不上运动训练发展的需要，缺乏围绕不同项目的体能训练标准体系，例如，不同项目体能训练标准参差不齐，对于基础体能、专项体能、运动表现、身体功能性训练等标准不统一，制约了运动员体能的有效提升。

（四）复合训练团队综合效能不高

复合型团队是现代竞技体育精准备战的关键，也是实现科学训练最优化、竞赛成绩最佳化和激发竞技潜能最大化的重要保障。我国复合型团队建设起步较晚，对复合型团队的组织管理、运行机制、功能转化等还不完善，尚存在科技助力和工作效能不高的现实困境。一方面，一些项目复合型团队的组建还不成熟，训练、科研、医疗、管理、保障等人员配备不齐，尤其是在科学训练、心理调控、营养恢复、服务保障等方面缺乏专门人才，高水平训练师、物理治疗师、体能康复师、情报收集人员等专业水平不足。此外，一些夺金概率较小的运动项目以及面临被取消或"瘦身"的项目，多没有配置专门复合型团队。另一方面，团队工作合力不强，团队的工作、约束、激励等制度建设不健全，团队成员的角色和职权划分不清晰，团队中不同人员之间的关系不协调。一些项目由于长期受教练员主导的影响，科研、保障、服务等人员缺乏话语权，导致日常训练中团队成员工作积极性不足，团队的训练效能难以保障，不利于竞技体育为国争光能力的全面提升。

第三节 竞技体育助力现代化建设的路径

一、拓宽竞技体育的时代价值，服务于以人民为中心的国家利益需要

新阶段，随着社会主义现代化强国建设的逐步深入，我国的国家利益边界逐步拓宽，不断由偏重政治利益向服务以人民为中心的经济、文化、安全等多元利益转变（图9-1），国家利益拓展使竞技体育承载着更多诉求。

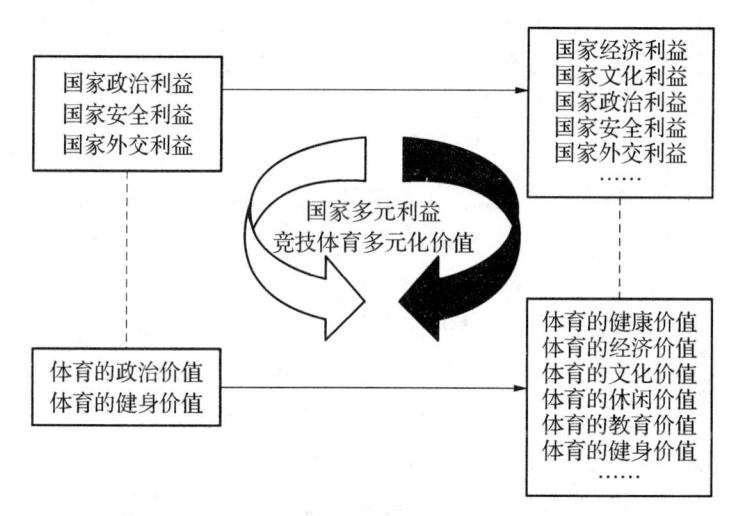

图9-1　国家利益拓展与竞技体育多元价值对接

第一，更加聚焦人的发展需要，发挥竞技体育的多元功能。以不断满足人民群众日益增长的美好生活需要为立足点，推动竞技体育由传统单一的政治价值向文化、娱乐、经济、教育等与人民生活密切相关的多元功能转变。如通过挖掘运动项目产业的经济功能，不断满足人民群众日益增长的体育消费升级需求；通过发挥竞技体育赛事的休闲、娱乐功能，服务人民业余文化生活需要；通过释放竞技体育的教育功能，在改善青少年体质、促进青少年人格养成和意志品质等方面发挥积极作用，助力培养具有良好社会适应能力和健全规则意识的合格公民。

第二，挖掘竞技体育优势资源，引导竞技体育先进成果向全民健身转化。

挖掘竞技体育在优秀运动人才、科技助力、训练设施、康复手段、精神文化等领域集聚的丰富资源，利用竞技体育先进成果促进学校体育、群众体育发展。如推动高科技训练场馆向社会开放，打造适合大众群体的业余运动技术等级标准，利用体育明星服务社会公益事业，引导竞技体育训练康复手段用于全民健身运动，鼓励体育明星"下沉"到社区，指导大众科学健身，推动竞技体育资源更好地助力全民健身发展。

第三，拓宽竞技体育的公共服务价值，增强民众的体育获得感。推动竞技体育向生活化和平民化转型，为人民提供更多优质的竞技体育服务产品，在竞技资源配置上向更便于全民参与倾斜，服务人民身边的健身组织、健身设施、健身指导、健身活动、健身赛事和健身文化建设，将竞技体育项目和赛事打造得更具娱乐性和吸引力。以人民的满意度作为竞技体育公共服务绩效的评价标准，通过构建覆盖全民的竞技体育产品公共服务体系，提供多样性的赛事产品和训练、饮食、康复等服务，助力满足人民"升级版"、个性化的健身需求，提升人民的幸福感和体育获得感。

二、提升竞技体育为国争光能力，塑造现代化强国建设新形象

随着我国不断走向世界舞台中央，新发展阶段的竞技体育要提高在重大国际赛事中为国争光能力，通过内提实力、外塑形象，不断提升竞技体育的世界影响力和文化辐射力，塑造社会主义现代化强国建设新形象。

第一，丰富为国争光新内涵，展现良好的精神风貌。转变以单一成绩观、金牌观为导向的为国争光模式，在追求运动技术水平的同时，挖掘竞技体育透射出的国家发展、国家形象、民族精神和社会价值，更加注重运动员在赛场上展现出的综合素质和精神风貌，将竞技体育作为展示国家实力和国民形象的重要内容。打造基础扎实、发展均衡的运动项目结构，向世界塑造中国竞技体育均衡协调、整体跃升的良好形象，提高竞技体育综合实力和国际影响力。

第二，塑造健康金牌观，彰显经济社会发展新风貌。提升金牌质量，突出金牌的社会价值、经济效益和国际影响力，深挖金牌背后竞技体育的综合价值和时代精神，深度凝练我国不同项目金牌背后的优秀竞技文化精神谱系，向全社会广泛发扬中华体育精神、北京冬奥精神和奥运冠军精神，通过竞技体育宣传社会主义现代化建设新形象。利用竞技赛事开展国际体育交流，通过赛事平台向世界展现中国和平发展的新姿态和良好的国际亲和力，展示蓬勃发展、互信友好、包容共赢与快速崛起的中国形象，把竞技体育打造成为国家形象的

"代言人"。

第三，提升备战参赛水平，促进运动成绩和精神文明协同发展。竞技运动成绩是为国争光的显性指标，面对国际备战新形势，要继续发挥奥运战略优势，以夏季奥运会和冬季奥运会取得优异成绩、实现为国争光为重要任务，做好科技助力、跨项选材、服务保障、国家队组建等工作，打造多元参与的奥运备战新体系，创建具有国际影响力的现代化赛事体系，将在奥运会、世界杯等国际大赛上的优异表现作为展现大国风采的平台，借助赛事契机向世界展示新时代竞技体育发展水平，塑造竞技体育综合国力不断提升的新形象。

三、推动竞技体育引领全民健身、促进全民健康，助力健康中国建设

没有全民健康，就没有全面小康，健康中国是社会建设的有力抓手。竞技体育在训练、康复、营养、保健等方面集聚了丰富资源，引导竞技体育资源向全民健身转化，通过竞技体育引领全民健身、促进全民健康成为重要任务。

第一，打造竞技体育与全民健身协同联动机制，挖掘竞技体育的健康促进资源。引导各级体育管理部门、运动项目协会等加强与医疗、卫生部门合作，全面升级竞技体育的健康促进功能，将竞技体育在运动训练、科技助力、运动营养等方面集聚的优势资源与民众日常体育锻炼、运动康复与临床医疗、疾病防控等相结合，将运动训练方法、运动损伤康复技巧等用于全民健身活动，助力打造"医体结合"健康服务平台，实现竞技体育资源向全人群健康生活方式转化，弥补群众体育资源不足的问题。

第二，推动竞技运动项目大众化转型，助推全民健身项目化发展。针对国民科学健身知识不足、主动健身意识薄弱等问题，可以发挥竞技运动项目的带动作用，以不同运动项目的赛事为载体，打造适合社会大众需求的运动项目赛事活动，构建适合不同人群参与的多样性竞赛体系和运动项目水平等级标准，推动竞技项目的大众化转型。相关部门要协同构建适合不同人群的运动项目普及计划，丰富传统竞技项目的健身功能，使其转化为民众的健康促进方式（图9-2）。可结合不同运动项目的市场化情况，探索不同项目的大众推广模式，更好地引导各类项目回归社会，让更多民众享受竞技运动的乐趣。

第三，优化竞技体育资源配置，推进基本公共体育服务均等化建设。做好竞技体育资源"竞转民"推广，统筹不同地域、不同层次的竞技体育资源，优化体育资源在不同人群的配置方式，为普通民众创造更多接触竞技体育的条件。

如加大对儿童青少年、老年人、妇女等重点人群的服务供给,从资源均衡、机会均等、共建共享等方面增加民众参与竞技活动的机会,通过设计覆盖不同人群、不同地域的竞技活动指导方案,不断增强运动项目的趣味性和普适性,促使更多民众在运动项目参与过程中丰富业余文化生活,形成健康积极的生活方式。

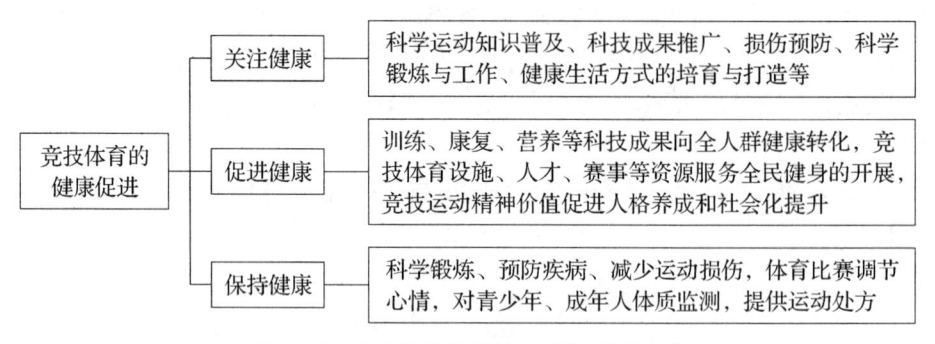

```
                    ┌─ 关注健康 ── 科学运动知识普及、科技成果推广、损伤预防、科学
                    │              锻炼与工作、健康生活方式的培育与打造等
                    │
竞技体育的 ─────────┼─ 促进健康 ── 训练、康复、营养等科技成果向全人群健康转化,竞
健康促进            │              技体育设施、人才、赛事等资源服务全民健身的开展,
                    │              竞技运动精神价值促进人格养成和社会化提升
                    │
                    └─ 保持健康 ── 科学锻炼、预防疾病、减少运动损伤,体育比赛调节
                                   心情,对青少年、成年人体质监测,提供运动处方
```

图 9-2　竞技体育促进健康的"三维使命"

四、支持"竞技体育十"融合联动发展,助推经济社会转型升级

随着经济社会结构性改革的不断深入和民众消费意识的增强,挖掘竞技体育产业效益,发展职业赛事产业和运动项目产业的要求不断提升。新发展阶段,竞技体育要顺应构建"双循环"经济要求,将运动项目产业打造成为现代服务业中的支撑产业,助力经济社会建设。

第一,提升运动项目产业效益,促进产业链整合。结合运动项目产业关联性强的特点,依托体育赛事活动、体育媒体平台、明星运动员等资源,通过"竞技体育+"带动相关产业转型升级,引导竞技体育与健康、交通、旅游、餐饮、消费、传媒、保险、娱乐等相关产业深度融合,形成"运动+旅游""运动+健康""运动+农业"等关联度高的产业群,打造更加适合人民群众生活需要的多态产业链,培育中国经济新动能。如通过拓展"竞技赛事+康养"市场空间,促使"竞技体育项目或赛事+康养"转化为全新的业态体系(图 9-3)。

第二,发展职业体育赛事产业,促进消费结构升级。优化赛事服务业、体育用品制造业及相关产业结构,发展以运动项目为载体的赛事休闲产业,创新体育赛事消费产品,通过汇聚运动项目产业新业态,拉动体育产业结构转型。发挥运动项目产业的辐射带动作用,促使体育消费方式从实物型向赛事参与型和观赏型扩展,通过提升赛事休闲、竞赛表演、赛事营销推广、冰雪运动产

业、马拉松产业等业态比重,为扩大消费需求、拉动经济增长、转变发展方式提供有力支撑。

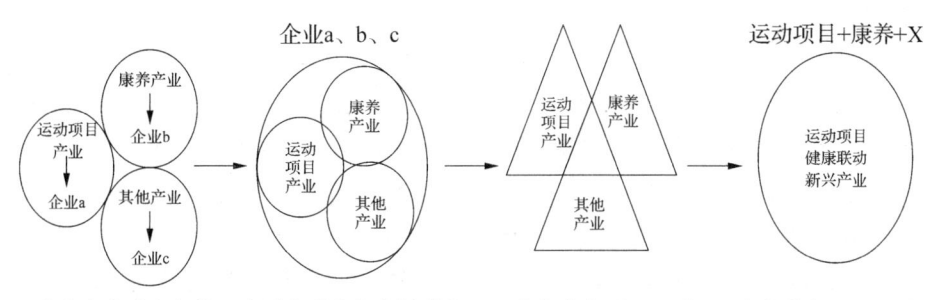

图9-3 运动项目产业融合催生新业态(以运动项目+养老产业为例)

第三,实施"互联网+竞技体育",推动产业门类向网络经济扩展。以提升运动项目产业核心竞争力为主线,推动体育赛事产品市场供给与政府供给协同发展。打造运动项目产业"PPP+"模式,利用竞技体育优势资源助力城市体育服务综合体建设(表9-2),实现竞技体育资源与休闲、商业、餐饮等业态融合。此外,推动科技助力竞技体育产业化发展,助力构建便民化、网络化和智能化的经济体系,推动体育产业向服务化、高端化转型。

表9-2 竞技体育资源促进城市体育服务综合体建设

类 型	业态融合	内 容
体育休闲类综合体	体育赛事+休闲娱乐+商业演出+其他	以体育赛事与娱乐为特征,包含休闲、音乐、餐饮等多业态
全民健身类综合体	体育赛事+健身休闲+百货超市+餐饮娱乐+其他	以赛事促进大众体育消费,集健身休闲、超市百货、餐饮美食于一体
康体养生类综合体	营养保健+度假别墅+养生会所+其他	训练营养手段推广,覆盖度假、会所、养生、别墅、购物等多业态
社区体育类综合体	体育赛事+影院+社区休闲+街景式购物+其他	在郊区或新城社区设置赛事场域,营造街景式休闲娱乐氛围
体育商务类综合体	体育赛事+酒店式公寓+休闲+写字楼+其他	在一线城市中央商务区(CBD),提供健身私教、网球、高尔夫培训等高端体育服务
体育培训类综合体	竞技培训+赛事演出+亲子休闲+其他	BOT模式运营,训练、康复、保健和竞技赛事展演,开发体育无形资产

五、引导竞技体育全面融入国家对外战略,助力中国特色大国外交

竞技体育赛事能够超越国界和种族,具有搭建公共外交平台、促成政治沟通、推动价值观融合等多元功能。新阶段,竞技体育要积极适应国家全方位、立体化外交新格局,担当起增进国家间对话交流、协调国际关系的重要角色。

第一,融入"一带一路"倡议,构建体育对外交往新格局。积极与"一带一路"沿线国家开展双边体育交往,在教练员援外、运动员交流、场馆建设等方面加深合作,进一步扩大对外交流面,形成"一带一路"国家战略与多边体育对外交往相互支撑的新格局;支持社会组织共同开展多层次体育赛事外交,积极参与区域体育赛事治理、赛事人文交流,定期开展"一带一路"马拉松、乒乓球、武术等赛事活动,通过优秀运动员、体育名人等助推优秀竞技文化国际传播,为世界体育多元化发展做出中国贡献。

第二,丰富体育对外交往方式,塑造大国新形象。积极服务元首外交,在国家领导人外事活动中谋划形式多样的体育赛事活动,让中国特色体育赛事成为对外人文交流的新名片;充分发挥体育名人的"外交代言人"作用,引导运动项目协会、体育明星、优秀裁判员等在体育对外交往中发挥积极作用;实施体育外交人才培养工程,选拔一批优秀退役运动员、教练员、裁判员和体育科技人才等进入国际体育组织,提升我国在国际体育组织中的任职人数与职务数(图9-4),积极参与多边体育治理,在国际体育事务中及时发出中国声音。

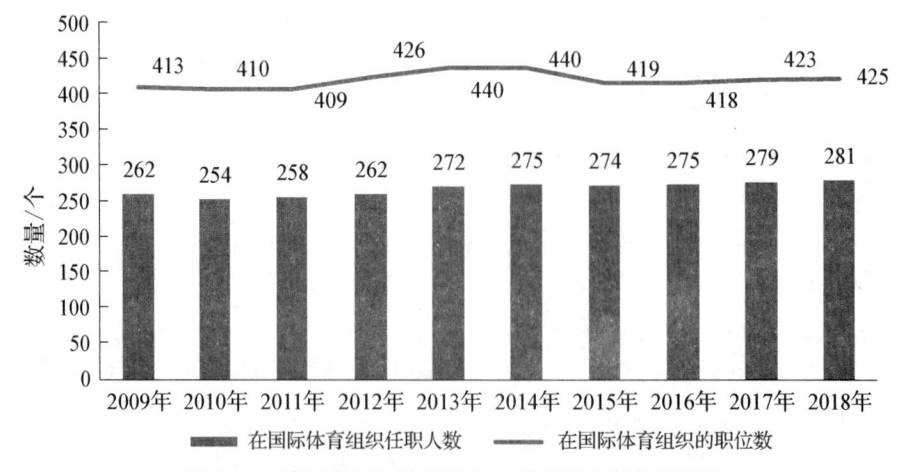

图9-4 我国在国际体育组织中的任职人数与职务数

第三，积极参与全球体育治理，提升国际体育话语权。服务人类命运共同体实践，与世界各国开展双边、多边体育交往，在教练员援外、运动员交流、场馆建设等方面加深合作，通过举办大型赛事搭建平台，发挥竞技体育在缓解国际冲突、消弭政治摩擦、深化国际交流等方面的重要作用。积极在国际奥委会、国际单项体育联合会等组织中发挥大国担当，在体育多边治理、体育对外援助、体育移民等方面积极贡献中国智慧。要进一步推广我国传统体育项目，广泛传播北京冬奥精神、中华体育精神等优秀文化，为世界竞技体育发展和国际奥林匹克改革贡献中国方案。

六、弘扬竞技体育健康文明的精神价值观，推动民族文化整合与社会和谐

竞技体育作为一种积极活跃的社会文化，具有较强的文化包容性和整合性，在沟通人际、弥合社会疏离、聚合民族文化中的作用明显。新发展阶段，竞技体育要发挥健康积极的精神文化价值，促进和谐社会建设。

第一，践行竞技体育的社会服务价值，促进民族文化认同。举办多层次、多种类的体育比赛和体育文化主题活动，引导不同民族和社会背景的民众广泛参与，利用体育赛事搭建平台，促进不同民族、不同地区文化交流，沟通人际、弥合民族疏离，增强社会大众超越宗教、民族、文化背景的集体意识和情感认同，促使各民族求同存异，从而减少不同民族文化间的认同分歧和摩擦，增强民族凝聚力，助力民族团结与社会和谐。

第二，发挥竞技体育的文化教育价值，提升公民意志品质。深挖竞技赛事蕴含的公平竞争精神和意志教育功能，将竞技赛事附带的道德、礼仪、审美、情感等元素，与和谐社会倡导的新理念对接，发挥竞技体育凝聚人心、激励斗志的特殊价值，助力社会形成健康文明的文化价值观。广泛推广中华体育精神、登山精神、乒乓精神以及励志性夺冠故事，向社会发扬不怕困难、团结协作、顽强拼搏的竞技文化，引导青少年学生体味竞技体育中优秀文化精神，激发青少年形成勇敢、激昂、吃苦、耐劳的精神品质，为经济社会建设提供强大的精神动力。

第三，推动竞技体育走向社会，更好地融入民众生活方式。拓宽竞技体育的公共服务内容，打造适合不同群体的竞技体育资源转化体系，推动竞技体育特有的休闲、娱乐、文化、教育等资源向社会大众转化，与医疗、教育、环境、民生等多领域联动。对竞技体育公共服务参与实施分类供给，引导各地建立多

层次的体育赛事服务平台,打造更多适应地域需求的民间民俗赛事活动,引导各地将竞技体育优势资源、科学训练、运动项目、科学运动处方等向社会推广,更好地融入民众的生活方式。

七、健全竞技体育治理体系,在国家治理能力现代化建设中展现新作为

体育治理是社会治理的重要组成,完善体育治理体系、提升体育治理能力是助力国家治理现代化的重要内容。加快体育强国建设需要健全竞技体育治理体系,全面增强竞技体育治理能力,发挥竞技体育在体育治理现代化建设中的桥梁作用。

第一,打造多元主体协同联动的竞技体育治理综合体。统筹政府、社会和运动项目协会的关系,实施多主体协同参与的"扁平化"治理。一方面,推进竞技体育治理体制改革,厘清国家、社会和市场的角色定位和利益诉求,合理规划不同主体的治理边界和权责关系,建立政府支持、协会主导、市场自主的新型竞技体育治理体系。另一方面,构建与经济社会相适应的政府主导型治理体制,推动举国体制优势与市场机制优势系统耦合和功能互补,引导社会、市场和民众力量参与竞技体育治理,通过多主体共商共治提升竞技体育发展活力。

第二,强化竞技体育的制度治理。围绕运动员选拔培养、训练参赛、科技助力、协会实体化改革等重点领域,进一步完善法律法规,构筑以满足市场需求和社会公共服务为导向的竞技体育法治构架。将法治元素纳入竞技体育主要发展规划和训练备战计划,利用制度手段规范政府与社会体育组织、市场等主体的权责,实现竞技体育多中心治理与法治治理相结合。

第三,建立竞技体育治理效果动态评估体系。定期开展竞技体育治理效果评估,建立以项目协会、俱乐部、高校以及相关领域专家等为主体的第三方评估体系,围绕竞技体育制度建设、运动员成才绩效、训练竞赛成绩、科技助力转化、服务保障效果等进行评估,以更好地规范竞技体育活动开展和市场主体的生产经营行为。各类运动项目协会和地方体育管理机构要制定适合实际需求的考评标准,通过评估提升竞技体育治理绩效,确保竞技体育运行效益最大化。

课后思考题

1. 竞技体育与社会主义现代化建设之间是什么关系?
2. 竞技体育助力现代化建设的国内国际形势怎样?未来我国竞技体育发展面临哪些新的挑战?
3. 竞技体育助力现代化建设的困境体现在哪几个方面?
4. 结合竞技体育的多元功能,思考如何规划竞技体育助力现代化建设的路径。

参考文献

[1] 卢元镇.体育社会学[M].3 版.北京:高等教育出版社,2010.
[2] 杨文轩,陈琦.体育概论[M].3 版.北京:高等教育出版社,2021.
[3] 田麦久.运动训练学[M].北京:人民体育出版社,2000.
[4] 杨国庆,彭国强.迈向体育强国:新时代中国竞技体育发展研究[M].北京:人民体育出版社,2021.
[5] 杨国庆.当代竞技体育与运动训练前沿[M].南京:南京大学出版社,2022.
[6] 杨国庆,彭国强,等.中国奥运冠军成长规律研究[M].北京:人民体育出版社,2021.
[7] 熊晓正,夏思永,唐炎,等.我国竞技体育发展模式的研究[M].北京:人民体育出版社,2008.
[8] 国家体育总局.改革开放 30 年的中国体育[M].北京:人民体育出版社,2008.
[9] 鲍明晓.中国职业体育述评[M].北京:人民体育出版社,2010.
[10] 田麦久,刘大庆.运动训练学[M].北京:人民体育出版社,2020.
[11] 于文谦.竞技体育学[M].北京:人民体育出版社,2010.
[12] [美]阿伦·古特曼.从仪式到记录:现代体育的本质[M].花勇民,等译.北京:北京体育大学出版社,2021.
[13] 鲍冠文.体育概论[M].北京:高等教育出版社,1995.
[14] 周西宽.体育基本理论教程[M].北京:人民体育出版社,2003.
[15] 《体育大国向体育强国迈进的理论与实践研究》课题组.体育强国战略研究[M].北京:人民体育出版社,2010.
[16] 国家体育总局编写组.深入学习习近平关于体育的重要论述[M].北京:人民出版社,2022.
[17] 周爱光.对竞技运动概念的再认识[J].中国体育科技,1999(6):6-7+11.

[18] 任海."竞技运动"还是"精英运动"?——对我国"竞技运动"概念的质疑[J].南京体育学院学报(社科版),2011,25(6):1-6.

[19] 胡亦海.竞技运动起源辨识、历程断想、功能启迪[J].武汉体育学院学报,2009,43(5):5-8+13.

[20] 张秋宁."竞技运动"与"学校体育"再认识[J].天津体育学院学报,2001(2):70-73.

[21] 李庶鸿.竞技运动的内涵及学校竞技运动教学模式的探讨[J].体育与科学,2002(5):10-12.

[22] 田麦久,雷厉,田烈.我国竞技体育理论建设的回顾与展望[J].体育文化导刊,2012,121(7):46-52.

[23] 李林,席翼,冯永丽,等.体育、运动、竞技运动辨析[J].体育与科学,2002(4):39-42.

[24] 杨国庆."十四五"我国竞技体育发展的时代背景与创新路径[J].武汉体育学院学报,2021,55(1):5-12.

[25] 彭国强,杨国庆."十四五"时期中国竞技体育的发展战略与创新路径[J].首都体育学院学报,2021,33(3):257-267.

[26] 杨国庆,彭国强.新时代中国竞技体育的战略使命与创新路径研究[J].体育科学,2018,38(9):3-14.

[27] 杨国庆,彭国强,戴剑松,等.中国竞技体育复合型训练团队的发展问题与创新路径[J].北京体育大学学报,2020,43(6):10-19.

[28] 杨国庆.体教融合背景下我国高校高水平运动队建设:历史考察、经验凝练与优化策略[J].北京体育大学学报,2022,45(7):33-46.

[29] 杨国庆.中国竞技体育的发展困囿与纾解方略[J].上海体育学院学报,2022,46(1):1-9.

[30] 杨国庆,彭国强.改革开放40年中国竞技体育发展回顾与展望[J].体育学研究,2018(5):12-22.

[31] 辜德宏.竞技体育发展方式构成要素与结构模型分析[J].沈阳体育学院学报,2016,35(2):44-51.

[32] 杨国庆.我国竞技体育后备人才多元化培养模式与优化策略[J].上海体育学院学报,2017(6):17-22.

[33] 彭国强,杨国庆.新时代中国竞技体育结构性改革的特征、问题与路径[J].武汉体育学院学报,2018(10):5-12.

[34] 尤传豹,彭国强.新时代我国竞技体育价值转变的机遇、困境与定位[J].

沈阳体育学院学报,2018,37(6):51-56+72.

[35] 杨国庆.论新时代中国竞技体育新发展[J].体育文化导刊,2019(3):11-16.

[36] 杨桦,任海.转变体育发展方式由"赶超型"走向"可持续发展型"[J].北京体育大学学报,2013,36(1):1-9.

[37] 马铁.国际竞技体育的发展趋势及对我们的启示[J].天津体育学院学报,1999(2):10-14.

[38] 高雪峰,徐伟宏.改革开放30年中国竞技体育发展之路[J].武汉体育学院学报,2009(2):5-12.

[39] 胡启林.日本竞技体育发展策略研究[J].武汉体育学院学报,2017(6):95-100.

[40] 彭国强.中国奥运冠军成长的基本特征、影响因素与现实启示[J].中国体育科技,2022,58(9):35-45.

[41] 彭国强,舒盛芳,经训成.回顾与思考：美国竞技体育成长因素及其特征[J].沈阳体育学院学报,2017(5):28-36.

[42] 黎涌明,陈小平.英国竞技体育复兴的体系特征及对我国奥运战略的启示[J].体育科学,2017(5):3-10.

[43] 刘渝,陈筝,邹琳.英国竞技体育人才体教结合实现机制及启示[J].体育文化导刊,2017(1):31-35.

[44] 彭国强,高庆勇.体育强国进程中我国竞技体育与群众体育协同发展的历史脉络与经验启示[J].北京体育大学学报,2023(4).

[45] 任肇祥.我国竞技运动全民参与审视及UTR启示[J].广州体育学院学报,2021,41(5):7-11.

[46] 张朋,阿英嘎,赵凤霞.体育强国背景下我国竞技体育与群众体育的协调发展研究[J].体育科技,2015,36(6):28-30.

[47] 彭国强,舒盛芳.中国体育发展走向的研究[J].体育学刊,2016,23(2):12-17.

[48] 陈小平.从助力到引领——竞技运动训练科学化的转折与发展[J].体育与科学,2023,44(3):1-10.

[49] 张雷,陈小平,冯连世.科技助力：新时代引领我国竞技体育高质量发展的主要驱动力[J].中国体育科技,2020,56(1):3-11.

[50] 陈小平.科技助力奥运训练：形势、进展与对策[J].体育学研究,2018,1(1):76-82.

[51] 钟秉枢.新型举国体制：体育强国建设之保障[J].上海体育学院学报,

2021,45(3):1-7.

[52] 钟秉枢.新时代竞技体育发展与中国强[J].上海体育学院学报,2018,42(1):12-19.

[53] 张凤珍.我国竞技体育后备人才培养体制的现状分析及对策[J].体育与科学,2008,171(2):69-71.

[54] 熊晓正,郑国华.我国竞技体育发展模式的形成、演变与重构[J].体育科学,2007(10):3-17.

[55] 马志和,徐宏伟,刘卓,等.论我国竞技体育后备人才培养体制的创新[J].体育科学,2004(6):56-59.

[56] 郝勤.论中国体育"举国体制"的概念、特点与功能[J].成都体育学院学报,2004(1):7-11.

[57] 田麦久.我国运动训练学理论体系的新发展[J].北京体育大学学报,2003(2):145-148.

[58] 池建.论竞技体育与高等教育的结合[J].北京体育大学学报,2003(2):149-150+159.

[59] 王君侠,杨柳霞.论现代竞技体育教练员的模式及特点[J].西安体育学院学报,2000(1):55-59.

[60] 马德浩.英国、美国、俄罗斯竞技体育管理体制演进趋势及其启示[J].天津体育学院学报,2018(6):516-521.

[61]《运动的人：胡伊青加游戏理论中的体育运动》读后感.http://www.zhaojiaoan.com/shuoke/shuoke19407.html.

[62] 新华社.习近平在中国共产党第二十次全国代表大会上的报告[EB/OL].(2022-10-25).http://www.gov.cn/xinwen/2022-10/25/content_5721685.htm.

[63] 郑法石.改革开放40年的中国体育[EB/OL].中国体育报.[2018-12-17].http://www.sports.cn/ssty/2018/1217/251722.html.